中国新华书店发展大系

《中国新华书店发展大系·山西卷（1949-2017）》编纂委员会 编

山西卷
1949
2017

山西人民出版社

图书在版编目（ＣＩＰ）数据

中国新华书店发展大系. 山西卷 ：1949－2017 / 《
中国新华书店发展大系·山西卷（1949－2017）》编纂委
员会编. — 太原：山西人民出版社，2017.4
ISBN　978-7-203-09931-4

Ⅰ. ①中… Ⅱ. ①中… Ⅲ. ①新华书店—史科—山西
—1949-2017 Ⅳ. ①G239.27

中国版本图书馆 CIP 数据核字（2017）第 062724 号

中国新华书店发展大系. 山西卷 ：1949－2017

编　　者：《中国新华书店发展大系·山西卷（1949-2017）》编纂委员会
责任编辑：柳承旭
装帧设计：陈　楠
版式设计：王　蓓
出 版 者：山西出版传媒集团·山西人民出版社
地　　址：太原市建设南路 21 号
邮　　编：030012
发行营销：0351-4922220　4955996　4956039　4922127（传真）
天猫官网：http://sxrmcbs.tmall.com　　电话:0351-4922159
E-mail：sxskcb@163.com　　发行部
　　　　　sxskcb@126.com　　总编室
网　　址：www.sxskcb.com

经 销 者：山西出版传媒集团·山西人民出版社
承 印 厂：山西太报传媒有限公司

开　　本：787mm×1092mm　　1/16
印　　张：19
字　　数：230 千字
印　　数：1-1000 册
版　　次：2017 年 4 月　第 1 版
印　　次：2017 年 4 月　第 1 次印刷
书　　号：ISBN 978-7-203-09931-4
定　　价：58.00 元

如有印装质量问题请与本社联系调换

成长轨迹

1	
2	
3	4

1. 1949 年 4 月 27 日，新华书店太原总分店第一门市部在红市街 58 号开业

2. 1949 年 5 月 2 日，戎装尚未褪去的新华书店太原总分店全体职工之合影

3. 1950 年 5 月 28 日，归属太原分店后的长治支店召开县店经理会议时与会人员合影

4. 1951 年 7 月 1 日，在中国共产党建党 30 周年纪念日这天，太谷支店工作人员在门市部前合影致贺

```
    ┌───
    │ 1
 ───┼───
    │ 2
 ───┼───
  4 │ 3
```

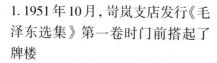

1. 1951 年 10 月，岢岚支店发行《毛泽东选集》第一卷时门前搭起了牌楼

2. 1951 年 10 月，太原支店五一路门市部发行《毛泽东选集》第一卷时一派繁忙

3. 1951 年 10 月，闻喜支店发行《毛泽东选集》第一卷时的景象

4. 1951 年 10 月，新绛支店发行《毛泽东选集》第一卷时门前插上了彩旗

1951年10月，闻喜支店发行《毛泽东选集》第一卷时的景象。

2

1951年10月12日,《毛泽东选集》第一卷在全省陆续发行。图为隰县支店《选集》首发式期间的热烈场景。

1. 1951年10月,兴县支店发行《毛泽东选集》第一卷时还特意搭建了棚台

2. 1951年10月12日,《毛泽东选集》第一卷在全省陆续发行。图为隰县支店《毛泽东选集》首发式期间的热烈场景

3. 1952年3月26日,长治支店团支部成员与志愿军归国及朝鲜人民访华代表团成员合影

4. 1952年7月25日,山西分店由桥头街75号迁至东岗新民街新址办公。在此前大规模的建设中,分店工作人员付出了大量心血。图为工作人员参加义务劳动时的情形

3

1	2
3	
4	

1. 1952年10月1日，新华书店洪洞支店由洪洞县新华书店易名后，工作人员合影留念

2. 1954年7月，太原市店计划发行股超额完成任务。图为该股全体成员手推自行车在该店楼前合影留念

3. 1960年10月1日，《毛泽东选集》第四卷在全省各地同时发行，省城太原市在五一路门市部举行了隆重的首发式

4. 太原市店古旧书收售部之内景

1	2
3	4

1. 1998年5月27日，社会活动家、美籍华人陈香梅女士出席在太原市店解放路书店为其新书举办的签名售书仪式

2. 1999年4月18日，余秋雨在太原市店解放路书店为其新著《霜冷长河》签售

3. 2000年5月20日，中央电视台节目主持人赵忠祥在太原市店解放路书店为其《岁月随想》等书举行签售活动

4. 2000年10月3日，相声艺人大山在太原市店解放路书店为其新作《姜昆大山侃上网》签名售书

```
1 | 2
  |---
  | 3
  |---
  | 4
  |---
  | 5
```

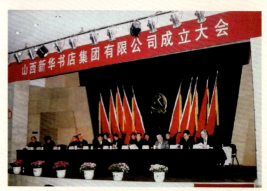

1. 2001 年 2 月 10 日，作家张平在晋中市店签名售书并与读者座谈

2. 2001 年 7 月 22 日，画家李琦在山西图书大厦为其画册签售

3. 2001 年 11 月 25 日，山西图书大厦为陈宇华举办了《千万别"管"孩子》的签售及自主教育报告会

4. 2005 年 8 月 15 日，《他改变了中国——江泽民传》的作者、美国学者库恩博士在集团作"库恩看中国"演讲会，并在山西图书大厦签售

5. 2002 年 3 月 5 日，山西新华书店集团有限公司成立

1. 2002 年 3 月，山西新华书店集团成立

2. 集团总部外景

3. 山西新华书店集团成立暨经理工作会议合影留念 （摄于 2002 年）

山西新华物流中心项目合同签字仪式

《八路军》首发暨赠书仪式

国家出版基金资助 大型革命历史文献多媒体电子出版

1. 2007 年 10 月 17 日，物流连锁中心奠基仪式

2. 2008 年 7 月 7 日集团物流中心合同项目签字仪式举行

3. 2011 年 7 月 7 日，山西春秋音像出版社出版的《八路军》首发式在山西图书大厦举行

4. 2014 年 8 月 8 日，山西省首家 24 小时店——"夜读时光"开业

1. 连锁公司办公楼

2. 连锁公司成立后，集团开始统一全省连锁门店形象。图为统一规划后的连锁旗舰店外文书店外景

3. 连锁公司流水作业线

4. 连锁公司物流中心

服务基层

```
  1
  2
4 3
```

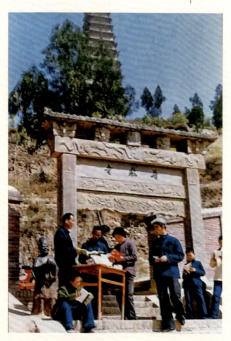

1. 1988 年 5 月，省店在五台山明清一条街开办了招待所，后更名为"云斋"。招待所于 1998 年 8 月 3 日装修后重新开业

2. 繁峙县店的流动供应人员到学校（摄于 20 世纪 80 年代初）

3. 汾阳市店的流供人员正在设摊（摄于 20 世纪 80 年代初）

4. 20 世纪 80 年代初，永济县店的农村流供人员在普救寺前设摊售书

1、农村流供员走在乡村的小道上（摄于 20 世纪 80 年代初）

2、平顺县店的农村流供员正在向农村读者介绍新书（摄于 20 世纪 80 年代初）

3、1995 年度"全国送书下乡先进单位"太原市南郊区店的农村发行员冒雨出发

4、右玉县店的流动供应人员地头售书（摄于 1998 年）

```
 1
───┼───
   │ 2
───┼───
 3 │ 4
```

1. 1993 年 8 月 1 日，黎城县店新华大酒店开业

2. 2001 年 12 月 25 日，省店及晋中市店、榆社县店在山西省 2002 年"三下乡"启动仪式上设摊供应图书

3. 1993 年 2 月 8 日，临汾地区店卧牛城饭店开业。2002 年 4 月 28 日更名为书荣大酒店

4. 2012 年 2 月 21 日，在山西晋城陵川县大槲树村，村民们在新华书店"流动售书站"前挑选图书

1. 1980 年，运城地区店组织的一次年画订货会之场景

2. 1985 年春节前，阳城县店门前年画销售的场景

3. 1990 年 2 月 23 日，在全系统年画订货会上，业务人员正在翻看大样

4. 1996 年 11 月 30 日，长治市店书苑宾馆开业

13

```
1
  2
4   3
```

1. 武乡县店工作人员 1996 年 12 月 13 日在故城镇信义村销售年画时的情形

2. 1998 年元旦，高平市新华快餐城开业

3. 由 10 名职工自筹资金成立的祁县县店新华商城于 1998 年 12 月 16 日开业

4. 1998 年春节前，平定县店在张庄集市上摆出的年画摊位

1	2
3	4

1. 省店运城发货站的复合纸生产线于 2000 年投产

2. 2001 年 1 月 6 日，祁县县店新华食品超市开业

3. 屯留县店创办的塑料大棚内蟠桃累累（摄于 2001 年 5 月）

4. 2001 年 8 月 6 日，省店文化体育用品批销部开业

```
   1
     2
4    3
```

1. 1983 年 5 月 15 日，时任副省长的张维庆为太原市店"少年儿童读物书展"剪彩

2. 1990 年 7 月 1 日，由长治市店承办的首届上党书市在长治举行

3. 1992 年 5 月，山西省首届书市在太原湖滨广场隆重举行

4. 1993 年 12 月 19 日，在省店院内举办了纪念毛泽东诞辰 100 周年图书展销活动

1
2
3
4

1. 1998 年 10 月 9 日至 12 日，第九届全国书市在西安举办期间，省店以山西出版界的名义邀请著名的绛州锣鼓前去助阵

2. 特价书是书市的亮点（摄于 2000 年 4 月 28 日山西省第八届书市期间）

3. 2001 年 9 月 2 日，阳泉市店在阳泉第二监狱内举办了第四届书市。图为服刑人员正在踊跃选购图书

4. 2002 年 9 月 27 日，山西省第十届书市（晋城片）开幕时，晋城市店组织了彩车游行活动

1	2
3	4
5	6

1. 2008 年 7 月 31 日集团董事长张金柱参加全省农村流动书库启动仪式

2. 2011 年 9 月 23 日，集团与上海辞书出版社联合举办《辞海》典藏本七省一市首发式

3. 2013 年 9 月 2 日，山西省首届职工读书节启动

4. 山西新华书店集团员工在流水线上分发农家书屋图书（摄于 2010 年 9 月）

5. 山西新华书店集团自主品牌华文堂文化创意系列产品展示厅（摄于 2015 年 6 月）

6. 2015 年 9 月 25 日，第二十五届全国图书交易博览会开幕式在中国（太原）煤炭交易中心隆重举行。图为开幕式现场

企业文化

1986年，太原市店邮购服务部内一派繁忙。

1. 1983年11月7日，阳泉市店团支部组织的一支"新华书店学习慰问煤矿工人服务队"到矿区售书时的场景

2. 1986年，垣曲县店送书到驻地部队时的情形

3. 1986年，太原市店邮购服务部

4. 1987年4月21日，省店举办了全系统迎店庆50周年"书林杯""书苑杯"知识竞赛。图为开幕式场面

1. 1987 年 4 月举行的"书林杯"知识竞赛之决赛现场

2. 1990 年，全系统开展了以创"三优"为内容的"质量年"活动。图为活动期间的中阳县店

3. 1993 年 3 月 16 日，全国新华书店（华北片）图书看样订货会在省店举行。图为订货会上省店设立的展台前人头攒动

4. 1991 年 10 月 15 日至 17 日，全系统第四届"书林杯"竞赛举行。图为知识竞赛之现场

```
    1
  ┌───
    2
  ┼───
  4 │ 3
```

1. 1994 年 4 月 8 日，"爱我中华、爱我家乡"活动赠书仪式在省内 7 个地市同时举行。图为省组委会在阳曲县的赠书场景

2. 1994 年 8 月 6 日，由省店出资举办的山西省青少年"双爱"读书教育活动表彰大会举行

3. 1995 年 6 月 1 日，祁县县店经理吕景龙向该县来远镇前庄村小学捐资 3000 元

4. 1998 年，河津市店为当地的贫困村僧楼乡李家堡村捐资建起的图书馆

1. 1996 年 9 月 23 日，太原市店举办的业务技能赛之现场

2. 1996 年 11 月 1 日，"迎店庆"全系统知识技能选拔赛举行。图为计算机操作比赛之现场

3. 1997 年 4 月 22 日在北京举办的全国新华书店知识技能赛上，代表山西参赛的太原市店全能选手高红萍荣获第 6 名

4. 1999 年 6 月 1 日，由新华书店总店与省店共同投资兴建的左权县岭南村新华希望小学投入使用

```
1
  2
    3
      4
```

1. 1999 年 7 月 28 日，山西省第六届读书教育活动总结表彰大会举行

2. 2000 年 5 月 31 日，省店向省新闻出版局扶贫点——柳林县成家庄联校捐赠了价值 6 万元的图书

3. 2001 年 7 月 13 日"申奥"之夜，晋中市店门前一派热闹景象

4. 2011 年 2 月新闻出版总署向左权县老区人民赠书

	1	2
	3	4

1. 2011 年 7 月 19 日，山西省第十八届青少年爱国主义读书教育活动表彰大会召开

2. 大同市店以"服务社会、服务教育"为宗旨，积极开展丰富多彩的图书营销活动，为古都大同增添了浓郁的书香氛围（摄于 2012 年 1 月 30 日）

3. 晋城市农村购书补助卡（摄于 2012 年 2 月）

4. 2016 年 10 月 12 日出版传媒集团董事长梁宝印在集团第四届新华杯业务知识技能大赛上观看图书造型比赛

$$\frac{1}{\frac{2}{3}}$$

1. 2011 年 5 月 9 日，由山西新华书店集团主办、山西新华现代出版物连锁有限责任公司承办、为期两天的"名社好书进山西暨秋季文教产品订货会"在山西出版传媒产业园区如期举行。图为订货会场景

2. 在庆祝新华书店成立 75 周年全国技能大赛宁夏总结大会上山西新华书店集团选手、计算机录入第一名王芳（左起第五个）上台领奖（摄于 2012 年）

3. 2016 年 10 月 12 日，山西新华书店集团举行第四届"新华杯"业务知识技能大赛之现场

亲切关怀

1. 1984 年 8 月 1 日，太原市店解放路门市部开业时，山西省及太原市的领导合影留念

2. 1992 年 7 月，新华书店总店总经理汪轶千（左二）在平鲁区店考察工作

3. 1995 年 6 月 30 日，新闻出版署署长于友先（左一）考察大同市店新建路门市部时的情形

1. 于友先署长（右三）于 2000 年 8 月 25 日至祁县县店考察工作

2. 2001 年 6 月 15 日，省委副书记纪馨芳（左三），副省长王昕（右二）等至省店参观了即将开业的山西图书大厦

3. 2001 年 7 月 16 日，中宣部副部长李从军（右二）在有关领导的陪同下考察山西图书大厦

1
2
3

1. 2014年2月9日，省长李小鹏到山西出版传媒产业园视察指导工作时在控制中心参观。省委常委、宣传部长胡苏平，副省长张复明陪同

2. 2015年9月25日上午，中宣部副部长庹震一行在参加完书博会开幕仪式后，专程来到山西图书大厦参观视察

3. 2016年11月29日，山西省委宣传部长王清宪到山西图书大厦调研

荣誉称号

1	2

3

1. 1986 年 4 月，中共山西省委、省政府授予省店"先进单位"奖杯

2. 1989 年，中共山西省委、省政府授予省店"先进单位"奖杯

3. 1990 年 8 月 16 日，中共山西省店委员会通过了《关于向韩小芹同志学习的决定》。同时评选出了 8 位劳模。左起第 4 人为韩小芹

```
1
2
3
4
```

1. 祁县县店1992年荣获全国新闻出版系统"先进单位"称号

2. 1997年10月，省店荣获中宣部等十部委评选出的全国"三下乡"活动"先进集体"

3. 1997年6月，省店荣获全国新华书店知识技能比赛"优秀组织奖"

4. 2000年8月，阳泉市店综合门市部被团省委授予"青年文明号单位"称号

1. 2001 年 7 月之前，全系统已有朔州、汾阳、晋中、祁县、平遥、盂县、潞城、高平等八店为"省级精神文明单位"

2. 2009 年集团被中宣部、新闻出版总署评为全民阅读活动先进单位

3. 集团 2011 年荣获山西省公共文化服务先进单位

4. 2011 年 10 月 26 日，被全国书刊发行协会评为文明店堂的山西代表合影留念

1. 集团被新闻出版总署评为 2012 年全国农家书屋工程建设突出贡献单位

2. 集团荣获省直"文明和谐单位标兵"奖牌

3. 2014 年 10 月 21 日，集团喜获"十八届三中全会重要文件发行工作一等奖"

中国新华书店发展大系

编纂委员会

主　　编　哈九如

执行副主编　汪耀华

副　主　编　（排名不分先后）

茅院生	张雅山	吕晓清	郑　岩	杨禄森
陈剑峰	肖　陵	于慧丰	荆作栋	杨建军
曾昭群	曲柏龙	金国华	王忠义	曹　杰
吴志明	涂　华	刘文田	林疆燕	邱从军
黄楚芳	肖开林	何　洋	朱丹枫	阮　平
杨志强	禹鸿斌	王卫平	王锦慧	冀学博
谢向阳	益西坚村	蔡文贵	徐晓涛	尹昌龙

编　　委　（排名不分先后）

蒋　敏	戴川平	戴　昕	李红林	王　峤
王延生	李茗茗	袁亚兵	沈育明	宋晓琳
拉巴次仁	许海雁	毛建新		

中国新华书店发展大系
—山西卷(1949-2017)—

编纂委员会

主　　编	荆作栋
副主编	李　飞
编　　委	荆作栋　　李　飞　　薛文森　　刘兴太　　韩治中
	张治端　　武秋英　　杨　娜　　陈增平　　任卫文
编　　写	李　芬
统　　稿	谭晓东　　崔凤飞
图片提供	李　芬　　蒋　涛　　任晓云

继承光荣传统　履行光荣使命

聂辰席

当前，全党全国各族人民正在以习近平同志为核心的党中央领导下，朝着全面建成小康社会、实现中华民族伟大复兴中国梦的目标阔步前进。

作为党创建和领导的出版发行机构，作为社会主义出版事业和文化事业建设的亲身经历者、积极参与者和忠实见证者，新华书店已经走过了80年的光辉历程。

1937年4月，新华书店在革命圣地延安诞生。从清凉山麓的一间窑洞出发，新华书店始终伴随着党和人民事业一路砥砺前行、不断发展壮大。在党中央的高度重视和亲切关怀下，新华书店始终坚持正确方向、坚定立场，坚持围绕中心、服务大局，坚持读者至上、服务群众，及时把党的路线方针政策传播到千家万户，把教材送到亿万学生手中，把科学文化知识提供给广大读者受众，为满足人民群众精神文化需求、提高全民族思想道德素质和科学文化素质作出了卓越贡献，为促进全民阅读、建设书香社会发挥了积极作用，为传承中华优秀传统文化、建设社会主义文化强国凝聚了强大力量。

进入新的历史时期，新华书店不断深化改革，完善体制机制，优化业务结构，创新发展业态，努力提升整体实力和服务水平，把发行网点开办到人民群众最需要的地方，开创了图书发行史上流动供应和上门售书的服务新举措，目前已形成遍布全国的1万余处发行网点，拥有13万名员工，成为以图书发行为主营业务、多业态发展的国有文化企业中坚力量。

80年来，无论是在战火硝烟的革命战争年代，在热火朝天的社会主义建设时期，在探索中前行的计划经济阶段，还是在改革开放的社会主义市场经济大潮中，新华书店始终坚守宣传真理、传播知识、传承文化的历史责任，筚路蓝缕、不畏牺牲、坚定不移、勇往直前，经受了血与火的考验，克服了难以想象的挫折与困难，走出了一条服务党和国家大局、服务人民群众的改革发展之路，创造了许多载入文化建设史册的突出业绩，留下了无数值得后人铭记的感人事迹。

80 年来，新华书店涌现出一大批出版发行事业的中坚力量，他们中有在抗战时期反扫荡中宁死不屈、跳崖牺牲的女英雄黄君珏，有在为各敌后根据地运送图书时突破封锁线而倒下的发行员，有在抗美援朝战争中送书上阵地而壮烈牺牲的随军书店员工高照杰，有在为读者服务中苦练业务、精益求精、服务周全的普通营业员，有在平凡岗位上坚持读者第一、服务第一的劳动模范，还有身退心不退、愿把余生献给读者的新华老员工……他们是不同历史时期新华书店创业发展的脊梁，永远留在读者的记忆中，永远铭刻在新华书店发展前行的历史丰碑上。

在 80 年的奋斗发展历程中，新华书店留下了宝贵的精神财富，锻造了鲜明的新华精神，其核心要义就是：坚持正确政治方向，与时俱进、改革创新，全心全意为人民服务、为读者服务。这种坚守了 80 年的光荣传统已融进新华人的血液，贯穿于每个新华人的行动中。正是有了这种精神，新华书店才能改革创新、与时俱进、自强不息、永葆青春，才能在激烈的市场竞争中持续健康发展。

在纪念新华书店创立 80 周年之际，由中国新华书店协会组织编纂并呈现给新华人和社会读者的这套《中国新华书店发展大系》，系统收集整理了新华书店在革命战争时期、社会主义建设时期和改革开放时期的重要资料，记录了新华书店自创立以来的重大史实和事件，回顾了新中国出版发行事业的缘起与形成，展现了中国出版发行业特别是新中国图书发行业详尽的发展脉络，是新华书店建立以来史料最全、内容最广、时间跨度最长、记录最详实的珍贵资料，是新中国出版史的重要文献和新华书店员工必读的史料教材，具有"存史、资政、育人"的重要价值。一位出版界老前辈曾经说过：通过新华书店发展轨迹和辉煌历史，可以看到新华书店所具有的光荣的历史、自豪的品牌、高昂的士气和远大的前程。《中国新华书店发展大系》既是对新华书店光荣奋斗历史的详实记载，更蕴含着激励当代新华人不忘初心、继续前进的强大动力。

伟大的事业需要伟大的精神力量，对新华书店赋予了新的职责使命。广大新华人要牢固树立政治意识、大局意识、核心意识、看齐意识，深入学习贯彻习近平总书记系列重要讲话精神和治国理政新理念新思想新战略，进一步弘扬优良传统作风，进一步加大改革创新力度，努力繁荣发展社会主义先进文化，更好满足人民群众精神文化需求，让新华书店这一光荣品牌"苟日新、日日新、又日新"，让新华精神不断发扬光大，更加充满信心地迈向辉煌百年，为实现"两个一百年"奋斗目标、中华民族伟大复兴中国梦而不懈奋斗！

序

荆作栋

    国泰百业兴，盛世修史志。《中国新华书店发展大系·山西卷》作为山西新华书店向新华书店成立八十周年的献礼，记述了山西新华书店成立以来所发生的大事，展现了山西新华书店发展历程。从中可以看出山西新华书店各个时代的掠影，可以看到各个时代先进模范的光荣事迹，以及平凡的、默默无闻奉献的图书发行工作者的身影。

    山西不仅是块拥有悠久历史文化的土地，也是一块具有光荣革命历史传统的土地。在抗日战争和解放战争时期，在这块土地上曾经建立有晋绥、晋察冀、晋冀鲁豫等著名革命根据地和解放区，有不少老一辈无产阶级革命家为了缔造新中国曾在这里战斗和工作过，英勇的三晋儿女为新中国的建立谱写了血与火的历史。令人欣慰的是，新华书店在山西这块土地上也同样有着光辉的历史。1937年4月在中国革命的圣地——延安诞生了新华书店，1940年3月在山西兴县建立了新华书店的第一个分店——晋西北新华书店。从1940年至今，近八十年的历史，反映了山西新华书店在新民主主义和社会主义建设不同时期的历史进程，不仅有血与火的光荣辉煌，也有镜鉴现实的重大意义。

    草创于烽火抗战年代的晋西北新华书店，是山西境内最早的新华书店，之后各抗日根据地相继创建了多家新华书店。山西新华人肩负着救国图存的神圣使命，走太行，过吕梁，将一包包知识的种子播撒开来，把一册册革命的书籍广布敌后，生于民族危难，心存救亡大义。抗日战争及解放战争时期，晋域各根据地、解放区新华书店牺牲的烈士，有记载者就有数十位。新中国成立以后新华书店在全省普遍建立，它为社会主义建设，为科技文教事业的进步，为全民素质的提高做出了巨大贡献。改革开放以来，其发展步入了快车道，从销售到利税，从固定资产到个人收入，均呈现跳跃式增长。为探索图书发行的新路子，几代新华人不懈努力，孜孜以求，摸索出了一套行之有效的管理方法，总结出了不少可贵的经验，对丰富新时期图书发行主渠道的内容可资借鉴。

就是这样内容相当丰富、史实极为确凿的历史，就是这样可歌可泣、可赞可叹的诗篇，多年来都没有一段翔实记述的文字，鉴于此，1996年，山西新华书店成立专门机构，安排专业人员，以志体的形式对其加以抢救性整理。《山西新华书店志》于2003年出版。之后，每年都会搜集整理当年的大事记，为记录历史预设了线索。2015年，借助全国新华书店协会《中国新华书店发展大系》出版之际，山西新华书店又对既往历史进行了梳理，整理成册，是为《中国新华书店发展大系·山西卷》。由于年代久远，变故叠出，加之资料残缺，记忆漫漶，资料搜集难度较大。但我们还是克服重重困难，完成此部著作的整理出版。可谓一件幸事。

整合历史的重要意义并不在于为过往辉煌编织花环，而在于对历史进行认真思考，并由此面对未来进行创新。希望通过这样一部记录历史的大书，予未来提供借鉴。编纂出版此书的良苦用意本就在此。

是为序。

凡例

一、本系以马克思列宁主义、毛泽东思想、邓小平理论、"三个代表"重要思想、科学发展观和习近平总书记系列重要讲话精神为指导，坚持真实、客观、全面地记载中国新华书店的发展史实。

二、本系上限追溯自1937年4月24日中国新华书店诞生，下限断至2017年3月31日。

三、本系以编年体为主，适当结合纪事本末体，分年、月、日记述。

四、本系分卷编纂，以省、自治区、直辖市设卷，另设有总店卷和协会卷。各卷一般含序、概述、图片、大事记、附录、参考文献、后记。

五、本系采用规范语体文，行文力求朴实、简洁、通畅。

六、本系纪年一律采用公元纪年。

七、本系采用的简化字以国家语言文字工作委员会公布的《简化字总表》为准；标点符号以国家质量监督检验检疫总局、国家标准化管理委员会发布的《标点符号用法》为准；计量单位，新中国成立之前使用当时通用单位，新中国成立后使用国家法定计量单位。

八、本系资料主要选自各省级新华书店现存的文书档案和各类档案馆、图书馆所藏相关资料和出版物。

各卷卷目

目录

概述

　　左太行，巍峨险峻，虎踞龙蟠，右黄河，汹涌澎湃，天堑之壕，上有长城双亘，三关锁钥，下有中条横立，气冲霄汉，此山西形势，自古即有表里山河、固若磐石之谓。

　　山西省位于黄土高原东部，华北平原西侧，介乎太行山脉和黄河中游峡谷间。因地处太行山之西，故名山西。又因是古晋国崛兴之地，故简称晋。全省面积 15.6 万平方公里，境内多山地。至 2015 年底，全省有 11 个地市、119 个县（市、区），人口为 3664.12 万。

　　山西属中华民族的发祥地之一，图书出版印刷发行也具有悠久的历史。

　　早在活字印刷术发明之前的唐末五代，山西的图书出版业已相当的发达。同时，山西还是纸墨的著名产地。据《太平寰宇记》记载，蒲州在唐宋之前便盛产纸张，平阳的白度纸、稷山的竹纸都很闻名。宋时，所产藏经纸还是贡品。太原府则有规模可观的造墨场，另外，晋南地区还盛产雕版所用的枣木、梨木等。

　　山西还出过许多优秀的编辑家，这也是图书出版繁荣的一个重要因素。后汉、后周时曾编辑了《唐会要》《五代会要》的王溥便是并州祁人。他所规划的会要分类编辑的体例方法受到后世的推崇。

　　经过历朝历代的发展，到了 20 世纪初，民办书店已遍布全省各市县，或专营图书，或兼营文具，而更多的经营者则是挑担游走，城乡无定。商务印书馆、中华书局等国内知名出版机构还在太原、大同等地开设有分馆。

1937年"七·七"事变后，八路军东进抗战前线，随即在山西及周边地区分别建立了晋绥、晋察冀、晋冀鲁豫抗日根据地。1940年1月，八路军一二〇师成立了晋西北行政公署，3月，在该师三五八旅随军文化合作社的基础上，成立了晋西北新华书店，店址在兴县城内。这是山西境内第一家以"新华书店"命名的出版发行机构，也是延安新华书店总店的第一家分店。1942年8月，中共中央晋绥分局成立，晋西北新华书店遂改名为晋绥新华书店。

同一时期，山西境内还同时存在着华北书店、太岳书店、华北新华书店、晋察冀新华书店、太行书店。1941年1月，华北书店在辽县（今左权县）桐峪镇成立，太岳书店在沁源成立。1941年5月，晋察冀新华书店成立，之后在山西境内的浑源、阳泉等地建立了支店和一些门市部。1942年元旦，华北新华书店在辽县（今左权县）岭南村成立。抗战胜利至新中国建立这段时期内，山西境内又先后建立了吕梁、晋南、晋中、太行新华书店及多家分支店。

1949年3月，晋中新华书店与华北新华书店榆次分店合并，组建新华书店太原总分店。4月24日，太原解放，太原总分店人员随军入城。27日总分店第一门市部在红市街58号开业，5月15日第二门市部在桥头街72号开业。6月，太原总分店改名为新华书店太原分店。

1951年3月，新华书店太原分店更名为新华书店山西分店。1958年6月，新华书店山西分店更名为山西省新华书店。

2002年3月，山西省新华书店与山西省外文书店合并，成立山西新华书店集团有限公司，从此，山西新华书店走上了向现代化企业进军的道路。

70 多年来，山西新华书店从高度集中的计划管理模式，到管理权限的几放几收，到改革开放以来的分级管理、独立核算、目标管理、承包经营，其在由计划经济模式向社会主义市场经济转换过程中，自强不息，生生不已，在探索中发展，在曲折中前进，走出了一条具有自身特色的发展之路。

　　70 多年来，山西新华书店始终坚持社会效益第一的原则，保证了政治类读物迅速充足、准确无误的发行质量，保证了中小学课本的"课前到书，人手一册"，为宣传党的思想路线、为国民素质的提高，做出了应有的贡献。

　　70 多年来，山西新华书店随着事业的不断壮大，也由一家随军书店发展成了一个大型国有文化企业集团。1949 年建店初期，全店职工合计 115 人，至 1952 年全省书店实现统一管理时也不过 864 人，而 2016 年时已达到了 3610 人。全系统固定资产总值 1952 年时为 15 万元，至 2016 年时达到了 10 亿元；自有网点也从 1952 年时的 114 个，发展到 2016 年时的 159 个。全系统销售册数与码洋 1949 年时分别为 416 万册、72 万元，1952 年时分别为 2313 万册、361 万元，实现利润 23 万元；至 2015 年时营业总收入突破 64 亿元，利润突破 1.6 亿元。建店之初，多数店开设在简陋的老屋内，有的甚至是靠租房借舍经营，三两人员，四五框架，筚路蓝缕，创业维艰。至 2016 年，所有的店都已改造了自己的营业场所、库房，拥有了现代化的交通工具，实现了办公的信息化管理。

　　人财物的管理是企业经营质量的基础。随着全系统管理权限的几收几放，山西新华书店人财物管理也多有变化。太原总分店进城时，书店干部是由军管会任免的，山西省人民政府成立后，管理权又划归了省文教厅。之后，在经历了高度集中统一管理体制、移交地方管理后，1982 年 5 月，各地市县店的人事管理权收到了山西省新华书店。此后，有关人事劳资方面的多项规则、条例、制度、办法相继出台并几经修改，以适应各个时代发展的要求。承包聘用、双向选择、竞争上岗次第使用，干部队伍建设日趋规范。同时，山西新华书店始终坚持以德才兼备的标准，以业务培训、进修深造、技能大赛、理论学习等多种形式致力打造有理想、有道德、有文化、有纪律的职工队伍，经过几代人的努力，图书发行队伍素质有了质的飞跃。

建店之初，新华书店内部即建立了一整套严格的会计规程，之后又进行了多次修订。新华书店内部货款结算制度因其行业特点而形成了自身特色，这一结算网的确立同样是新华书店的竞争优势所在、商业信誉所在。其固定资产、流动资金、专用基金和利润管理是在不断探索适应中完善的，全系统财务管理的规范化运作是企业经营管理整体水平提高的重要一步。

经营机制的改革是从1981年初开始的。1981年，山西新华书店率先在代县县店试行新的经营责任制。之后系统内又有11个店推行了这种管理模式。自1984年始，全系统全面推行经营承包责任制。1988年，全系统实行两权分离的承包经营责任制，并向省财政厅进行了承包。自1994年起，全系统改行聘任干部目标责任制，之后又将此制度加以完善。从经营承包制到目标责任制，不同的管理形式适应着不同的经营环境，这些有益探索为书店现代企业制度的建立提供了经验与教训，也在新华书店发展史上留下了多彩的一页。

做好教材发行工作是山西新华书店立店之本。教材发行事关国运，不可谓不重要。自新华书店建立之日起，教材发行便成了政治任务。同时，从经济效益来说，教材发行的相对稳定，是山西新华书店生存的基本保障。从20世纪50年代初的配售制，到后来的预订包销制、市场化竞争，新华书店的发展与教材发行数量的增减息息相关。20世纪80年代末，教育系统图书代发站的建立使山西省内各店大中专教材的发行丧失殆尽，因而退出了这一传统业务领域。而2000年初，教育部"减负令"的颁布又使"两教"发行遇到了前所未有的挑战。之后，随着教材集中采购制度的执行，山西新华书店积极应对，顺利适应了新的招投标方式，并且努力改变"两教"发行理念，寻求战略合作，积极收复失地，在认真做好中小学教材教辅发行的同时，在大中专教材、幼儿教材发行等方面也取得了不小的进步。

加大一般图书发行是山西新华书店的职责所在。门市是一般图书销售的硬件所在，而围绕门市开展的软硬件建设也伴随始终，从20世纪50年代的总册数总码洋管理，到20世纪60年代的开架售书、80年代的门市"创三优"活动，到如今的连锁门店改造，无不如此。从1952年投资兴建太原市店五一路门市部起，系统内门市基建工作便从未停止过，到2013年，全省大部分县级店已完成了连锁门店改造。

与之同步，山西新华书店的中盘构架也经历了一个由小到大、由弱到强的演进过程。1996年11月，经营面积千余平方米的山西图书音像批销中心开张。2000年11月，该中心迁址开业，营业场地扩至4000平方米，上架品种3万余，同时还开展了配送业务。2010年，迁入位于榆次开发区新址，同时，山西新华现代连锁有限公司成立，图书品种长期备货达到15万种以上，基本满足了各基层店日常需求。

除门市定点销售外，利用书展书市、摆摊设点、送书上门等固定方式进行的销售活动，对提高企业知名度，增加销售都起到了积极作用。早在1956年的"六·一"期间，太原市店便搞过一次大规模的"少儿读物展览会"。20世纪80年代后，作为"百日优质服务竞赛"的一项内容，各类书市不时在城市店举行。20世纪90年后，全省范围内每年都要举办一次大规模的书市。进入21世纪，各种名称的书市遍地开花。

大力开办多种经营是山西新华书店的创新之举。全系统内的多种经营在1949年建店时即已开展，当时主要兼营文具、纸张、抄本等。1981年，随着国家经济体制的改革、多种经济成分的发展，全系统恢复了和书店业务相关的非图书商品经营，主要经营学生用抄本和文具用品。当时的音像销售是作为多种经营项目开发的，最早开展音像发行的是太原市店1983年成立的音像书店。进入21世纪，山西新华书店加大了引进新业态的步伐，引入了电影院线、百新文具，有了自主品牌华文堂，系统内书吧、电影院、快捷酒店、文化生活超市纷纷开办，多种经营如火如荼。

山西新华书店70多年的发展经历艰辛又坎坷，曲折而平凡，漫长而又短暂，她与国运息息相关，国盛而强，国昌而华。无论哪个时期，一批批新华人为之奋斗劳碌，甚至流血牺牲，其精神可嘉，其品德可旌。记录这样的历史，不仅在于史实，更在于启示与思索。

1949 年

4 月 24 日　太原解放。新华书店太原总分店随军入城，接管了国民党中国文化服务社太原分社和黄河书店。

4 月 27 日　太原总分店第一个门市部在红市街 58 号开业，宣告山西省新华书店的前身——太原总分店正式成立。门市部主任李格。

4 月 28 日　中共太原市委书记、太原军事管制委员会副主任赖若愚等前来第一门市部视察，称赞书店是"党的一个宣传阵地"。

5 月 1 日　太原人民庆祝解放后第一个"五一"国际劳动节，书店第一门市部以七折优惠购书的工人。

5 月 15 日　太原总分店第二门市部在桥头街 72 号开业。门市部主任李永泰。

6 月　新华书店太原总分店改为新华书店太原分店。原经理张诚、副经理邢显廷调离，由李长庚接任经理，郭存德接任副经理，内部机构调整为股的建制，印刷厂移交政府。

同月　晋绥新华书店奉命结束工作，资产移交晋西北地委，原晋绥新华书店所辖绥蒙区各店划出，留下的人员改组为晋西北新华书店，店址设在兴县，梁乙亭任经理，副经理苗得心。下属有离石、五寨、崞县、代县、临县、碛口、原平、朔县、岱岳、柳林、巡镇等分支店。

8 月　太岳新华书店奉命结束，其所属分支店业务统一于太原分店。

9 月　随着山西省人民政府的成立，省政府通知，新华书店太原分店归属省文教厅领导，各专县新华书店归当地文教科领导。

10 月　宋萍（原晋南新华书店经理）、白真（原晋绥新华书店）代表晋绥地区出席了全国新华书店出版工作会议。之后，大批干部随军南下川康，仅川西新华书店就有晋绥新华书店的干部35人，成为该店的骨干力量。原晋绥新华书店经理白真任四川省新华书店经理。

11月 全省第一次支店经理会议召开。会议传达了华北区第一次分店经理会议和全国新华书店出版工作会议精神，新华书店总管理处李德元参加并作了关于统一工作的报告，讨论了全省书店的统一工作。

11月15日 太原分店在太原市成成中学召开各县文教科长座谈会，以加强联系，征求意见，省委宣传部史纪言副部长出席会议并讲话。

12月 全省文教科长会议通过了《在全省范围内普遍建立县书店的决议》。此后，以县新华书店和县书店两种形式的图书发行网络遍及全省。

同月 晋西北新华书店奉命结束工作，改为新华书店兴县支店。原晋西北书店下属支店一并移交太原分店。

是年 新华书店太原总分店初期，设有秘书科、发行科、会计科、直属第一、第二门市部、万寿宫印刷厂、大北门街印刷厂。时全店有干部职工48人。全省有长治、临汾、运城、新绛、永济、平遥、汾阳、阳泉、忻县、兴县等10个支店，干部职工67人。

1950年

1月　根据新华书店总管理处的决定，全省各店一律不再经营文具，走上了图书发行专业化的道路。

同月　根据华北总分店通知：从本月起，各店一律改用冠以毛泽东手书"新华书店"字样的新戳记。

同月　石家庄总分店所属阳泉分店并入太原分店，改为太原分店阳泉支店。

1月6日　山西省人民政府指示各专员、县长，迅速建立与整顿各县书店，保证各地中小学课本的发行和群众干部读物的及时供应，克服课本发行中的极端混乱现象。

2月　全省第二次支店经理会议召开，会议传达贯彻了1942年12月华北区课本发行会议的精神，讨论了课本实行配给制的问题。

3月　中央人民政府出版总署出版局颁发的《出版物统一分类编号办法》和《统一版本说明及版权页、封面、扉页等格式办法》在我省贯彻执行。

同月　为加强编辑出版工作，新华书店太原分店内设出版科，科长由省委宣传部郑雪樵兼任。

同月　全省第三次支店经理会议召开，传达贯彻了华北区第五届分店经理会议关于春季课本总结和杂志发行工作以及统筹统支的准备工作。讨论通过了7月在全省范围内开展杂志发行突击月的决议。

5月6日　山西省人民政府文教厅编出《初级干部国语读本》共四册，由太原分店印制发行。

6月　省政府要求迅速整顿县书店，新华书店太原分店积极配合协助整顿，首先从规范教学课本做起，整顿了图书市场。

7月1日 杂志发行突击月在全省展开，仅太原一地共征订13种杂志2490份，另有不属于总店直发的外版杂志1038份。

8月8日 山西省文教厅审定的《工农速成小学课本》由太原分店正式出版发行。

9月17日 山西省中苏友好协会编的《良师益友》由太原分店出版发行。

10月14日 太原分店出版发行了下列图书：

关锋编，《农村常用公文》

赵正晶编，《写话识字》

李束为编，《天气讲话》

苏友然编，《标点符号使用法》

田作良绘，《一贯道害死人》（连环画）

11月 全省第四次支店经理会议召开。会议传达了华北区第四次分店经理会议精神，在统筹统支与杂志任务制的基础上讨论了实行全面任务制的问题，并对做好1951年春季课本发行的准备工作进行了部署。

12月30日 太原分店发行1951年年画，共25种。

1951年

2月　太原分店经理李长庚调京工作，李震云接任经理。

3月　太原分店直属第一、二门市部划出，成立新华书店太原支店。太原分店更名为新华书店山西分店。撤销出版科，设立秘书科、业务科、财务科、人事科。

同月　根据总店和抗美援朝总会通知精神，全省发起第一次为中国人民志愿军募捐书刊运动。分店拟定了"为中国人民志愿军募捐图书杂志启事"，并指示各支店配合当地机关、学校、团体大力开展这一工作（至4月25日，全省共募捐各种书刊57161册，慰问信等物381件）。

4月24日　全省首届县店会议召开，出席会议的有97人，其中县店68人，支店15人。会议传达贯彻了华北区第五届分店经理会议精神，听取了省文教厅崔斗辰副厅长《关于做好抗美援朝爱国主义教育的书刊发行工作》的报告。会议通过了发行120万册抗美援朝书刊的计划；讨论通过了全省1951年工作计划；明确了县店工作的方针任务；通过了《全省县书店工作报告制度》《全省县书店工作奖惩条例》；规定从1951年秋季开始，中小学课本实行预订制。会议期间，与会者听取了省政府赖若愚主席、中共太原市委宣传部王大任部长在太原市人民代表大会上的报告和省委宣传部史纪言副部长的时事报告，进行了拥护和平的签名、订立爱国公约活动。会议至4月27日结束，历时4天。

8月　太原支店在桥头街成立了省内第一个外文门市部（1952年5月外文门市部迁至位于柳巷的原中国青年出版社山西营业部旧址）。

9月1日　省抗美援朝分会、新华书店山西分店联合发起第二次为中国人民志愿军捐书运动，印发了"为中国人民志愿军募捐书刊联合号召书"，12月底结束，共募捐书刊 35 万余册，超额 1.5 万册完成了书刊募捐任务。与此同时，全省书店职工掀起了"新华职工号"飞机的捐献活动。

9 月 23 日　山西分店邢南赴朝参加战地文化服务活动。

10 月 6 日　全省第六次支店经理会议召开。会议根据华北区第六次分店经理会议精神，检查了忽视政治的倾向，讨论了《毛泽东选集》第一卷的发行工作，对年画发行、建立和发展农村发行网络、图书室和课本预订及清产核资等问题进行了讨论。会议于 7 日结束。

10 月 12 日　《毛泽东选集》第一卷（平装第一版）在全省发行。第一批全省共发行 1 万册，省会太原发行了 5125 册，除太原支店的第一、第二两个门市发售外，中国图书发行公司太原分公司的西肖墙门市部和中国青年出版社的柳巷门市部也同时发售。

11 月　山西分店规定，全省书店实行总册数总码洋责任管理制。

12 月 15 日　分店首次召开财务工作会议。会议传达了华北总分店第二届财务工作会议精神，讨论通过了固定资产清理计划、清理外欠计划、责任制计划、清理存货计划，并对财务工作进行了检查。

1952 年

4月10日　全省同时发行《毛泽东选集》第二卷（平装第一版），省城太原首批发行1万册。

5月　中国青年出版社山西营业部撤销，人员和业务并入山西分店。

7月1日　新华书店统一实行新的薪金制度，过去执行的薪金制、小包干、大分值制等以实物计值的制度，一律改为按分计算，每分合1公斤小米。

7月9日　省政府通知各专署、市、县政府，全省县书店全部统一为新华书店山西分店直属支店，统一工作至8月底完成。计有黎城、高平、武乡、壶关、沁源、沁县、长子、潞城、平顺、襄垣、陵川、沁水、阳城、虞乡、临晋、夏县、解县、垣曲、绛县、猗氏、芮城、闻喜、屯留、万泉、平陆、荣河、安邑、河津、稷山、吉县、浮山、汾城、曲沃、翼城、襄陵、乡宁、蒲县、霍县、安泽、汾西、石楼、大宁、永和、孝义、文水、徐沟、榆社、祁县、灵石、介休、临县、中阳、方山、盂县、左权、昔阳、平定、和顺、交城、清源、寿阳、岢岚、保德、岚县、宁武、代县、繁峙、偏关、神池、河曲、定襄、阳曲、五台、静乐等74个支店。至此，实行人事、财务、业务由总店高度统一集中的管理体制。

7月25日　新华书店山西分店迁至东岗新民街新址办公，原址红市街58号移交太原支店。

8月15日　全省开始预订《毛泽东选集》四卷本（平装第二版），预订发行的原则是"一次预订，概不零售，定款收足，分卷供应"。

9月7日　全省第七次支店经理会议召开。会议传达了第一次华北区管委会的决议及总分店业务会议的6个方案，汇报座谈了统一县店工作和发行网组织工作，传达了评薪指示（按照华北总分店规定以分为工资计算单位，一个分相当于当地人民银行的一个折实单位）。会议于 11 日结束。

9 月 11 日　全省首届会计人员训练班开学。

10 月 19 日　全省第八次支店经理会议召开。会议汇报了县店统一工作，讨论建立发行委员会、建立农村发行员和评定薪金等问题。历时 3 天。

11 月 21 日　总店任命王克慎为山西分店第二副经理，李格为第三副经理。

同月　察哈尔省撤销，原察哈尔省所属天镇、灵丘、广灵、阳高、浑源、应县、怀仁、大同（市）、岱岳、朔县等 10 个支店划归山西分店管理，12 月交接完毕。

同月　《毛泽东选集》精装本第一、第二版开始发行，主要是供应有关领导单位和省军区，未零售。

同月　中苏友好月活动中，全省各店大量发行了斯大林著《苏联社会主义经济问题》等书。

是年　山西分店党支部从山西日报党总支分离出来，归属省直机关总党委领导。

是年　《毛泽东选集》普及本第一卷开始在全省发行。

1953 年

1 月 28 日　全省第九次支店经理会议召开。参加会议的有 102 个支店的经理及分店有关人员共 139 名。华北总分店、省委宣传部派人参会。会议着重讨论了如何实行计划发行，并决定认真检查纠正发行工作上的强迫摊派错误。会议于 2 月 3 日结束。

2 月 27 日　山西分店和中国人民银行山西分行联合通知，决定从 4 月 1 日起，各店货款结算实行直线电信拨。

3 月 5 日　斯大林逝世后，山西分店组织发行了斯大林著作和《斯大林传略》等有关图书。

4 月 3 日　根据中华全国供销合作社联合总社、新华书店总店 3 月 4 日联合指示精神，山西分店与山西供销合作总社商定了"农村发行工作协议"，并联合下达各店、社，要求遵照执行。

4 月 10 日　《毛泽东选集》第三卷（平装第一、二版）在全省各地同时发行，省城太原首批发行 1.15 万册。全省各店在发行第三卷的同时还接受读者第一、二卷的配套登记，山西分店将登记数汇总后，很快就作了调剂供应。

同月　全省开展了《资本论》的预订发行工作。

7 月 3 日　新华书店、中图公司和国际书店联合组成的朝鲜战地文化服务队，完成了祖国人民托付的任务回到北京。分店邢南也于 11 日返回太原。

同月　全省开展了《斯大林全集》（1—13 卷）的预订发行工作。

9 月 7 日　全省第十次支店经理会议召开，会议学习了邓子恢关于农村工作方针政策和任务的报告，听取了省委宣传部史纪言副部长的报告，提出"整顿巩固，注意提高发行质量和效果，稳步地贯彻计划发行，逐步求得供需平衡的发行方针"。会议充分发扬民主，对省分店领导工作中的缺点和错误提出了批评。

11 月　依据总店有关规定精神，成立了由 13 人组成的山西分店管理委员会。

1954 年

1 月 1 日　根据总店和中图总处的合并方案，中国图书发行公司太原分公司并入太原支店。

1 月 12 日　省政府文教委员会转发政务院通知，原从 1952 年各大行政区逐步成立的各级发行委员会撤销。通知指出：邮电局、新华书店的报纸、杂志、图书的发行，应由当地党政领导机关统一领导。

5 月 1 日　太原支店新建五一路门市部开业。省政府裴丽生主席等出席开业仪式。开业当天接待读者 3 万多人次。

6 月 3 日　全省第二期业务（流供）训练班开学，参加的有 102 个店的 106 名农村流供员（于 7 月 17 日结业）。

7 月 1 日　全省统一实行销售店对发货店的直线电信拨结算。

8 月　总店函告：关于调整 1954 年工资问题，根据中央文委指示，分店工资标准应按中央财委规定的国营商业工作人员工资标准审定。

9 月 15 日　随着行政区划的变动，全省发行网进行了以下调整：设立运城支店，安邑支店改为门市部；解县、虞乡二支店合并为解虞支店，虞乡改为门市部；临晋、猗氏二支店合并为临猗支店，临晋改为门市部；万泉、荣河二支店合并为万荣支店，荣河改为门市部；洪洞、赵城二支店合并为洪赵支店，赵城改为门市部；襄陵、汾城二支店合并为襄汾支店，襄陵、汾城改为门市部；离石、方山二支店合并为离山支店，方山改为门市部；潞城、长治二支店合并为长治支店，潞城改为门市部；大同、怀仁二支店合并为大同支店，怀仁改为门市部；岱岳支店改为山阴支店。

11 月 11 日　为了指导和推动全省书店竞赛运动的开展，山西分店创办的第一份业务刊物《竞赛》出版。16 开，每期两张，为周刊。

1955 年

1 月 15 日　祁县支店段发业荣获中国人民志愿军后方勤务第十二大站政治处"工作积极、埋头苦干、完成任务突出三等功"一次。

2 月 16 日　王克慎任山西分店第一副经理。

2 月 17 日　山西分店召开专署、县支店经理会议，重点讨论了对私营发行业的改造和加强山西出版物的发行等问题。会议于 20 日结束。

4 月 12 日　山西分店制定了《新华书店山西分店安排和改造私营发行业的办法》。

5 月 9 日　全省第十二次支店经理会议召开。会议讨论了"统筹兼顾，全面安排，普遍供应政治思想读物和各种通俗读物，继续加强流动供应，积极开展工矿、农村、部队的发行问题"。会议于 18 日结束。

同月　全省第三期业务训练班开学。参加学习的有 83 个店的 83 名农村流供人员。学期 48 天。

9 月 13 日　《竞赛》出至 39 期时改为铅印并改名为《山西图书发行简报》。

11 月 25 日　根据文化部出版事业管理局通知精神和山西省人民政府决定，山西分店撤销管委会。总店将分店所有干部、业务、计划财务、基本建设等管理权全部下放到省文化局。原山西分店管辖的各支店干部人事下放各专署、市、县文化行政部门领导管理。计划财务、基本建设仍由山西分店领导管理，实行了双轨制领导。

同月　毛主席《关于农业合作化问题》和中共中央《关于农业合作化问题决议》在全省分别发行了 50 万册和 40 万册。

1956 年

1月1日 根据文化部《关于文化行政部门的所属文化事业领导关系的规定》，自是日起，原由省分店管理的人事权下放专署、市、县管理。

1月20日 在社会主义改造高潮中，太原市15家私营书店并入太原支店。全省各地的私营图书发行业也相继改造为公私合营书店。

同月 全省第十三次支店经理（扩大）会议召开，参加会议的有各支店经理、流供人员共185人，总店、省文化局、中华全国供销合作社和省供销社派代表出席了会议。会议着重检查批判了右倾保守思想，对扩大农村发行，建立发行站，组织供销社经销图书，组织群众性的业余发行网，开展服务月等问题进行了深入的讨论。省委宣传部黄志刚部长和省文化局江萍局长到会讲了话。

2月19日 《中国农村社会主义高潮》和《1956—1957年全国农业发展纲要（草案）》在全省各店发行，分别发行了42.5万册和40万册。

4月20日 山西分店高乃峰，高平支店姬明森，隰县支店李启文，闻喜支店李耀华，太原支店贺朴、张鸿宝，祁县支店阎庆山，大同支店宋维、王士俊等出席了山西省财贸先进工作者代表会议。

5月1日 省文化局、省教育厅、团省委、省教育工会、省分店发出联合通知，是日起在全省范围内开展"少儿读物宣传运动月"，运动月共发行少儿读物250万册。

5月12日 山西分店将店刊《山西发行简报》改名为《发行工作》，并从丰富内容、活泼版面等方面采取了措施。共出40期，于1957年3月停刊。

同月 高平支店张振华出席了全国文化先进工作者代表会议。姬明森出席了全国财贸系统先进工作者代表会议。

6月1日　太原市店与市青年团、市工会、市教育局等单位在省博物馆联合举办"少儿读物展览会"。

6月6日　全省工矿区支店发行会议召开。参加会议的有太原、大同、长治、阳泉、榆次等支店负责科技书发行的人员，会议总结了全省工矿发行工作，传达了全国工矿发行会议精神和兄弟店科技书发行的先进经验。会议决定从7月5日起至8月4日在全省开展"科技书籍宣传运动月"。

6月11日　全系统计划、财务、统计工作会议召开。省文化局、省统计局、省人民银行也派人出席了会议，会议总结与检查了财务、统计工作，制定了计划、财务、统计工作方面的各项制度，决定开展"比及时、比正确、比完备、比分析研究、比改进工作"的"五比"竞赛。

6月17日　全省第四期业务训练班开学，受训学员101人，学习了进货、商品管理专业知识。8月中旬结束。

8月9日　文化部发出《关于各级新华书店实行工资改革问题的补充说明通知》。通知中（一）项规定：各店凡执行商业企业售货员工资等级标准的售货组长，应根据具体情况，给予6%、9%、12%的职务津贴。

8月18日　省文化局颁发《山西省文化事业、企业工作人员工资改革方案》。方案规定：新华书店一律参照商业部所颁发的国营企业工作人员工资标准执行。

8月25日　为继承和发扬祖国文化遗产，服务于学术研究，山西第一个古籍门市部——太原支店古旧书门市部开业。地址为太原市西肖墙40号。1965年迁到太原市桥头街58号，"文化大革命"中破"四旧"，被迫关闭。

9月1日　全省评选出李耀华（闻喜）、段秀武（洪洞）、薛玉珍（太原）、苏耀忠（昔阳）、柳文斗（长治）、赵运福（公私合营、翼城）等6人出席新华书店、国际书店在北京召开的全国图书发行先进工作者代表会议。

10月　中共八大会议文件出版发行。全省共发行《党章》《政治报告》《修改党章报告》等文件百余万册。

10月11日　全省第五期业务训练班开学，学员18人，主要学习会计、统计业务。学期 40 天。

11 月 1 日　省农业厅、省教育厅、省工会、团省委、省军区政治部、省供销合作社和山西分店联合发出通知，决定在全省开展通俗读物宣传运动月。

11 月 26 日　全省第十四次支店经理会议召开。会议对 1957 年的农村发行提出了初步意见，对依靠供销社提高发行质量、加强计划发行进行了研究和部署。

12 月 20 日　全省第六期业务培训班开学，学员 57 名，主要学习城市流供业务，1957 年 1 月 24 日结业。

1957 年

4 月 1 日　全省第十五次支店经理会议召开。会议讨论通过了《图书进货工作办法》《课本发行工作细则》《关于处理滞销书办法》《调剂工作试行方案》《商品管理责任制度》和《发行记录卡的管理与使用办法》。会议至 14 日结束。

5 月 20 日　全省第七期业务训练班开学，学员 104 人。学期 7 个月。

7 月 29 日　全省图书发行工作的业务指导性刊物《山西发行》创刊。

1958 年

3 月 26 日　全省第十六次支店经理（扩大）会议在太原召开。参加会议的专、市、县店经理、会计、业务、流供、门市及分店有关人员共 305 人。会议克服了所谓"右倾保守"，扫除了"三风五气"，向全国新华书店发出挑战书。王中青副省长到会作了报告。会议历时 10 天。

6 月 1 日　全省开展"鲁迅奖章读书运动"。

6 月 2 日　省教育厅、省文化局、省总工会、团省委、省科普协会和山西分店就开展读书运动及实施办法发出联合通知。到 12 月底读书运动告一段落。

同日　中共八大二次会议文件开始在全省各店发行，共发行刘少奇《关于中央委员会工作报告》、邓小平《关于莫斯科会议报告》等文件 85 万余册。

6 月 24 日　全省第一家公社书店——红旗书店在忻县高城乡开业。

7 月 1 日　根据山西省文化局批文，新华书店山西分店改名为山西省新华书店。原各中心支店和支店同时更名为专署、市、县新华书店，不再冠以中心支店、支店字样。原山西分店领导管理的计划财务、基本建设、购销业务、网点设置以及对公私合营书店监督管理等完全归当地文化行政机关领导管理。

同日　山西第一所图书发行中等专业学校——山西省图书发行学校成立。校长省店经理李震云（兼），副校长王军。学制一年，学员 156 人。于 9 月 13 日开课。

9 月 29 日　全省总计办起 657 个公社书店，基本上实现了全省公社书店化。省文化局发报向文化部报喜。

10 月 16 日　《山西发行》第 80 期起改名为《图书发行报》。

10 月 21 日　由辽宁省文化局发行处处长和辽宁省店经理率领的辽宁省图书

发行参观团一行 14 人到山西参观访问，先后到太原、忻县等店参观座谈。于 27 日离开。

11 月 9 日 全省行政区调整为太原、大同、长治、榆次、侯马、阳泉 6 个市和阳高、山阴、朔县、浑源、灵丘、左云、河曲、五寨、繁峙、原平、兴县、宁武、忻定、静乐、五台、太谷、平遥、汾阳、介休、离石、和顺、临县、武乡、沁县、壶关、晋城、阳城、黎城、吕梁、乡宁、临汾、洪洞、稷山、运城、芮城、翼城、闻喜、垣曲、平陆、安泽等 40 个县，全省新华书店亦调整为 6 个市店和 40 个县店。

11 月 13 日 省店发出《动员一切发行力量为钢铁服务》的通知，要求各店与公社书店一齐组成一支为钢铁服务的队伍，深入到工地、高炉、矿山、食堂等地供应图书。

同月 为加强对晋南区新华书店工作的领导，晋南专区店成立，配备干部 7 人。

同月 晋中专区图书发行视导组成立。

12 月 15 日 忻县、清徐、昔阳及忻县卫星人民公社红旗书店出席了全省农业社会主义建设先进单位代表会议。经大会评选，忻县店出席了全国农村社会主义建设先进单位代表会议。

12 月 24 日 由王军负责，黄震宇、王友兰、赵武、邓炳文、田泽生执笔编写的《图书发行学》内部印行。全书分上、下两册，约 65 万字。

1959 年

1月　晋北专区店在大同市成立。

3月17日　全省第十七次专署、市、县店经理会议召开，参加会议的共55人。会议总结了1958年的工作，对1958年片面地追求数量放"卫星"和在发行网建立方面过多地占了农业劳动力和资金等问题进行了检查，会议着重对进一步提高发行质量，整顿农村图书发行网（原则是撤销公社书店，有条件的地、市、县店应下伸门市部，无条件的改为代销店），改善经营管理和为国庆10周年献礼等问题进行了讨论。会议期间，省委宣传部部长黄志刚到会讲话。会议于22日结束。

4月27日　省读书运动指导委员会公布了全省第一批获得"红旗读书奖章"名单，其中集体22个，个人810名。

5月18日　文化部颁发了图书进发货试行章程。省文化局6月29日通知全省各店贯彻执行。

5月19日　省文化局通知：各专署文化局设图书发行视导组，人员编制归省店，干部由当地配备和管理。

7月6日　省店店刊《图书发行报》出至103期时，根据省文化局决定停刊。

同月　省图书发行学校第一期学生150名提前毕业，分配到全省各店工作。

1960 年

2 月 10 日　第十八次全省专署、市、县店经理会议在太原召开。除各店经理外，1959 年度的先进工作者也出席了会议，共 150 多人。会议总结了 1959 年全省发行工作，部署了本年度发行任务。历时 8 天。

6 月 5 日　神池县新华书店武兆鸣因工作表现突出，应邀参加全国教育和文化卫生体育新闻方面社会主义建设先进单位和先进工作者代表大会。

9 月 19 日　省文化局《关于加强对城市租书业铺、摊整顿改造的意见》下达各专署、县。《意见》要求各专、县文化局按照文化部《关于进一步加强对城市租书铺、摊整顿改造的意见》对所属范围的租书业铺、摊，摸清情况，进行整顿。各店要对租书业进行业务上的辅导。

9 月 28 日　省店制定的《内部图书发行办法》下达各店执行。

10 月 1 日　《毛泽东选集》第四卷在全省各地同时发行，省城太原举行了隆重的发行仪式，当天太原地区共发行了各种版本的《毛泽东选集》第四卷 1.2 万册。从 10 月 1 日至 10 月 30 日，全省共发行《毛泽东选集》第四卷各种版本 32420 册。

10 月 7 日　省委宣传部批转省文化局党组《关于召开地、市和部分县店经理会议情况的报告》。要求各级宣传部加强对书店工作的领导，帮助其搞好业务，端正业务方针，建立必要的制度，协同组织部门，尽快地把书店经理及其业务骨干配备起来，不称职的作适当调整。

11 月　省店报告称：10 月 1 日至 30 日，全省共发行《毛泽东选集》四卷各种版本 32420 册。1952 年以来，全省各店（不包括原属察哈尔省的 10 个店）共发行《毛泽东选集》一至三卷 116075 册。

是年 山西省图书发行学校停办。

是年 店刊《图书发行工作》再次创办，16开本，杂志形式。

1961 年

4 月 25 日　为更好地适应教学需要，文化部通知：原由百货公司经营的教学留声片，改由新华书店发行。

6 月 10 日　由于行政区划的变更，山西又新分出 22 个县店：平定、祁县、灵石、孝义、襄汾、临猗、绛县、吉县、永和、永济、夏县、高平、长子、定襄、代县、岚县、神池、岢岚、天镇、平鲁、右玉、大宁。至此，全省新华书店共 98 个。

10 月 20 日　随行政区划的变更，新增或分设的店有：忻县专区店、长治县店、潞城县店。晋北专区店改称雁北专区店。全省共有专、市、县新华书店 102 个。

同月　新华书店总店总经理王景来晋考察工作。

同月　省文化局通知：靳占一、张顺理任省店副经理。

是年　太原市店外文书店发行了《毛泽东选集》英文版。

1962 年

2 月 19 日 省店制定了《1963 年至 1972 年图书发行事业十年发展规划》。

同日 由全省各店经理参加的全省图书发行会议召开,历时 6 天。王中青副省长到会讲话。会议传达了全国图书发行会议精神,讨论了加强计划发行,进一步缓和供需紧张状况,克服当前存在的各种困难等问题,研究制定了《图书分配办法》《关于图书商品清仓核资补充办法》《关于开展推荐和调剂工作的意见》《关于做好旧书收售工作的意见》《加强经济核算力争改善经营管理的意见》《山西省图书发行工作条例》等 6 个文件,有 15 人在大会上介绍了经验。

4 月 8 日 省店召开 1961 年度部分亏损店座谈会,汇报检查亏损的主要原因,讨论厉行节约、加强经济核算的具体措施,设法改变不合理亏损现象。

6 月 全省根据调整方针,撤销了 5 个专区店和太原市的区级店,农村门市部由 85 个调整压缩为 25 个,县城以上门市部原有 117 个,撤销了 7 个。书亭及工矿门市部原有 37 个,撤销了 23 个。全省各店售书点由 237 个减少到 147 个。全省各店干部职工精简下放了 318 人。公社书店全部撤销。

8 月 省文化局通知:宋萍任省店经理,同时免去王军代理省店经理职务。

11 月 1 日 全省专、市、县店的财务管理权从即日起收归省店统一管理,成为省属文化企业。县店恢复"山西省新华书店某某支店"的名称,专、市店恢复"山西省新华书店某某中心支店"名称。

1963 年

1 月 11 日　省文化局通知：宋萍任省文化局副局长，免去省店经理职务。

4 月 10 日　省文化局艺术干部学校举办的"图书发行班"一期，抽调全省县店正、副经理，专、市店中层干部 51 人（实到 30 人）进行培训学习，学期 80 天，于 6 月 20 日结业。

5 月 16 日　省店通知各店：根据省劳动厅《关于制定职工升级方案的通知》和《对制定职工升级方案中几个问题的解释》两个文件，请示当地统一办理职工工资的升级工作。其中明确规定，"经理升级应由当地签注意见，报省店转呈文化局批准，其余人员升级，由当地安排解决。"

10 月 23 日　省店颁发《关于利润留成提取与使用的实施办法》。

10 月 24 日　省店转发省文化局、省劳动厅文件，规定全店业务人员的工资，改按商业部新订的业务人员的工资标准执行。正、副科长和会计人员等行政管理人员，一律按国营商业行政管理人员工资等级标准执行；其他专职业务人员，全部按商业业务人员工资等级标准执行。

11 月　省文化局、省劳动厅颁发《山西省新华书店综合奖制度试行办法》。

是年　省店转发文化部颁发的《新华书店县店工作条例（修正草案)》。

是年　店刊《图书发行工作》改称《通报》，恢复报纸形式，8 开两版。

1964 年

1 月 8 日 省店召开全系统财务会议。97 个支店会计和省店有关人员共 110 人出席会议。会议学习了《会计人员职权试行条例》等 4 个文件，汇审了 1963 年度统计年报和会计决算报表，16 个店的会计交流了经验。历时 13 天。

1 月 21 日 省店召开 5 个中心支店和部分支店经理、进货人员参加的进货座谈会。在学习《县店工作条例》的基础上，就如何配合社会主义宣传教育形势做好进货工作进行了座谈，讨论了省店草拟的《县店进货工作实施办法》《课本发行工作办法》《课本预订供应办法》《图书停售、报废处理办法》等 4 个文件。

2 月 1 日 省店和长治地区店组成整顿工作组，到黎城县店搞整顿试点，经过三个阶段的整顿，于 3 月 10 日结束，历时 40 天。

2 月 8 日 省店向省文化局呈送《关于八届十中全会以来几个基本情况的报告》，报告中称：1963 年专职流供达到了 230 人，比 1962 年增加了一倍，并与农村较大集镇和边远地区的 900 个供销社建立了经、代销关系。有计划地发展了 1500 个业余发行员，发行到农村的图书达 420 万册，较 1962 年增长 21%，对销售非图书商品采取了一系列的限制措施，1964 年取消了计划内非图书商品销售指标。1963 年 6、7 月间，对全省停售报废图书进行了一次彻底清查，查出应报废而仍继续发行的各类图书 49 万余册。

3 月 5 日 省文化局发出"关于认真整顿各专、市、县店的工作，认真执行文化部颁发的《新华书店县店工作条例（修正草案)》的指示"，对全系统的整顿提出了原则要求，作了具体部署。

3 月 10 日 省店召开中心支店和部分支店经理会议。会议认真学习了人民日报《全国都要学习解放军》的社论、《省文化局关于贯彻文化部党组整顿基层书店报告的意见》和《县店工作条例》。会上听取了省委宣传部长卢梦的报告，肯定了 1963 年发行工作和经营管理的成绩。盘亏率由 1962 年的 0.63% 降到 0.28%，是 1953 年以来最先进的水平，亏损店由 30 个减少到 21 个，亏损额减少 25 万元，上交利润 49.6 万元，比上年增长 113%。按省文化局要求，力争在第三季度完成基层店的整顿。大抓思想政治工作，大学毛主席著作，大学解放军，大搞比学赶帮，深入持续地开展五好店、五好职工竞赛，努力实现书店革命化。

3 月 21 日　省店向省文化局报告了部分店"五反"中暴露出来的一些问题。报告在列举了部分店在"五反"中已查出来的贪污、盗窃、投机倒把等严重事实后，请示文化部批转各级文化行政部门，要切实加强对书店"五反"的领导，结合"五反"对基层店进行认真整顿，并要加强领导。

5 月 9 日　省文化局抽调 15 名干部组成 5 个工作组，分别由省店副经理、正副科长带队到临汾、大同、榆次、长治、忻县等中心支店，帮助其进行整顿工作（省店编印的《整店通报》于 16 日出刊。全省整店工作经 3 个多月的工作，到 8 月底基本结束。《整店通报》共出 12 期）。

7 月　《毛泽东著作选读》甲、乙两种版本出版发行。甲种本供应一般干部，并定为高中、中师、中专的政治教材；乙种本供应工农群众，并定为初中政治教材。同时毛泽东发表的《反对本本主义》《被敌人反对是好事而不是坏事》《人的正确思想是从哪里来的》等单行本也在全省大量发行。

10 月 19 日　省文化局下达《关于试行山西省新华书店流供人员劳动保护用品的配备标准及管理办法》。

10 月 21 日　全省农村图书发行会议召开。出席会议的有各专、市文教局的同志、各店经理及部分店流供、业务、门市人员共 150 人。会议传达了全国农村图书发行会议精神；按文艺整风要求，检查了农村图书发行工作在执行党的文化艺术工作的方针政策方面存在的主要问题。王中青副省长、江萍副部长到会并讲话，有 14 人交流了农村图书发行工作的经验。

11 月 24 日　在省文化局统一部署下，省店抽调干部 10 人，组成 5 个工作组，用 40 天时间，对全省农村图书发行工作会议贯彻情况进行了检查。

是年　店刊由《通报》改称《书店通讯》，由 8 开改为 16 开。

1965 年

3 月　长治中心支店抽调全区各县农村流供人员 15 人，集中到长子县为
"社教"服务，经过近 10 天的普及供应，发行各种图书七千多册。这种统筹安
排、普及供应的做法创造了发行工作特别是流供工作一种范例。

4 月 27 日　省店在省艺校举办的第一期会计训练班开学，参加学习的有专、
市、县店现任会计，也有新培养的会计。学期两个月。

5 月　省店为摸索总结经验，进一步解决农村发行问题，派出以副经理张顺
理等 12 人组成的两个工作组，到晋城、太谷两店蹲点。

6 月 18 日　太原中心支店科技门市部实行开架售书。

7 月 15 日　省店召开中心支店及部分支店经理会议，历时 8 天。会议汇报
了 1964 年农村图书发行会议以来的工作，集中研究了搞好毛主席著作发行、网
点建设和突破发行旧框框，为三大革命和贫下中农服务等问题。

8 月　省文化局任命倪林夫为省店经理。

10 月 6 日　为期两天的全省图书宣传和业务基本功表演结束。

11 月 1 日　店刊由《书店通迅》改称《山西图书发行》，8 开 4 版，刊头由
书法家郑林题写（"文革"开始后停刊）。

是年　《毛泽东著作选读》甲、乙种本在全省大量发行。

1966 年

1月1日　根据行政区划变更，原属大同市的大同、怀仁两县划归雁北地区，省店批准于大同县设立雁北中心支店，怀仁县设怀仁支店。同时为使各店店名更切合实际，方便工作，将原大同、太原两中心支店，更名为支店，原长治、榆次、临汾中心支店，分别更名为晋东南、晋中、晋南中心支店，全省各县、市店一律改用"山西省新华书店某某县（市）支店"名称。

2月15日　全省中心支店经理和部分支店经理座谈会召开。主要议题是书店如何突出政治，加强政治思想工作，并讨论研究了1966年至1970年全省图书发行工作发展规划。

3月1日　省店制定的《山西省新华书店关于开展创造"四好"书店、"五好"职工的试行办法》印发各店试行。

5月25日　省店制定调整经代销图书折扣的规定。"规定"指出：为积极巩固发展"专、兼、群"三结合的图书发行网，以便更好地为农村的三大革命运动服务，为贫下中农服务，促使图书上山下乡，有关图书、课本等经代销折扣比率调整为：

甲项：批给供销社、百货公司、公私合营等企业的折扣率：

（一）图书（包括民校和业余课本）折扣为：

1.经销包退 15%；

2.代销 10%。

（二）年画（一律不代销）折扣为：

1.经销包退 15%；

2.经销不包退 20%。

（三）代发课本，手续费为5%。

（四）教学留声片、幻灯片经销（不包退）折扣为10%。

乙项：业余代销手续费

1.图书5%；

2.年画10%。

6月 省店向省文化局报告称：1949年至1966年6月，全省发行各种毛主席著作1735万册，其中《毛泽东选集》300万册，"老三篇"500万册。

9月 贯彻执行8月30日新华书店总店转发国家经委《关于优先、免费运送毛主席著作的通知》。"通知"规定：全国交通运输部门对毛主席著作的发运，要切实做到优先拨车，优先装运，不得积压，不得损坏。自本月1日起对持新华书店介绍信向铁道部、交通部、邮电部和民航总局所属的运输单位托运或邮寄毛主席著作的运费、装卸费、邮递费一律免收。

同月 贯彻执行8月31日财政部发出《对出版毛主席著作减免税规定的通知》。"通知"规定：对于毛主席著作、毛主席像和中央其他领导人像的出版发行，不征收工业环节和零售环节的工商统一税，印刷厂承印的所得的收入也不征税。

12月 贯彻执行本月15日文化部发出《改变毛主席著作和领袖像的发行折扣的试行办法》。"办法"提出以各种形式出版汉文、少数民族文字版和外文版毛主席著作、毛主席像和其他领袖像，出版社发给书店的发行折扣，一律改为8折。发货店发给销售店，一律改为85折。

1967 年

1 月 18 日　"文革"群众组织夺了省店的领导权。之后全省各店相继被夺权，发行工作处于瘫痪和半瘫痪状态。

8 月　贯彻执行本月 1 日由新华书店总店、中华全国供销合作总社联合发出的《关于进一步深入农村做好毛主席著作发行工作通知》。

1968 年

10月　贯彻执行本月 15 日由毛主席著作出版办公室发出的《关于印发国家计划委员会"关于优先、免费运送毛主席著作的补充通知"的通知》。《补充通知》指出：对国家经济委员会 1966 年 8 月 23 日《关于优先、免费运送毛主席著作的通知》中，优先、免费运送范围扩大为：凡是中央和省、市、自治区出版单位出版，新华书店发行的毛主席各种著作、毛主席各种像以及毛主席单张语录、毛主席语录画、毛主席诗词手稿等，一律实行优先、免费运送。

是年　全省各店群众组织相继实现了大联合，不少地、市店及省店进驻解放军"支左"。

1969 年

5 月　贯彻执行本月 1 日邮电部关于邮递毛主席著作恢复收费的通知。

9 月　有解放军代表参加的省店"革委会"成立，革委会由 7 人组成，常福来（军代表）为主任，张顺理、成贵明为副主任，王克慎、裴学谦、卜连喜为委员。各地市店的革委会先后建立，多数县级店成立了革命领导小组或革委会。

12 月 26 日　《山西日报》报道：三年来，《毛泽东选集》的省内发行数量超过"文化大革命"前 17 年总和的 16 倍，达到 326 万部。其他"毛泽东著作"5585 万册；"毛主席语录"2031 万册。达到人人有一本"语录"，户户有套"毛选"。

1970 年

1月1日　山西省革命委员会政工组文件通知，省店对本系统下设的各专、市、县书店除业务指导外，管理权归属地方革命委员会领导。省店管理的全省基层书店的财权又一次下放地方管理。

6月　贯彻执行本月1日铁道部军管会生产组电话记录通知：经中央同意，铁路交通部门从是日起，对发运毛主席著作一律恢复收费。

9月　省级机关干部大批下放劳动。省店83名干部下放64人，机构设置由科建制，改为组建制，保留了办公室，设财务组、发行组、储运组、后勤组、撤销人事科。省店原经理倪林夫、原副经理王克慎、靳占一、张顺理同时下放。全店保留干部职工38人。

1971 年

3 月 2 日　冯玉玺调任省店革委会主任。

4 月　省店恢复党支部，冯玉玺兼任党支部书记。

11 月　省店隶属于山西省出版局革命委员会（1975 年更名为山西省出版局）。

12 月　省店因大批干部下放，职工队伍削弱，不能适应工作需要，经太原市劳动部门批准，从社会招工 13 人。

1972 年

5 月 省店派出两个组到东北和华北有关省市店考察学习，了解有关店的机构设置、人事变化、业务、财务管理等方面的情况和做法。历时 20 天。

8 月 省店成立调研科，负责图书发行工作调查研究进行指导。全科时有 3 人。

9 月 冯玉玺任省出版局党的领导组成员（1975 年为党委委员至 1983 年 12 月）。

12 月 19 日 经省革委会批准，省店召开了地、市店负责人会议，总结全年工作。全省 1 至 11 月发行马列著作 310 万册，占上年同期发行量的 167%；农村发行网点较上年增加了 583 个，达到 6318 个；农村流供 308 人，比上年增加 106 人；清理图书也做了大量的工作。会议要求各店抓紧抓好学毛主席著作这个头等大事，搞好图书发行工作。

1973 年

1月25日　店刊《图书发行简报》第一期出刊。16 开本，按杂志形式编排，不定期出版。

3月　省店在洪洞县召开全省农村图书发行工作现场会，介绍和推广洪洞县店充分依靠供销社开展农村图书发行工作的经验。全省各店负责人参加了会议，省出版局领导亲莅会议指导。

是年　靳占一从农村下放调回，任省店革委会副主任。

1974 年

1月　全省出版工作会议召开，太原小井峪供销社和临汾地区店分别介绍了开展图书租阅业务和举办街头图书展览的经验。

1975 年

5 月　贺文旭任省店革委会副主任。

6 月 1 日　省出版局在太原召开全省各店负责人会议，集中讨论了学好无产阶级专政理论。昔阳县店等介绍了典型经验。历时 7 天。

8 月　华北区 4 省、市、区图书调剂会在太原召开。

9 月　新华书店总店副总经理汪轶千到昔阳县店视察指导工作。

10 月 11 日　省出版局召开地、市及部分县店负责人会议，检查了几年来配合农业学大寨运动，发行宣传大寨、昔阳经验图书的情况。会议要求发行农业学大寨图书要做到全心全意，宣传大寨、昔阳经验要做到千方百计，用大寨精神，发好学大寨图书，当好学大寨促进派。

1976 年

3 月　省店设立政工科。除人事工作外（人事工作原在办公室），党支部的日常党务工作，如组织、宣传、纪检以及安全保卫等都由这个科承办（1978 年政工科改为人事科）。

9 月 15 日　省出版局任命戴致祥为省店革委会副主任。

10 月　粉碎"四人帮"之后，省店开始清理清查有关"四人帮"的图书。

同月　根据省出版局和省、市劳动部门的安排，省店从太原市郊县、区招进工人 20 余名。

12 月 12 日　省出版局转发省委宣传部通知：戴致祥任省店党支部副书记。

1977 年

5 月 16 日　经太原市革委会批准，成立太原市南郊区、北郊区、古交区 3 个区店。

7 月 10 日　史云任省店革委会副主任。

9 月 18 日　省店召开地、市店负责人和视导员会议。会议传达贯彻了《关于核定涉及"四人帮"图书报废专项资金的通知》，研究了《毛泽东选集》第五卷印发总结表彰大会的有关事宜。

12 月 2 日　省店制定《关于开展以"双学"为内容的社会主义劳动竞赛办法》印发各店执行。

1978 年

4 月　修订后的《山西省新华书店组织机构及职责范围》开始执行。

5 月 10 日　省出版局转发省计委文件，规定：省店提取的基本折旧基金，全部留企业使用，不再上交。

5 月 22 日　全省地、市店经理会议在榆次召开。会议传达贯彻了全国教材发行工作会议精神，汇报了贯彻《全国工作座谈会纪要》的情况，讨论了基层店整顿加强科技图书和教材发行工作的方案，研究了召开全系统"双先"代表会的准备事宜。历时 7 天。

5 月 30 日　省出版局、省财政局联合通知：关于涉及"四人帮"图书报废"专项资金"的使用再顺延半年，到 10 月底全部结束。

6 月 15 日　店刊《图书发行简报》恢复为原刊名《山西图书发行》。

8 月 17 日　省出版局转发省调资办（78）9 号文通知，布置调资工作。

9 月 20 日　经中共太原市委宣传部部务会议研究决定，同意太原市店恢复古籍书店建制，店址仍设在太原市西肖墙 40 号。

9 月 21 日　根据省革委会通知，省店不再设立革委会，从即日起行文用"山西省新华书店"名称。

10 月 6 日　全省各店负责人会议在大同召开，近 170 人出席会议。主要内容为传达全国科技书发行会议精神，调剂图书，总结交流课本发行工作经验。历时 9 天。

10 月 31 日　李映树调任省店副经理。

12 月 18 日　《山西省新华书店开展社会主义劳动竞赛试行办法》（修订稿）下发各店执行。

同月 省店办公大楼建成。建筑面积 3864 平方米，楼高 4 层，投资 60 万元。

同月 根据上级通知，领袖像定价从 1979 年 1 月 1 日起，全开调整为 0.38 元，对开调整为 0.16 元。

是年 为克服严重的书荒，国家出版局安排重印了 35 种中外文学名著，其中包括《吕梁英雄传》《战斗的青春》《唐诗选》《安娜·卡列尼娜》《鲁滨逊漂流记》《儒林外史》《官场现形记》等。党的十一届三中全会以后，由于出版的繁荣，全国的图书征订也由单一的目录征订向看样订货转移。到 1990 年时，全省销售文学艺术图书达到 646 万册，金额 1382 万元。

1979 年

1 月 11 日　全系统财务会议在祁县召开。会议除进行决算汇审外，还学习了《会计人员职权条例》，讨论了财务工作如何转移到为社会主义现代化建设服务上来等问题。历时 8 天。

同月　黄震宇调任省店副经理。

3 月　杨成荣调任省店副经理。

4 月 15 日　省出版局通知：黄震宇、杨成荣为省店党支部委员。

5 月 18 日　省财政厅、省出版局通知：各店可根据《关于国营企业试行企业基金的规定》，报当地财政部门批准，提取企业基金。

6 月 15 日　全省图书发行工作会议在太原召开。会议总结了 1978 年的工作，表彰了先进，讨论了图书发行工作如何贯彻中国共产党第十一届三中全会精神，把工作重点真正转到社会主义现代化建设上来等问题。山西省被评为全国新华书店系统先进单位和先进工作者的有：

先进单位：黎城县店

先进集体：太原市店科技门市部

先进个人：平陆县店曹发平

受大会表扬者：永济县店薛银萱、五台县店金自修

6 月 21 日　省出版局转发《关于调整马列著作、毛主席著作发行折扣定价的通知》。通知规定：马列著作、毛主席著作恢复"文革"前的定价和发行折扣。

7 月　省店在临汾召开全省业务工作会议。会议着重研究业务工作如何适应重点"转移"的需要，提高进书质量，更好地为"四化"服务，修订了《业务人员工作条例》，讨论了《图书发运工作办法》。

9 月　省店召开亏损店扭亏增盈座谈会。会议指出：粉碎"四人帮"后，全系统企业经营管理水平逐年提高，亏损店由 1976 年的 25 个，1977 年降为 18 个，1978 年降为 15 个；亏损额由 1977 年的 67068 元，减少为 20704 元；1979 年上半年亏损店已降到 7 个。会议针对各店实际情况，分析了造成亏损的主要原因，提出了扭亏增盈的具体措施。

9 月 20 日　省财政厅、省出版局转发财政部、国家出版事业管理局通知：从是年 1 月 1 日起，全省各店财务收归省店统一管理，按 1978 年决算进行交接。

10 月 15 日　省店制定《山西省新华书店业务人员职责条例》，由出版局批转各店执行。

10 月 28 日　省出版局发出《关于统一全省新华书店名称印章和行政负责人职称的通知》。通知规定：

一、各地、市、县店一律不设立革命委员会，其名称一律改为某某县（或专、区、市）新华书店。

二、店章、业务和财务专用章由省店统一刻制。

三、各店行政负责人，一律改称经理、副经理。

11 月　省店制定的《山西省新华书店系统社会主义劳动竞赛评比条件办法》，经再次修订后印发各店执行。

同月　省店制定的《企业经营管理先进指标分类表》《全省地、县店类型表》《山西省新华书店系统岗位练兵考核等级标准》印发各店执行。

12 月　全系统本年度财务会议在运城召开，这是财权回收省店管理后的第一次财务会议，会议制定了财权回收后的财务管理制度等。

是年　山西省外文书店单独建制，成为与省店并列的省级发行单位。

1980 年

1 月 1 日　太原市店外文门市部正式移交给省外文书店。门市部的 12 名工作人员和存书，按规定全部移交。

同月　省店副经理史云离休。

4 月 7 日　全省地、市、县店经理会议在黎城召开。会议以党的十一届三中全会精神为指针，总结推广了黎城县店抓经营管理的经验。来自全省 7 个地、市 18 个店的 34 名岗位练兵优秀选手进行了"文革"以来全省第一次岗位练兵选拔赛，会上还表彰了 1979 年度先进单位、先进集体和先进个人。会议于 13 日结束。

6 月 13 日　省店制定《全系统利润留成试行办法补充规定》，经省出版局审定，批复执行。

7 月 11 日　省店通知：第一期县店经理训练班于 8 月 16 日开课，学时 40 天。

12 月 9 日　省店转发《宁夏人民检察院、出版局、公安厅关于整顿内部发行图书工作的通知》。强调各地、市店在 1981 年初对内部发行图书进行一次认真整顿，建立管理制度，今后凡不按规定办事，造成严重泄密者，要进行严肃处理。

12 月 12 日　省店转发国家出版事业管理局《建议有计划有步骤地发展集体所有制和个体所有制的书店、书亭、书摊和书贩的通知》。

1981 年

1 月　省店颁发了《山西省新华书店计划财务管理制度》，共 11 项 85 条，这是被"文革"破坏的全系统企业经营管理制度重建的标志之一。

3 月 30 日　全省图书发行工作会议在太原召开。会议总结了党的十一届三中全会以来全省图书发行工作的成绩，布置了本年度工作，表彰了 1980 年度全省先进单位和个人。历时 7 天。

4 月 10 日　第一期地、市店负责人读书班开学。读书班学习了薛暮桥著的《中国社会主义经济问题研究》。学时一个月。

5 月 15 日　全系统业务会议在太谷县召开，全省第一次采用大样订货办法进行了年画征订工作。历时 7 天。

5 月 25 日　第二期县店经理培训班开学。学习了图书发行工作的性质、任务和业务知识、有关文件等。历时一个月。

5 月 30 日　省店、太原市店和太原市教育局，在太原市人民公园联合举办的"晋阳少年儿童书市"开幕。省委、太原市委领导贾俊、王文章、白玉等出席了开幕式。

7 月 1 日　根据《国营书店会计制度》部分修订说明的通知，停止实行按销售（调拨）比提取"呆滞损失准备金"的规定，改按图书出版（印刷）年度计提"图书提成差价"。这是书店系统经营管理上的一大改革，月底各店首次核价工作全部结束。

7 月 20 日　截止是日，省店已发往全省《中共中央关于建国以来党的若干历史问题的决议》108 万册、《胡耀邦同志在庆祝中国共产党成立六十周年大会上的讲话》100 万册，各店大力组织发行。

8月3日　第三期县店经理训练班开学，于9月3日结束。

9月24日　省出版局、省供销社在太原联合召开农村图书发行座谈会，各地、市委宣传部、供销系统和书店的领导齐集一堂，总结经验，交流思想，研究农村图书发行工作，这在山西省属首次。

10月25日　省店组成8个组，对各地、市县的工作进行检查，检查的重点是各店领导是怎样集中精力抓图书发行业务工作的、县店是否把重点放到农村、进货工作及门市部的服务态度服务质量如何等。于11月10日结束。

1982 年

1 月 10 日　《刘少奇选集》上卷在全省各店陆续发行。

2 月 21 日　《人民日报》刊登新华社消息：《山西农村出现买书热》。

2 月 26 日　黎城、垣曲、阳曲、汾阳、原平 5 店集体代表和阳高县店张恒山、太谷县店孟月瑞出席省政府召开的全省劳模大会。

同月　省出版局通知：张方之任省店党支部书记、副经理。

3 月 25 日　全省图书发行会议在太原召开。主要内容为传达中央领导对出版工作的批示和全国城市发行工作会议精神，表彰奖励 1981 年度先进单位、集体和个人。副省长赵军到会讲话。历时 7 天。

4 月 1 日　省店决定从即日起在临汾地区店进行图书二级分发工作试点。

4 月 7 日　省店转发总店颁发试行的《新华书店营业员守则》。

同月　省店召开城市门市工作会议。

5 月 15 日　省出版局通知：经省委宣传部批准，从是年 5 月 1 日起，各地、市、县新华书店人员的管理权收归省店。9 月底全部交接完毕。至此，全省新华书店实行了人、财、业务三权由省店统一集中领导管理的体制。

6 月 5 日　辽宁、吉林、黑龙江、福建、广东、广西、湖南、湖北、云南、贵州、内蒙古、山西等 12 省区店的编刊人员在太原聚会研究编辑《通讯员手册》事宜，并责成由邓耘执笔主编。历时 10 天。

6 月 10 日　省店举办业务人员培训班，有 58 人参加，月底结束。

7 月 13 日　省店发行科统计：党的十一届三中全会以来，全省图书出口的品种和数量逐年增长。1979 年 18 种，8700 册；1980 年 27 种，14200 册；1981 年 67 种，29300 册；1982 年前 4 个月 26 种，10890 册。

7 月 20 日 华北 5 省（区）市店联席会议在太原召开，会议交流贯彻了全国图书发行体制改革会议精神，并邀请四川、陕西省店领导介绍经验。历时 7 天。

9 月 经省计划委员会和高教厅批准，由省出版局主管开办山西省图书发行中专班。省出版局责成省店办理。招生于 9 月底结束，共录取学员近百名。

11 月 5 日 《山西图书发行》第 21 期根据 1978 年统计资料，公布了全省几个主要发行指标在全国的名次。发行总额：第 17 位；费用率：第 13 位；上交利润：第 14 位；生产率：第 18 位；利润率：第 10 位；资金周转：第 2 位；图书周转：第 4 位。

11 月 30 日 省店全系统经营责任制座谈会在代县召开。总店郑士德副总经理到会指导。历时 3 天。

同月 省店召开地、市店经理会议，总结交流党的十一届三中全会以来的工作经验，讨论了出现的新问题，研究了改进工作措施。

同月 中央新闻电影制片厂在垣曲县店拍摄了彩色新闻纪录片，介绍该店图书发行工作经验。

12 月 11 日 为进一步开展群众性的业务练兵活动，省店转发了总店的《全国新华书店业务技能考核规范》。

1983 年

1 月 18—23 日 省出版局在太原召开全系统表彰先进暨业务技能表演赛大会。14 个先进单位、先进集体、先进工作者作了典型发言。省委常委王文章、省委宣传部副部长刘贯文、省文委副主任甘一飞、省出版局局长荀子义、副局长刘砚青等向获得先进和业务技能表演优胜者颁奖，并作了讲话。大会通过了致全系统职工的倡议书。华北各省、市、区店领导参加了这次盛会。

3 月 10 日 在文化部召开的全国新华书店表彰先进大会上，临汾地区店、太原市店、汾阳县店、黎城县店、垣曲县店被评为全国新华书店先进单位。郭梅莲（大同市店）、张恒山（阳高县店）、金自修（五台县店）、樊忠（偏关县店）、孟月瑞（太谷县店）5 人被评为全国新华书店先进工作者并出席了会议。

4 月 省店在运城召开全省业务工作会议。会议着重研究了加强农业科技书的进、销工作和教材发行工作，如何做到"课前到书，人手一册"，提高课前到书率等问题。

同月 晋东南地区店举办跨省区的图书调剂会。到会的有河北、河南、山东等省的 6 个地区、5 个市店和本区各县店。调剂金额达 15 万元。

5 月 28 日 省店召开部分基层店经理会议，研究探讨了自身改革方面的问题。

6 月 7 日 省出版局撤销，省店隶属于省文化厅领导。

7 月 1 日 《邓小平文选》在省城隆重发行之后，全省各店相继发行。到年底全省共发行 156 万册。

8 月 1 日 《朱德选集》在太原和全省发行。

8 月 4 日 总店在太原召开的全国新华书店发展集体、个体书店经验交流议于是日结束，历时 7 天。总店总经理汪轶千、副总经理赵国良主持了会议。

8 月 24 日　东北、华北 8 省市区店财务计划工作交流会在太原召开。

9 月　省店组织全国新华书店先进工作者金自修、张恒山、樊忠、郭梅莲、孟月瑞赴杭州休养。

12 月 12 日　根据中共中央建立符合"四化"要求的领导班子的精神，经省文化厅党组考察后，任命邓耘为省店经理、党总支委员会委员；杨大昌为党总支委员会书记；黄震宇为省店副经理、总支委员会委员；何善良为省店副经理。

12 月 28 日　省店经理冯玉玺、副经理靳占一离休。

1984 年

1月18日　省文化厅批准省店新的机构设置：办公室、人事科、监察科、教育科、业务科、计划财务科、行政科、发运部。并重新任命了科室领导。

同月　全系统开始实行奖金和经济效益直接挂钩，按销售利润计提奖金的办法，设立了经营水平奖。

3月12日　省店召开地市店经理会议，宣布了经省店考察、省文化厅任命的忻州、晋中、运城地区店的领导班子；研究了 1984 年发行工作改革要点，原则上通过了《山西省新华书店实行"集中领导、分级管理"的暂行规定》，制定了文明书店 7 条标准。会议于 18 日结束。

4月29日　省店制定《职工奖励基金、福利基金管理试行办法》《计划财务与分级管理试行办法》《试行经营责任制原则规定》等 3 个方案，经省文化厅批复在各店执行。

4月30日　省店发出《关于提高批发折扣的通知》。规定：（一）批发折扣分别由原来的 11% 和 14%，提高到 12% 和 15%；（二）各店应由专人搞批发，其他部门和销售人员一律不得办理批发业务。

同月　省店召开全系统业务会议。会议期间，省文化厅荀子义副厅长给参加"百题知识竞赛"的优胜者颁奖。

5月　祁县新华书店吕景龙被山西省社会主义劳动竞赛委员会评为在"四化"建设中成绩显著，获三等功。

6月11日　省店转发省文化厅《关于纠正厅直部分单位违反财经纪律的决定和今后加强财务管理的几项措施的通知》。

7月14日　省图书发行中专班第一期学员举行毕业典礼。97 名毕业生走上工作岗位。

7 月 20 日 省店召开全省地、市店经理会议，贯彻总店召开的南京会议精神，通过了《山西省图书发行工作改革方案》。各地市店均和省店签订了"销售及利润按比例增长一定三年不变"的承包合同，从而在全省普遍推行了以承包为主的各种形式的经营责任制，同时开始兼搞多种经营业务。

7 月 24 日 中国人民银行山西省分行、省店转发文化部、中国人民银行《关于新华书店系统调拨货款的统一规定的通知》。

8 月 1 日 新建的全省最大的图书发行营业楼——太原市店解放路门市部开业。楼高 6 层，其中 3 层营业，总建筑面积 5400 平方米。

8 月 7 日 《山西省新华书店文明书店评比验收标准》《图书发行工作改革方案》和《关于税后留成的管理和使用的补充规定》，印发各店执行。

8 月 18 日 省委、省政府批准成立山西省出版总社，省店划归其领导。

8 月 31 日 从 3 月底至本月底，省店和地、市店分别对全省 11 个地市店、95 个县店的领导班子进行了调整。

9 月 1 日 平陆县店李星、大同市店陆世新经考试合格被武汉大学图书发行专业干部专修科录取。这是全系统在职干部第一次进入大学学习图书发行专业课程。

9 月 15 日 第四期县店经理培训班开学。学员是 1984 年领导班子调整后新任命的部分县店经理、副经理和地市店的部分中层干部。学期 40 天。

10 月 18 日 省政府批准恢复山西省图书发行学校，学制两年（中专），由省店拨给办学经费并进行管理。校长邓耘（兼）、副校长王保民。

10 月 29 日 省店抽调各店 40 人，组成 8 个工作组，对全省地、市店和部分县店创建文明书店进行检查验收，于 11 月中旬返省店集中汇报总结，评出全省首批文明书店 19 个。计有太原市店、晋东南地区店及天镇、阳高、朔县、原平、五寨、清徐、阳曲、左权、太谷、平遥、汾阳、中阳、曲沃、垣曲、夏县、屯留、黎城等县店。

11 月 12 日 省出版总社党委通知，同意省店成立党委。党委书记杨大昌、副书记邓耘。

12 月 31 日 全系统本年度销售总额达 9350 万元，比上年增长 19.6%，是 1949 年以来增长最高的一年。全省人均购书额达 2.47 元，第一次超过了全国人均购书水平（2.4 元）。全省年画发行户均 5 张，人均 1.02 张，在全国居第 2 位。

同月 省店召开全系统财务会议，沁水县店会计郑鸿儒被评为会计标兵。

1985 年

1月1日　由文化部和国家统计局制定的《图书发行统计报表制度》及文化部颁发的《全国新华书店统一会计制度》从是日起在全省各店实施。

同月　省店召开本版图书发行改革座谈会,邀请出版、印刷等有关部门参加。会上提出改进本版图书发行工作的 10 条意见。

2月28日　省店通知:对各店暂时闲置的房屋、设备、机具等,可向其他单位和个人作经营性的投资或租赁,但须保证发行工作不受影响,须按财产管理权限办理有关审批、备案手续。

3月5日　全系统经理会议在太原召开。会议总结了 1984 年的工作,命名了第一批文明书店,动员部署了"企业的全面整顿"工作。

3月20日　省店对地市店承包责任制进行特别奖励。

3月25日　省店发出《实行集中领导、分级管理的暂行规定》的补充规定。对 1984 年颁发的"规定"作了新的补充,对地、市店中层和县店正、副经理的任免、利润留成中生产发展基金的掌握使用、利润和折旧基金的交拨、大修费的掌握等作了重新规定。

3月29日　《全系统职工奖惩暂行办法》经全省经理会议通过,下发各店执行。

4月12日　为加强对多种经营业务的领导和管理,省店拟定了《关于开展多种经营试行管理办法》,经全系统经理会议讨论修改后下达执行。

4月18日　由省店职工集资,经济上"独立核算,自主经营",集体所有制性质的"晋华书刊发行公司"开业。省城文化教育、新闻出版界的知名人士参加了开业。省委宣传部部长张玉田、著名作家马烽为开业揭幕,著名版画家力群为其题写匾名。

4月25日　省委宣传部向各地市县委宣传部批转了省出版总社《关于全省书店企业整顿的意见》，省出版总社颁发了《山西省新华书店企业整顿验收细则》。

5月8日　省店举办会计训练班，采取边学习、边实习的方式进行教学。于7月26日结束。

7月5日　省店通知：从是年1月1日起按每月库存码价的0.4%预提提成差价，年终按平均库存余额计算，不得超过0.48%。

7月18日　省出版总社企业整顿验收团对省店企业整顿进行了全面验收，一次验收合格。

8月6日　省店转发文化部《关于禁止图书发行工作中收受"回扣"的通知》。

8月10日　省店组成3个验收团，分别对全省各地、市店的企业整顿进行了全面验收。

10月5日　全省各地、市店集中进行了税收、财务大检查，在自查互查的基础上重点检查了39个基层店。省店派专人赴各地市店参加检查。

10月12日　省店根据各地的实际情况和代发货能力，将原来的30多家代发店集中为：临汾、雁北、晋中、忻州、运城、晋城、侯马、阳泉和原平等9个地、市、县店，并制定了《山西省新华书店本版书代发工作办法》。

10月27日　省委宣传部规定：太原市店按县处级待遇；其他地、市店按副处级待遇；县店按科级待遇。

12月11日　据省出版总社通知，省店对职工奖励、福利基金和超计划税后留成比例作了调整。

12月14日　经请示上级有关部门同意，将库存马列、毛主席著作除留少量备货外，其余赠送给文明村镇和图书室。

12月16日　省店下达关于用好3%晋级权的通知。通知规定：凡是经企业整顿验收合格的店，允许占3%职工总数的干部、职工实行奖励性晋升一级工资，可以每年使用，也可累计合并使用（从 1985 年算起）。

12 月 31 日 全系统 113 个店的企业整顿，除平遥、静乐、万荣、隰县、稷山、交口等 6 县店外，均验收合格，并颁发了企业验收合格证。

同月 晋东南地区建制撤销。晋东南地区店和长治市店合并；晋城市店升格为地市级店，下辖高平、阳城、沁水、陵川 4 个县级店。

同月 据省店业务部门的统计：本年度全系统共订进书籍 35318 种，中小学课本及教参 503 种，较上年增长 23.3%，但由于库存猛增，进货册数、码洋分别较上年降低了 37% 和 11%。据统计：1984 年调入图书平均单价 0.395 元，本年为 0.563 元，提高 42.5%。订进图书 1984 年平均单价为 0.68 元，本年是 0.98 元，提高了 44%。课本每个印张平均 9 分略高，如和 1950 年中央教委规定的每页（两面）不超过 24 元（旧币，折现行人民币 0.0024 元，每个印张只为 0.084）相比较，增长 143%。

同月 原属太原市店管理的古交区店的人事、财务交给古交工矿区行政部门领导管理。古交区店遂成为全省新华书店系统唯一归地方管理的县区级新华书店。

1986 年

2 月　省店党组织根据出版总社党委部署开始整党，各地、市、县店在当地党组织的领导下也先后开始整党。

3 月 6 日　省店召开全省地、市店经理会议，总结 1985 年工作，部署本年度工作任务，并评选出 1985 年度全系统先进店 13 个：即晋东南地区、大同市、清徐、阳曲、汾阳、曲沃、垣曲、晋城、黎城、五寨、河曲、阳高、天镇等店。评选出先进集体 18 个、先进工作者 90 名。

3 月 11 日　省店组织全系统 164 名职工"荣誉休养"。

3 月 19 日　省政府召开的"全省经济工作会议"上，省店被授予"全省企业整顿先进单位"称号，授匾一块。

4 月 10 日　省、地、市店和山西人民出版社、希望出版社、北岳文艺出版社、山西科教出版社联合举办"山西省太原市首届图书展销"。

4 月 26 日　省店、垣曲县店被评为全省劳模大会先进单位，大同市店郭梅莲被评为劳动模范。省店党委书记杨大昌、垣曲县店经理李秀红、大同市店郭梅莲出席了省劳模大会。

5 月 3 日　全系统业务工作会议在太原召开，各地、市、县店的业务人员及有关人员共 170 人参加了会议。会议在部署本年度业务工作任务时指出：图书多种购销形式已逐渐形成，业务工作要转变观念，适应改革形势的发展。

6 月 1 日　省店根据《全系统业务分级管理实施办法》，在系统内实行业务分级管理，从 9 月 1 日开始由地、市店汇审京、津、沪、渝和晋版图书。

6 月 5 日　省政府工改办发文同意全系统按事业单位进行工资改革。

7 月 11 日　第四期会计训练班开学，参加学习者 44 名，培训时间 3 个月。

同日　省店召集太原部分老同志召开座谈会，参加会议的有历届省店负责人宋萍、李震云、李格、贾德贞、王军、倪林夫、冯玉玺、靳占一、张顺理、孙世标、董志德等，就省店《史略》征集、整理、编纂工作进行了讨论。

　　8月4日　省店、省教育厅联合向全省教职工发放"购书优待证"。从9月1日起每个教职工可凭此证九折惠购10元以下的图书。

　　8月12日　省店发文要求各店进一步开展主动服务活动，掀起主动服务活动新高潮。

　　8月29日　省出版总社在忻州召开全省图书发行工作会议。参加会议的有省内各出版社，总社直属印刷厂，省、地、市店负责人和业务科长共70人。会议贯彻了全国图书发行工作会议精神，就落实《全国新华书店改革试行方案》《关于推行图书多种购销形式的试行办法》的具体办法，改革山西省图书发行购销形式，进一步搞活全省图书市场，进行了讨论和协商，初步议定了店、社双方有关协议。编、印、发之间互相交流了情况，增强了团结，使全省图书出版、发行改革又迈出了新的步子。

　　10月30日　为隆重纪念新华书店建店50周年，全系统拟于1987年4月举办业务技能、百科知识竞赛和体育比赛，两项比赛定名为"书林杯"和"书苑杯"。为切实将店庆活动搞得有声有色，省店组成了领导组和具体办事机构，并于10月29日至31日，专门召开了地、市店分管此项活动的负责人会议，进行了具体部署。

　　11月20日　全系统本年度业务大检查于是日开始，共抽调省、地市店干部40人，组成8个检查组分赴各店进行检查（12月5日返并汇报）。

　　12月11日　省店召开地、市店经理会议。参加会议的有各地、市店经理、办公室主任、财务科长。会议研究了1987年工作指导思想和主要任务，商讨了进一步推行承包为主的经营责任制问题。

1987 年

1月14日　经省店党委研究，并报省出版总社批准，任命王书铭为阳泉市店副经理、代理经理职务，任命董俊国为副经理；任命郭文秀为运城地区店副经理。

2月19日　省店 1986 年度全系统会计决算完整、准确、及时，在省出版总社进行的出版发行系统"1986 年度企业财务会计决算评比"中获第一名。

3月　省店储运大楼建成，建筑面积 5170 平方米，共 5 层，总投资 172 万元。

4月1日　为庆祝建店 50 周年，全系统开展百日优质服务活动。

4月21日　在店庆 50 周年之际，全系统举办了隆重的庆祝活动。"书林杯""书苑杯"竞赛揭幕，全省 11 个地市店和省店派队参加了比赛。同时举办了职工美术、书法作品展，近百件作品参展。

4月24日　建店 50 周年庆祝大会在省城召开。副省长阎武宏、郭裕怀，省人大副主任霍泛、冯素陶，省检察院检察长刘砚青，省人大文教委员会副主任张玉田，省委宣传部副部长郑行顺及文化、新闻出版界的领导参加了庆祝大会。郭裕怀代表省委、省政府表示祝贺，并作了讲话。著名作家马烽、李束为、西戎、孙谦、胡正等也出席大会。参加大会的还有曾在书店工作过的老同志和各地市县店的代表以及各界来宾近千人。

同日　为记载全省新华书店近半个世纪的业绩，省店编就《山西省新华书店史略》一书。此书编写工作于 1986 年开始，历时一年，于店庆之日内部印行。撰写王天云、责编王友兰、终审邓耘。

4月25日　省店召开为图书发行事业作出贡献、担任过省店领导的老同志座谈会。参加座谈会的有来自北京、四川、陕西、内蒙古及太原的老领导40人，省委宣传部长张维庆在座谈会上发表讲话。

4月29日 绛县县店新营业楼举行落成典礼。其建筑面积1020.8平方米，工程造价26.31万元。

5月 为庆祝建店50周年而拍摄的一部反映山西新华书店发展历程的电视片摄制完成，片名为《播种知识的人们》。该片忠实地记录了新华书店从诞生之日起，在三晋大地的广大图书发行工作者，为宣传马列，传播革命，播种知识，艰苦奋斗，拼搏进取，默默耕耘，执着地为追求事业发展的一幕幕生动的画面和奉献精神。撰稿人张斌，制片人胡国安、黄震宇。该片在摄制中得到省文化厅、省电视台、省歌舞剧院的支持和帮助。

同月 以方便职工观光旅游和疗养为目的的省店五台山招待所（位于明清一条街，后改名为"云斋"）开张营业。

6月18日 按照上级有关部门的部署，各店在公安、工商部门配合下开展了严厉打击非法出版物活动。

8月19日 省店调整运城地区店领导班子，免去赵体龙经理职务，由副经理郭文秀主持工作。

8月25日 "山西省新华书店微型计算机辅助管理系统"通过鉴定。

同月 山西省新闻出版局成立，山西省出版总社同时撤销，省店隶属于山西省新闻出版局。

9月1日 彭改凤调任为图书发行学校副校长。

同日 华北、东北各省（区）店联席会议在省店召开，会议着重交流探讨了管理体制方面的经验和问题。

9月8日 省店审计部门对运城地区店原任经理在任期内履行职责的情况与结果进行离职审计，并对洪洞、侯马、芮城、朔县等店进行经济效益审计。

9月10日 为拓宽新闻报道范围，加强对各店工作的宣传报道，丰富和活跃版面，《山西图书发行》开辟地市店专版。首期刊登了雁北专版。

同月 经省教委批准，图书发行学校在系统内招收职工中专班，学制两年。

10 月 为迎接党的十三大的召开，全系统共征订发行"十三大"文件 225 万册，及时配合了学习需要。

11 月 16 日 省新闻出版局和省店有关人员对太原市店领导班子进行了民主考评。在广泛听取群众意见的基础上，重新调整了该店领导班子。

1988 年

1月12日　省新闻出版局在省店总结1987年工作的职工大会上宣布邓耘为省店主承包人，并任命为经理。同时，任命黄震宇为副经理，聘任冀碧兰为总会计师，聘任田泽生、武锦泰为经理助理。

2月4日　省店对地市店主承包人实行了委托承包。各店的主承包人即经理是：太原郭永荷；大同施毅；长治常树恩；阳泉王书铭；晋城韩富云；雁北姜安；忻州冀海婵；吕梁冯照厚；临汾李忠贵；运城郭文秀。

至此，全系统以改革开放方针为指导，实行了"分级管理，放权承包，宏观调控，微观搞活"的1988—1990年为期3年的向省财政承包的第一轮经营承包。

2月8日　介休县店新营业楼落成剪彩。其建筑面积为1394平方米，楼高3层，投资30万元。

3月　为深化省店内部改革，转换经营机制，搞活经营，拓宽发行领域，成立了直属省店的"山西省图书贸易公司"，内称经销部。公司旨在加强外版书和文化相关的商品经营，并与全国几家出版社建立起直接的业务往来，开始向主、二渠道进行图书批发业务。公司下属的"内供部"于6月16日开业。该公司成立近一年后撤销，只保留"内供部"。

3月12日　省店确定张爱明为晋中地区店主承包人。至此，各地市店主要领导全部配齐。

4月26日　省店召开全省地市县店经理会议。会议的中心内容是：贯彻全国新闻出版局长会议精神，总结过去3年工作，表彰先进，交流经验，加快和深化图书发行体制改革，进一步下放权力，推进"三放一联"新格局的发展。

4月28日　由省委宣传部、省新闻出版局、省总工会、团省委、省妇联、山西日报、省店等 17 家单位联合举办的"1988 十本优秀畅销书评选活动新闻发布会"在太原市店召开。

5 月 1 日　省店内部刊物《山西图书发行》经省新闻出版局批准,更名为《图书导报》,刊号:JB14—0032。

同日　省新闻出版局党组任命郭李华为省店党委书记。

6 月 16 日　省店重新聘任田桂林为晋中地区店主承包人。

8 月 23 日　由省店牵头组织召开的"新华书店北方协作区业务横向联合研讨会"在五台山召开。京、津、冀等 13 省、市、区店的经理和有关负责人参加了会议。会议讨论通过了《关于新华书店北方协作区对重点推荐图书实行协作征订发行的试行方案》和《关于新华书店北方协作区多种经营联合开发的意见》。

9 月 2 日　中宣部出版局委托省店协办的《发行家列传》编写座谈会在太原召开,全国 24 个省、市、区店负责此项工作的人员参加会议。

10 月 1 日　"1988 十本优秀畅销书"评选活动揭晓。此次活动共发选票 10 万余张,回收五千余张。评选出《邓小平》《血色黄昏》《裸体艺术论》《庞中华钢笔字贴》《家用电器大全》等书为"1988 十本优秀畅销书"。

10 月 24 日　省图书报刊发行协会成立大会召开,张成德当选为首届理事会会长,省新闻出版局原副局长宋萍被聘为名誉会长,常务工作由第一副会长杨大昌、秘书长王正尤主持。协会直属省新闻出版局领导,挂靠于省店。

12 月 1 日　省店在阳泉市店召开全省地市店经理扩大会议,重点研究、讨论了全系统的多种经营开展情况。全系统已有一半以上的店开展了多种经营业务。会议认为,开展多种经营要从实际出发,选准项目,不可盲目发展,并强调了一定要保证主业的巩固和发展。

12 月 31 日　全省图书销售突破亿元大关。

同月　由中宣部出版局编写,辽宁人民出版社出版的《发行家列传》(第一卷)一书收入了在山西图书发行事业上一生辛勤耕耘,做出了出色成绩的宋萍、黄震宇、曹勃、邢守文等四人。

1989 年

1 月 29 日　闻喜县店新营业楼开业。建筑面积 1066 平方米，营业面积 300 平方米。

3 月 21 日　根据国务院关于行政区划的新规定，撤销朔县县店，成立朔州市店（为地市级店）。原属雁北地区店所辖山阴、平鲁县店归其管辖。

4 月 15 日　在杭州举行的全国新华书店系统首届发行论文研讨会上，省店宋少华、王彬、王保明的论文入选。

5 月 10 日　省新闻出版局召开局属单位大会，对 1988 年度先进集体、先进工作者进行表彰。全系统 15 个先进集体、63 名先进工作者及其他代表出席了大会。

5 月 11 日　全省地市店经理扩大会议在省城召开。会议向 15 名先进集体和 63 名先进工作者及从事图书发行工作 30 年的工作人员颁发了奖品和荣誉证书。

6 月 3 日　"迎接建国四十周年大型书市"在太原开幕。全国 50 家出版社的优秀图书荟萃太原。本届书市共接待读者 40 万人次，销售图书 25 万册，码洋达 30 万元。

7 月 15 日　总店经理汪轶千等来晋考察工作，先后考察了祁县、太谷、大同市等店。

7 月 21 日　来自青海、甘肃、宁夏、陕西、内蒙古和山西 6 省（区）店的 95 名干部，在山西财经学院参加图书发行企业管理专业证书班开学典礼。

8 月 26 日　省店经省新闻出版局和省广播电视厅及有关单位批准，成立"山西省新华书店音像发行部"（属省店劳动服务公司），为集体所有制。

9 月 10 日　教师节期间，省店在全系统开展向教师赠书、送书和优惠售书活动。

9 月 16 日 省店举办业务培训班。这次培训内容广泛，涉及进、销、调、存各环节及公关知识、版权知识和自动化等新课程。

9 月 21 日 全系统老年体协会议在省店召开，会议确定了协会的组织机构，选举了领导人，并通过了《协会简章》，选举委员 16 人。名誉主席郭李华、主席冯玉玺、副主席黄震宇、郭凤宣（兼秘书长）。

10 月 18 日 大同、阳高一带发生地震，省店领导前往看望，并和基层领导一起商讨救灾工作。阳高县店一门市损失较重，无人员伤亡。

10 月 22 日 经省店党委和行政联席会议研究，任命王树仁为省图书发行学校副校长。

11 月 17—18 日 全系统首届老年运动会在太原举行，有 103 人参加了 10 个项目的比赛和表演。

11 月 30 日 大同市广播局、文化局、工商局、公安局联合发出通知：要求全市录音带的外采、批发业务统一由大同市店负责，各录音带经销点须持有该店的进货发票方可经销。

12 月 31 日 本年度为积极配合形势教育，全省征订发行政治书籍 24 种，近百万册，这是近年来政治书籍发行工作中少有的现象。省店为加强业务管理，制定了《关于进一步加强全系统业务管理工作的补充意见》和《全系统抵制在业务和经营活动中的不正之风的若干意见》两个文件，下发各店执行。

同日 根据上级有关部门安排部署，全系统工资制度由事业改企业性的改制工作结束，共有 2803 名职工进行了工资改制。

是年 全省储运部门开展的"五比五赛"活动，保证了课本发行任务的顺利完成。省店调拨突破亿元大关。大同、长治市店及晋中、吕梁、忻州地区店销售突破千万元大关。

是年 《邓小平文选》（1938 年—1965 年）在全省发行。同年还发行了《邓小平同志论坚持四项基本原则，反对资产阶级自由化》《邓小平同志论改革开放》和《邓小平论文艺》等书。

1990 年

1 月 13 日　省店被评为 1989 年度太原市文明单位，举行挂匾仪式。

1 月 25 日　《图书导报》举办的"第二届书林杯知识竞赛"评比揭晓。这次竞赛共收到全系统职工有效答卷 2564 份，回收率达 97%，此外，还收到来自内蒙古、甘肃、云南等店及其他单位的答卷 80 余份。

3 月 12 日　全省地、市店经理会议召开。会议讨论并通过了《关于全系统开展"质量年"活动的安排》《第三届书林杯业务技能竞赛实施方案》《关于开展储运工作"三优"活动的安排意见》《关于开展内部审计暂行规定》等方案。

5 月 10 日　由太原市店主办的第二届大型书市在太原工人文化宫拉开帷幕。为期 20 天的书市接待读者 60 万人次，销售 61.8 万元、36 万多册。

6 月 6 日　由省书刊发行协会提议并主办的"省市书刊发行协会第一次座谈会"在太原召开，总店副总经理、中国书刊发行业协会筹建处负责人郑士德及福建等 13 个省市店的 19 名代表参加了会议。

6 月 23 日　阳泉市店向本市边远、贫困山村赠送 24 种政治理论书籍，共计 3 万余册、2 万余元。

7 月 1 日　由长治市店牵头、长治市委宣传部等 9 个单位联合主办、国内 27 家出版社和所属县店参加的首届"上党书市"在长治开幕。前来书市的读者达 15 万人次，销售近 50 万册，码洋 21 万元。

8 月 7 日　由省店组织召开的"山西 1990 年重点图书宣传征订会"在太原召开，来自全国 19 个省市 90 余家书店的代表应邀参加。

8 月 16 日　全省地市店经理（扩大）会议结束。会议通过中共山西省店委员会、省店"关于向韩小芹同志学习的决定"。本次会议还评选出韩小芹、康应颖等 8 名劳动模范。

同日 新闻出版署署长宋木文来省店考察，并与参加地、市店经理会议的同志进行座谈。

8 月 26 日 吉县县店新营业楼落成开业。建筑面积 700 平方米，投资 27.5 万元。

同日 长治市委宣传部、长治市店召开全区开展"向焦裕禄式的图书发行战士韩小芹同志学习"动员大会。

9 月 4 日 由华夏出版社出版，山西省店、北京市店共同参与的《中国百科大辞典》出版发行新闻发布会在中国记者协会新闻中心召开。《光明日报》等国内多家报刊报道了该书的出版情况。

9 月 7 日 山西财经学院"图书发行企业管理班"举行毕业典礼。

9 月 13 日 中宣部出版局副局长高明光与省店部分职工就图书发行工作进行座谈。

9 月 18 日 省人大常委会副主任魏蕴瑜、科教文卫工作委员会主任张玉田等一行 8 人视察太原市店。

9 月 27 日 从 1988 年 8 月开始的全系统职称评审工作，经两年时间的运行至本日验收。全系统 872 人经各级评审和委员会评审先后确认了任职资格。其中高级职称 15 人，中级职称 360 人，初级职称 497 人。

10 月 10 日 在新闻出版署召开的全国新闻出版职工教育会议上，省店被评为全国新闻出版系统职教先进单位。

10 月 15 日 由省店与省内各出版社联办的《山西新书目》创刊。该报为《图书导报》之征订版。

10 月 20 日 武汉大学图书情报学院太原函授站在省店成立。首届图书发行"大专函授班"在全系统招生 34 名。

12 月 4 日 省店质量年检查组经过 3 天的总结、汇报，在各组推荐的基础上，评出 5 个质量年标兵单位和 17 个先进单位。

12 月 5 日 《新闻出版报》头条刊登该报记者采写的《关于大同市新华书

店负责音像制品总经销的调查》一文。文中介绍了该店开拓音像市场，发挥新华书店在有声读物发行中的主渠道作用的经验与作法。

1991 年

1 月 8 日　省新闻出版局党组任命田泽生、武锦泰、刘启明为省店副经理。

3 月 17—21 日　全系统业务工作会议在太原召开。这次会议是在图书市场繁荣、同行业竞争激烈的形势下召开的，会议研究讨论了加强主渠道自身建设，把下放经营权作为深化改革的重点，加强政治类图书和农村发行工作，加强晋版书发行，加强店社合作课题等。会议通过了《山西省新华书店系统业务工作二级管理若干规定》《关于加强晋人版图书发行工作的意见》等。

同月　按照新华书店总店要求，省店成立音像部。撤销原省店劳动服务公司音像部。

4 月 24 日　省店召开全省地市店经理扩大会议。省店经理邓耘就 1988—1990 年的第一轮经营承包进行了总结，并对第二轮经营承包提出了"深化改革，强化管理，稳步发展，提高效益"的指导思想。会议采取边讨论边学习的方法，26 日转至祁县县店召开，该店经理吕景龙等全方位介绍了其规范化管理经验。

5 月 4—6 日　全系统图书储运工作会议召开。会议的中心议题是根据新闻出版署和总店部署，在全省各类发运店中大张旗鼓地开展争创最佳发运店、最佳中转店、最佳二级分发店、最佳收货店的活动。会议还对仓储工作全面推行规范化管理进行了部署。

5 月 10 日　太原市店在省城工人文化宫举办历时 15 天的第三届大型书市，共展出图书 2.8 万余种。

5 月 21 日　为进一步提高企业经营管理水平，在深化内部改革的基础上，向管理要效益,省店向全系统推出了《图书进销存规范化管理试行条例》。为总结经验，确定了各地市重点试行的县店、门市、库房等单位。

5月25日　省店制定销售超百万元的县店配备汽车的规定。怀仁、阳高等14个店首批配备汽车。

6月3日　省新闻出版局免去邓耘省店经理职务，调任省新闻出版局副局长。

6月30日　新版《毛泽东选集》首发式在太原工人文化宫举行。王茂林、卢功勋、李修仁、张维庆、刘砚青、吴达才等省委、省政府领导参加了首发式，并到省店摊位向读者发售新版"毛选"和《中国共产党建设全书》等书。之后各地、市、县店陆续举行了新版"毛选"首发式。

7月6日　省新闻出版工作会议在太原举行。省、地市、县店经理参加了会议。会议还邀请两个基层供销社和一家个体书店代表参加。会议表彰了全系统1990年度先进集体15个、先进工作者75名。平陆、河曲、武乡、祁县、长治市、大同市店及高平、临汾供销社等单位的代表介绍了经验。

7月9日　省店召开地市县店经理会议。新闻出版署发行司司长吴克明、省新闻出版局副局长邓耘参加了会议。省店党委书记、代经理郭李华作了题为"搞活图书发行，繁荣出版事业，为胜利实现新一轮承包任务努力奋斗"的讲话。讲话对上一轮承包作了全面认真的回顾与总结，对新一轮承包进行了安排部署，并和12个地市店的经理签订了1991—1993年承包合同。各店的主承包人是：太原市店郭永荷、阳泉市店王书铭、大同市店施毅、长治市店常树恩、晋城市店韩富云、朔州市店韩富、雁北地区店姜安、忻州地区店冀海婵、晋中地区店田桂林、吕梁地区店冯照厚、临汾地区店李功录、运城地区店薛志贤。

7月10日　省店向省新闻出版局进行第二轮集体承包。第二轮承包从1991年1月1日始到1993年12月31日止，为期3年。承包形式为"包死基数，超收分成，欠收自补"。此次承包改进了社会效益考评办法并制定了量化指标。

同月　经有关领导部门批准，省店成立劳动服务公司，武锦泰兼任经理。公司下设晋华书刊发行公司、晋新装潢供应站、印刷厂、汽修厂。

8月　省图书发行学校停办，28名教职员工分配省店工作。

9月4日　省店对全系统取得高、中、初级职称任职资格的职工逐级进行聘任，计 12 个系列共聘任 809 人，其中高级职称的经济、会计、工艺美术、教师等 4 个系列共聘任 9 人，聘任期从 1990 年 5 月起。

9 月 13 日　省新闻出版局党组任命郭李华为省店经理兼党委书记（1992 年 3 月改任党委副书记）。

9 月 19 日　我国南方遭受洪灾的消息牵动亿万人心。全系统职工发扬"一方有难，八方支援"的精神，踊跃向灾区捐物、捐款，省店职工捐款 3000 多元，单位捐款 1 万元。

9 月 21 日　全系统首届财会知识大赛于是日至 23 日在省店举行。来自全系统财会战线的 13 支代表队、36 名选手参赛，并选拔出 3 名优秀选手参加全国新华书店系统首届财会知识大赛。

同日　雁北地区店新营业楼开业。其建筑面积 1200 平方米。

10 月 15—17 日　全系统在省店举行了第四届"书林杯"竞赛。参加竞赛的有 13 支代表队的 78 名队员，竞赛分业务技能、业务知识两大项。本届竞赛从内容到形式均有较大创新，融技能、知识、艺术为一体，并聘请省电视台任志宏、周敏、王金花为竞赛主持。省委宣传部副部长郑行顺，著名作家西戎，省文联党组书记谷威，省新闻出版局副局长梁肇堂、邓耘等为获得优胜者颁奖。新华书店总店、北京市店、内蒙古区店派代表观摩了大赛。

10 月 18 日　按省新闻出版局部署，全系统于本月开展了"人人争当工作能手"活动。这次活动持续了 3 个月。

11 月 15 日　全系统第二次音像工作会议在太原召开。会议传达贯彻了中宣部关于把音像发行当做新华书店主业的指示。

11 月 19 日　全系统第二届老年运动会于本日至 21 日在省店举行，来自全省各店的 132 位老人兴致勃勃地参加了导引养生功、老年迪斯科等 9 个项目的比赛。

同日　省店参加全国新华书店系统首届财会知识竞赛的代表队获得团体第 7 名，参赛的 3 名队员全部进入前 40 名。

同月　省店储运部迁至建设南路 168 号（原省出版局仓库），原址由省新闻出版局兴建"出版大厦"。

12月6日 临县县店新营业楼开业。建筑面积1500平方米，投资65万元。

12月25日 应县县店新营业楼开业。建筑面积1688平方米，投资54万元。

12月26日 经上级批准，全系统从本年起全面推行工资总额同经济效益挂钩的劳动工资分配制度。

是年 晋版图书发行创造了新的历史水平，突破2000万元，册数近500万册，分别比上年增长36.2%和21.2%，重点图书的发行大幅度增长，新版《毛泽东选集》发行量达33万册。本年，农村图书发行受到各店重视，农村发行量4000余万元，比上年增长45%。

1992 年

1 月 8 日　全系统教材发行研讨会在祁县召开，来自全省各店及出版部门的代表就山西省教材发行所面临的严峻情况和市场分割问题进行了认真讨论和应采取的相应措施。

3 月 3—9 日　省店召开地市店经理会议。会议中心将内部改革引申到一、二线人员，全面推行联进、联存、联利计酬，打破分配上的平均主义，以推动"三联"计酬法。与会人员到太原五一百货大楼学习了柜组承包经验。

3 月 6 日　全系统 1991 年度"工作能手"表彰会在省店举行。共评出"工作能手"23 名、先进单位 2 个、先进集体 16 个、先进个人 82 名。

3 月 17 日　省新闻出版局任命杜启升为省店党委书记，史卯银为副书记，赵明辉为纪检书记。

3 月 31 日　由新华书店总店电算部和全国新华书店微机协会共同主办的首届"长江杯全国新华书店计算机操作技能邀请赛"在重庆举行。山西省代表队取得优异成绩。省店张艳梅获得"汉字录入"第一名、"个人汉字、数字二项录入"全能奖。

4 月 13 日　在宜昌召开的全国新华书店系统第二届图书发行论文研讨会上，省店宋少华的论文入选。

4 月 25 日　旨在发扬优良传统，加快改革步伐，在庆祝新华书店成立 55 周年之际，省店召开"省城部分老图书发行工作者联谊会"，与会的 200 余名老图书发行工作者，欢聚一堂，畅叙友情。省新闻出版局局长贾鸿鸣、副局长邓耘、省店经理郭李华向"老发行"致以敬意和问候。

4 月 28 日　祁县县店被省委、省政府命名为省级"先进企业"，太原市解放路书店流供员刘荣慧被评为省级"劳动模范"。

5月20日　历时10天的"山西省首届书市"在全省各地市铺开。

6月12日　全系统1991年度"工作能手"先进事迹报告团赴各地市店巡回报告。

7月1日　投资26万元，高3层，建筑面积760平方米的万荣县店新营业楼开业。

7月6日　以转变观念，抓住机遇，开发多种经营，发展第三产业为宗旨的"全国省级店多种经营经验交流会（预备会）"在省店举行，总店及广东、福建等8个省级店参加了会议。

7月7日　全系统第6期财会培训班举行开学典礼，来自省店和各地市店的50余名学员参加培训。

7月20日　省新闻出版局党组任命郭奎兰为省店副经理。

7月23日　由省店承办的"第五届全国省级店经理、业务科长联席会议"在太原召开。来自全国29个省级店及6个发行所的90余名代表出席了会议。新华书店总店总经理汪轶千、新闻出版署发行司王俊国副司长应邀参加了会议。省委常委、宣传部长张维庆，副部长温幸及省新闻出版局局长贾鸿鸣等莅临。会议通过了《关于重点图书协作征订发行的原则意见》等文件。

8月15日　为贯彻邓小平南巡讲话精神，探索党建工作新路子，充分发挥系统党组织的政治核心及保障作用，省店召开全系统党务工作研讨会。

8月20日　河曲县店新营业楼开业。

9月1日　孝义市店新营业楼开业，建筑面积为1011平方米。

10月1日　平遥县店新营业楼开业。楼高4层，主楼投资60万元。

10月7日　为期3天的"新华书店华北区储运最佳店评选会议"在太原召开。临汾地区店坚持"邮车捎运15年"，被评为最佳中转店。

10月11日　由全省各地市店与省店共13个代表队参加的"储运杯业务知识竞赛"结束，阳泉市店代表队夺杯。

11月3日　省店与珠海拱北图书贸易公司"联姻"的珠海拱北图书贸易公

司山西分公司开业。分公司总经理由省店经理郭李华兼任，副总经理由冀碧兰兼任。

12 月 18 日　在中宣部和新闻出版署联合举办的"全国百县农村图书发行工作表彰会"上，祁县县委、县政府，武乡县店、阳城县店和临汾市供销社受到表彰奖励。

同月　忻州新华书店樊忠荣获新闻出版署和人事部共同颁发的"全国新闻出版系统先进工作者"称号。

1993 年

1 月 省店决定在系统内招收合同制工人，经考核有 31 人被录用。由此缓解了职工子女待业问题。

2 月 8 日 全系统最大的多种经营实体——临汾地区店卧牛城饭店开业。该饭店建筑面积为 3800 平方米，是一座集食宿、购物、娱乐于一体的综合性饭店。

2 月 23 日 省政府召集省教委、省新闻出版局等单位进行协调，达成"教材仍由新华书店发行"的决议。

2 月 28 日 全省地市店经理会议在临汾召开。会上确定了全系统本年度"求效益，双轨发展，办实事，真抓实干"的工作思路，制定了"一抓四改一提高"的奋斗目标。

3 月 1 日 武汉大学、中央文化管理干部学院图书发行管理专业成人大专班在系统内招生。经考核有 10 人被录取，其中大同 2 名、晋中 2 名、晋城 2 名、吕梁 1 名、临汾 1 名、长治 1 名、忻州 1 名。

3 月 16 日 1993 全国新华书店（华北片）图书看样订货会在太原举行。来自全国 30 多个省级发货店、500 家出版社的近 30000 种图书以及 1200 多名订货人员参加展订。据统计本届大会订货达 1846 万元，其中晋版图书达 150 万元。

3 月 24 日 在北京召开的全国新华书店图书储运工作会上，临汾地区店被评为 1990—1992 年度"图书储运最佳中转店"。

3 月 30 日 按照省政府文件精神，省店决定是年安排全系统职工正常升级。

4 月 18 日 山西省第二届书市暨太原市第四届书市在太原南宫及各地市举行，全国 90 余家出版社的 80 万册，近 21000 余种图书与读者见面。其中新书品种占到参展图书的 50% 以上。书市由省店、太原市店、省内各出版社及有关新闻单位共 17 家联合主办，书市期间销售图书 60 多万元。

4 月 23 日　省店为使全系统财会人员能及时更新知识，适应会计制度的改革，举办了全系统财会人员培训班。培训班共办 4 期，培训财会人员 200 余名，各店经理 100 余人。

4 月 24 日　集商场、旅店、联营服装厂等经营项目于一体的阳泉市店"中立实业公司"成立。

5 月 7 日　太原市南郊区店新建营业楼开业。该楼营业面积为 416 平方米。

5 月 8 日　太原市店音像大世界开业。

6 月 15 日　全系统调资工作会议在忻州举行，有 2565 人参加调资，占职工总数的 84%，其中升一级者 2426 人，半级者 139 人，全系统月增资达 33677 元。会议期间重新核定了各地市的人员编制，并就建立全员编制台账登记工作做了具体规定。

同月　省店在省统计局 1992 年度财贸统计综合工作先进单位评审中荣获"商业经济效益统计先进单位"称号。

7 月 1 日　《山西省新华书店停薪留职管理办法》出台。

7 月 27 日　雁北专区撤销，原属该区领导的应县店、怀仁店、右玉店归属朔州市店管理。阳高、浑源、左云、大同县、灵丘、广灵、天镇等七个县店归属大同市店管辖。

同月　省店孝义发货站书库建成并投入使用，书库面积为 400 平方米。

同月　全系统新旧财会制度转轨工作顺利完成。

8 月 4 日　潞城、沁源县遭受特大暴雨洪灾，两县店均有不同程度损失。

9 月 5 日　省店举办首届"金秋特价书市"，共销售各类图书码洋 18 万元。（9 月 20 日结束）。

9 月 9 日　代县县店新营业楼开业，其建筑面积为 900 平方米，总投资 60 万元。

10 月 7 日　"爱我中华、爱我家乡"读书及作文大赛活动座谈会在太原举行。全国组委会成员魏青云等和山西组委会组长温幸以及团省委、省妇联、省新闻出版局领导出席了会议。会议就《爱我中华、爱我家乡》的发行事宜进行了布置。全省共征订活动用书130万册，居全国第2位。

10月11日　《李琦画革命领袖像》首发式在太原市解放路书店举行。

10月17日　潞城县店新营业楼开业。建筑面积为1714平方米。

10月25日　省新闻出版局党组任命王书铭为省店副经理。

11月2日　省城太原举行《邓小平文选》第三卷首发式。省委党校、解放路书店、太钢渣场3个发行点举行了声势浩大的售书活动。之后，全省各地市县多有此项活动。

11月18日　全系统34名职工学有所成，领取了武汉大学图书发行专业毕业证书。

12月2日　太原市店在太原市工人文化宫举办"纪念毛主席百岁诞辰"图书展销。

12月3日　为纪念毛泽东诞辰100周年，省店组织了全系统首届职工卡拉OK演唱大赛，比赛分通俗、民歌、戏曲3组进行，共有67名歌手参加了角逐。

12月19日　省店与长城广播电台在省店举办了"纪念毛泽东同志百年诞辰"现场直播及图书展销活动。省委宣传部长崔光祖等参加了活动。

1994 年

1 月 根据形势发展需要，全省各级新华书店从本年始改经营承包制为"双效"目标责任制，干部职工实行聘任制，同时实行了岗位技能级别工资制。

同月 省新闻出版局党组任命吕建新、刘兴太为省店副经理，原宝莲为总会计师。

3 月 4 日 全省教材工作会议在朔州召开。期间，与会人员对全省 1994 秋教学用书订数进行了汇审，对 1993 年省店颁发的《关于系统内部征订发行各类中小学课本及教辅用书的若干规定》进行了讨论修改，其意在严肃教材发行纪律和加强教材发行工作的管理。

3 月 25 日 全省地市店经理会议召开。期间，省店领导分别与各地市店签订了"聘任干部经济责任合同书"。同时结合本系统情况，部署了 3 年内的清产核资工作事宜，为加强对清产核资工作的领导，省店成立了专门领导小组。

同月 省店开展"为希望工程献爱心"活动。全店职工纷纷响应，踊跃参加，为贫困地区捐钱捐物，全店共捐款 2217 元，捐物 500 件，同时，还为"山里娃"捐书 1099 册。

4 月 8 日 "爱我中华、爱我家乡"图书赠书仪式在省内 7 个地市同时举行。此项活动的意义在于"双爱"图书读书活动在全省各地得到更为深入地普及。

同月 省店颁布《关于系统内部征订、发行各类中小学课本及教辅用书的若干规定》。其旨在提高发行质量，维护全系统的整体利益，保证各类教学用书征订发行的正常秩序。

5 月 6 日 山西省第三届暨太原市第五届大型书市在太原湖滨会堂隆重举

行，全国百余家出版社的新版图书 2.5 万种、120 万册参加了书展。有 110 万册的特价图书也在书市上面市，省市有关领导以及各新闻单位代表参加了开幕式。期间，著名作家曹桂林为其新作——《纽约上空的中国夜莺》进行了签名售书。书市举办 11 天，共接待读者 60 万人次，销售各类图书 65 万余元。之后，全省各地、市、县店也举办了类似活动。

5 月 26 日　全省地市店经理（扩大）会议在省店举行。期间讨论并通过了下半年系统开展"办实事、抓管理、比服务、创效益"的竞赛活动方案。

6 月 10 日　长治市店新营业大楼开业。该楼高 7 层，建筑面积 4380 平方米，大楼位于市中心的八一广场，从施工到落成历时 8 年。

7 月 1 日　省新闻出版局直属机关党委和省店党委分别表彰了全系统一批优秀党员和优秀党支部。

7 月 4 日　根据省政府文件精神，由省店、太原市店、晋中地区店、长治市店、临汾地区店人事科长参加，对全系统人均 35 元的岗位技能工资进行了摸底测算，拟写了《山西省店岗位技能工资试行方案（初稿）》。

7 月 8 日　省店与希望出版社就教辅读物的发行达成"双利"协议。

同月　祁县新华书店被山西省委、山西省人民政府评为省级文明单位。

8 月 1 日　太原市解放路书店举行开业 10 周年庆祝活动。

8 月 6 日　山西省青少年"爱我中华、爱我家乡"读书教育活动电视大赛在太原举行。全省各地市近 90 名选手、21 个代表队参加了竞赛。结果，中小学组第一名均为朔州代表队获得；中学组第二、三名分别为运城、临汾代表队；小学组的二、三名则是临汾、长治代表队。原总店总经理、本次全国"双爱"读书活动组委会副主任汪轶千、省委宣传部副部长、省"双爱"活动组委会主任温幸、省新闻出版局局长贾鸿鸣及省人大原副主任霍泛、著名作家西戎、胡正、版画家力群、书法家朱焰等应邀莅临。

8 月 11 日　全国新华书店系统第三届发行科学研讨会在河北承德举行。山西省运城地区店李星及周建民，忻州地区店王保明，省店张斌、王介平等的 4 篇论文获奖。省店经理郭李华带队参加了此次会议。

9月8日 省店举办第二届"金秋特价书市",销售额为8万元。

10月10日 为期3天的第六届全国书市在武汉结束,省店代表队订货额达470多万元,完成了省局下达的300万元的任务。

10月17日 全国新华书店系统"第二届计算机操作技能长城杯邀请赛"在京举行。省店选手石建平获得个人全能奖和数字录入单项二等奖。杨晓棠获汉字录入单项二等奖。

10月30日 由《图书导报》承办的第五届书林杯"新知"大赛举行。大赛分社会主义市场经济和新财税知识两部分。大赛共收到答卷626份。

11月2日 《邓小平文选》第一、二卷第二版发行仪式在太原市五一路书店和解放路书店举行。全省共发行《邓小平文选》第一、二卷计50万套、200余万元。

11月4日 省店在祁县县店召开全系统"双文明建设先进单位表彰现场会"。鉴于该店在企业"双文明"建设中取得的突出成绩,省店决定奖励该店8000元用于购买微机系统,并予该店在职职工每人晋升半级工资。

11月15日 楼高4层,建筑面积1450平方米的汾阳县店营业楼开业。以多种经营为主业的汾阳县店"新华实业公司"同时成立。

11月28日 建筑面积1100平方米的左云县店营业楼建成开业。

11月29日 全系统年度储运工作会议在运城召开。会议传达了新华书店华北片储运协作会议精神,讨论并通过了《全系统储运最佳店评选细则》,与会人员就储运工作改革的具体措施和步骤进行了研讨。总店储运公司经理傅文亮及省新闻出版局、省店领导为会议评选出的最佳店颁奖。

同日 侯马市教委和侯马市店联合主办"我是中国人"主题读书知识电视大赛活动。比赛进行了两天,共有24所中、小学的代表队参加了比赛。

同月 为净化和繁荣山西省的文化市场,整顿和规范山西省图书的出版、发行秩序,促进社会主义精神文明建设,省店结合自身情况部署了系统内部"扫黄打非"工作。

12月2日 全系统举办的首期"计算机操作知识培训班"开学。来自全省

16 个店的 25 名学员参加了学习，培训班于 22 日结束。

12 月 29 日　全系统 1994 年调整工资的实施方案获批准，并于 12 月底以前全部办理完调资手续。

同月　全系统清产核资工作基本结束。在固定资产重估中，全系统净值增加 1235 万元，清查认定的资产（资金）挂帐损失为 1085 万元。同时还被"省清办"评为"清产核资先进单位"。

1995 年

1月5日　省新闻出版局和晋中地委宣传部联合召开的文化市场管理先进单位表彰会上，平遥县店和祁县县店被授予晋中地区"示范书店"称号。

同月　省店开展第二届为老干部"送温暖、办实事、抓落实"活动，为54名离退休干部发送了慰问品。为全省800余名离退休人员发了慰问信，并到晋中、临汾、运城等地看望老干部。

3月25日　临汾地区店图书批销中心成立，该中心是在合并了原业务科、计划供应部、农村发行科及解放路门市部的基础上成立的。

4月7日　全系统经理工作会议召开。来自全省110个地、市、县店的经理及专职书记、办公室主任和省店各部科室负责人等共160余人参加了会议。会议期间，7位基层店经理结合各自的改革实践，就门市联销计酬、柜组承包、加强一般图书发行和开展多种经营等问题作了典型经验交流。会议代表还讨论了省店《关于全系统进一步深化改革加大改革力度的意见》《关于在全系统开展"门市质量年"活动的方案》等文件。会议对1994年度先进集体和先进个人进行了表彰。其中中阳、祁县、河曲、万荣、阳城、阳泉、左云、朔城区、沁县、浮山、太原等店被授予"十佳书店"荣誉称号。会议于10日结束。

4月18日　祁县县店经理吕景龙出席了省委、省政府召开的劳模大会，并被授予省级"劳动模范"的称号。

同日　晋华书刊发行公司成立10周年纪念活动。该公司是由省店职工集资创办的具有法人资格，独立核算的集体所有制图书发行企业。公司成立十年来，基本形成零售、批发到调拨的一条龙图书发行体系。

同日　山西省第四届书市暨太原市首届特价书市在省城湖滨会堂举行。书市历时 11 天，接待读者 20 万人次，销售图书 26 万元，其中特价书 17 万元。书市于 5 月 8 日结束。

4 月 28 日 由省店向山西教育出版社单品种代理的《新三字经》首批印数 10 万册，在全省 11 个地市公开发行。省店及太原市店同时在太原市主要街道及繁华市区进行了公开发行，引起了读者的关注，收效甚佳。

5 月 1 日 全系统实行新工时制，即每周 5 日工作制。

5 月 3 日 全省地市店经理会议在忻州召开。会议对 1994 年度全省经济活动进行了分析，对各地市店聘用干部进行奖惩兑现，签订了目标责任书，从本年度起将对各地市店领导班子实行工作实绩目标责任考核。会议于 5 日结束。

5 月 11 日 省店第五届职工春季运动会举行。本届运动会有多达 600 余人次参赛。

5 月 17 日 运城地区"万村书库"工程和闻喜县委赠书仪式在闻喜县店举行。

5 月 18 日 山西省少年儿童图书批发中心成立。该中心由太原市少儿书店和全国 20 家少儿出版社联合成立，旨在面向华北、西北地区，为出版和销售双向服务，征订和现货批发相结合。

5 月 22 日 全系统第五届经理培训班开学，来自全省近 40 个店的经理、副经理参加了学习。

5 月 30 日 省店与山西教育出版社签订了中学教辅发行总代理协议。

6 月 16 日 襄垣县店潞安门市部开业。该门市担负着为潞安矿务局及侯堡镇 3 万读者服务的任务，它的建成结束了潞安矿务局 30 多年来附近没有新华书店的历史。

6 月 28 日 阳泉市店党员前往太旧高速公路平定段指挥部赠书 500 册，计 3600 元。

同月 省店老干科与各地、市县店签订了"老干部生活福利兑现"合同。

7 月 1 日 全系统职工陆续与所属店签订了劳动用工合同。从即日起全部实行劳动合同制。

7月2日　由太原市店承办的"全国省会、计划单列城市新华书店联合体第十届年会"在太原召开。全国36家省会、计划单列城市店的经理、业务及财务科长参加了会议。中国书刊发行协会、新华书店总店、59家中央与地方出版社社长、总编及中国图书商报等单位应邀参加了会议。会议以"抓住机遇、深化改革、加强团结、共创繁荣"为指导思想，围绕发行体制改革和如何进一步发挥城市店的作用，进一步加强店社合作等议题进行了研讨。

　　7月20日　全省第二届"热爱祖国、做四有新人"读书教育活动表彰会在太原召开。省委宣传部、省新闻出版局、省妇联、团省委及各地市活动组委会负责人参加了会议。此次共发行活动用书138万册。

　　8月1—3日　晋中地区店第二届"书苑杯"大赛在榆次举行。项目除传统的核算盘存表、售书连续作业、熟悉图书、百科知识竞赛外，新增加了新书广告版面设计和反映书店售书工作的特色小品剧及"爱国、爱店、爱岗"演讲等。

　　8月2日　全省地市店办公室主任会议暨《图书导报》三百期座谈会在省店举行，该报部分通讯员参加了会议。会议期间，以会代训进行了"新闻写作知识""办公室职能"的讲座。

　　8月21日　为期一周的由省店主办，长治市店协办的"计算机知识培训提高班"在长治举行。

　　8月24日　为纪念抗日战争胜利50周年，省店举办革命歌曲演唱会。

　　8月28日　省店举行"纪念抗日战争胜利50周年报告会"。史云、冯玉玺分别讲述了在抗日战争时期办报的亲身经历。张斌介绍了新华书店在各抗日根据地的建立与发展状况。

　　同月　省委宣传部、省新闻出版局、省文化厅、团省委联合转发中宣部、国家教委等五部委《关于向全国中小学生推荐百种爱国主义教育图书的通知》。省店发文全系统，予以征订发行。

　　同月　省店与希望出版社关于1996年教辅类图书承包发行达成协议：实行全品种、总码洋基数承包发行。

　　9月25日　全省地市店经理（扩大）会议在省店举行。各地市店经理、办公室主任及财务、业务、人事、教材科长参加了会议。各店经理汇报了1—8月份各项经济指标的完成情况和"门市质量年""送书下乡"两项活动的开展情况，对第四季度工作进行了安排部署，省店教材科与各地市店签订了1996年教辅发行合同书。

10月5日　《图书导报》推出"书店系统服务忌语30条"。此项工作是为配合全省"门市质量年"而推出的。

10月13日　省店发起"向灾区献爱心"活动，共捐款1146元，捐冬衣205件。

10月16日　武汉大学图书情报学院在山西省及河北、内蒙古、北京等店招收的出版发行管理学专业大专函授生入学。此为山西武大函授站招收的第3批学员。

10月24—26日　省店离退休人员参加了省直首届老干部运动会。省店门球代表队获第6名。

同月　1995全国新华书店图书看样订货会落下帷幕，全国28家省级发货店、2500多家基层店的数千名代表参加了这次订货会。会议展出新书3万余种。山西省有417种图书参加展订，订货码洋达405万元，其中晋版书为240余万元。

同月　在华北订货会期间，省店与新蕾出版社达成代理发行协议。继续保留该社教辅类图书在山西的征订发行业务。

11月8日　全系统"爱国、爱店、爱岗"演讲比赛在省店举行。来自全省10个地市店及省店的22名选手参加了比赛。经过预赛和决赛两场角逐，武秋英等9人荣获一、二、三等奖；大同、吕梁、运城代表队获团体奖；晋城、晋中、长治、阳泉4个代表队获优秀组织奖。

11月9日　省店举办第七期财会培训班。学期10天，共有40余人参加。

11月16日　祁县县店荣获全省"职业道德建设先进单位"称号，受到省总工会的表彰和奖励。

11月29日　全系统"计算机操作知识第二期培训班"在省店举办，来自

24 个地市县店的 30 名学员参加了培训，学期半月，开设课程 6 门。

　　同日　全省"门市质量年"活动检查拉开帷幕。由 30 多人组成的检查组分成 6 片，分赴全省 11 个地市进行检查。检查历时 12 天，于 12 月 11 日结束，共有 46 个地市县店被抽查。活动评出了太谷、曲沃等 19 个"最佳门市部"。黄河电视台等新闻媒体报道了这项活动。

　　同月　省店党委副书记史卯银被省直机关工委、省委干部下乡办公室评为第七批干部下乡工作队"先进工作队员"。

　　12 月 5 日　全系统 1995 年度储运工作会议在临汾召开。全省各中转、代发店及省店储运部负责人参加了会议。会议评选出原平、阳泉、长治三店为最佳代发店。

　　12 月 11 日　经省新闻出版局与省教委协商，并报省政府批准，决定从是年始对省内中小学课本款实行部分预收。决定每年 6 月和 11 月份分两次向所供教材学校预收当年秋季和次年春季 65% 的教材款，其预收金额全部汇付省店，再由省店负责及时承付有关教材生产的出版印刷单位。

　　12 月 12 日　中宣部、新闻出版署、国内贸易部、农业部在京联合召开大会，表彰"送书下乡"活动。太原市南郊区店被授予"全国送书下乡活动先进发行单位"称号。

1996 年

1 月 21 日　省店制定《关于加强全系统机构人事管理的规定》。规定指出：地市店的机构由省店根据全系统工作需要统一设置，不允许各地市店自设机构。地市店经理、副经理以及中层干部按干部任免权限报批任免。

1 月 30 日　省店及太原市店向南郊区店转授锦旗。该店在 1995 年由中宣部、新闻出版署、国内外贸易部、农业部联合进行的"送书下乡"活动中，被授予"全国送书下乡先进发行单位"称号。同时，省店还作出向该店学习的决定。

2 月 5 日　省新闻出版局党组任命省店领导班子：王书铭为总经理及党委副书记、韩富云为党委书记及常务副总经理、彭改凤为常务副书记及副总经理、郭永荷为副总经理、王树仁为党委副书记及纪检委书记。原任党委副书记、工会主席史卯银、原任总会计师原宝莲，原任副经理刘兴太（称谓改为副总经理）等保留原职务。

3 月 1 日　省店党政联席会议决定聘任各地市店新一届经理，并经省新闻出版局批准，聘期两年。他们是：太原市店郭永荷；大同市店姜安；朔州市店韩富；忻州地区店冀海婵；阳泉市店王占昌；晋中地区店张隆光；吕梁地区店李兆旭；长治市店李迷兴；晋城市店汪慧芳；临汾地区店何国柱；运城地区店谭金有。

同日　省新闻出版局任命吕建新为省店副总经理。

3 月 11 日　全省地市店经理扩大会议在太原召开。会议确立了本年度的奋斗目标：深化改革，加快发展，勇闯新路，争创一流，努力实现销售、利润、职工人均收入增长 15% 的奋斗目标，会议还对 1995 年全省"门市质量年"活动中涌现出的先进单位及个人进行了表彰。

3月20日　在北京召开的华北区新华书店"储运最佳店"评委会上，晋城市店被推荐参加全国"最佳中转店"的评比，阳泉市店被评为华北区"最佳代发店"。

4月1日　太原市店迎来了建店45周年庆典。在为期半个月的庆祝活动中，图书九折优惠销售，同时开展了业务技能比赛等活动。

同月　省店为迎接店庆60周年筹措资金，全系统职工和离退休人员积极捐款。共收到捐款209048元，其中集体捐款119946元，个人捐款89102元。

5月15日　省店组织地市店领导及省店有关部门负责人赴山东、江苏、浙江等省店考察学习。通过学习，打开了眼界、启迪了思路，对工作起到了指导作用。

5月21—23日　全系统年画、图书、音像制品订货会召开。本次订货会订货码洋分别为：年画317万元、音像45万元、外版图书92万元、晋版图书105万元。

同月　自本月始，太原市店进行大规模的图书进商场超市工作，全年共在柳莺超市、华宇超市等10家商厦开设了图书专柜专架。

6月7日　省新闻出版局主办的"第一期地市县店经理及省店中层干部持证上岗培训班"开学，学期20天，参加培训的学员共71名。

6月26日　省店储运部由太原市建设南路迁至太原市东山赵北峰村储运基地挂牌运营，并经有关部门核准，储运部对外称省店储运公司及储运代理公司。

7月17日　省店举办的山西省青少年爱国主义读书教育活动工作总结会议在太原举行。全省发放活动用书204万册、757万余元，居全国第三，受到全国大赛组委会的表彰。

8月8日　全系统史志工作会议在省店召开，标志着山西新华书店的第一部志书开始编纂。

9月3日　省店发出《关于建立读者档案，开展读书俱乐部活动的通知》。通知指出：为更好地为读者服务，密切新华书店与读者的关系，及时掌握社会藏书信息，引导读者，决定在全系统组织建立读者档案，开展读者俱乐部活动。

9月6日　《中国图书商报》山西记者站揭牌，这是继湖南、内蒙古后的全国第3家。

9月8日　由系统内8名队员组成的以"爱国、爱店、爱岗"为主题的"三爱"演讲团，巡回全省11个地市店及省店，直接听众千余人。

9月10日　全省各地市县店举办为期一个月的"第三届书市"，共销售一般图书130万元。

9月21日　在广西北海召开山西省第四届"爱祖国、爱科学"读书教育活动宣传动员会。该会议订货册数达260万册，码洋超千万元。

9月25日　省新闻出版局举办的第二期地市县店经理持证上岗培训班结业，52人参加了学习。学期20天。

同月　省店筹资，在原办公楼的基础上改建新华大酒店。

10月17日　省店制定《关于对全系统财务管理审批权限的暂行规定》。通知指出：为进一步规范和加强全系统的管理，加大宏观调控的力度，提高企业的社会效益和经济效益，按照"统一领导，分级管理"的原则，结合"一整两反"的有关规定，特制定全系统财务管理及审批权限的规定。

同月　省店在太原市建设南路的库房改建为图书批发市场，由省新闻出版局发行处负责组织集体、个体书店营运。

11月1日　"迎店庆"全系统知识技能选拔赛举行。随后组建了山西省参加全国技能赛的代表队。

11月8日　在深圳举行的第七届全国书市上，以省店人员为主组成的代表团订货码洋达753万元，创历史最好成绩。

同日　省店发出《关于安排全系统职工正常升级的通知》。通知指出，全系统于1994、1995年继续实行工效挂钩，图书发行社会效益、经济效益均取得好成绩，符合省工改办文件精神，省店报请省新闻出版局批准，进行1994、1995两年职工正常升级工作。大部分职工晋升了两级工资。

11月28日　省店开办、经营面积达1200平方米、集批发零售于一体的"山西图书音像批销中心"开业。其一楼为图书音像超市，二楼为批发市场。晋华书刊发行公司图书经营业务和部分人员并入该中心。

11月30日 长治市店书苑宾馆开业，其建筑面积为2100平方米，有床位80张，并设有与之配套的大小会议室及餐厅等。

12月2日 在成都召开的全国新华书店系统第四届发行科学理论研讨会上，山西王保明、李星、王介平、刘海平、陈增平的5篇论文入选。

12月16日 省店发出《关于各地市县店职责权限及机构设置意见》的通知，分别对地市县店职责权限及机构设置作了详细具体的规定。

12月19日 省店计算机替代手工记账系统通过有关部门的鉴定并开始运行，同时全系统内80%的店配备了计算机。省店与各地市店开通了传真。

12月27日 中宣部、新闻出版署委托中国出版工作者协会举办的"全国百佳出版工作者"评选揭晓。祁县县店经理吕景龙入选。

同月 省店发出《关于下发1996年全省基本建设资金安排意见》，要求各地市店集中力量增加农村发行网点，省店给每个地市店补贴5万元，地市店自筹一部分，新增加农村网点23个。到年底全系统共有自身农村网点107个。

是年 全系统本年销售达11亿元，实现利润1206万元。全系统职工人均收入达7680元，比1995年增长30%。

1997 年

1月2日　《山西省新华书店系统门市工作规范》下发实施。

1月3日　全系统精神文明建设出台一系列计划：1997年创建两个文明地市店、15个文明标兵书店、10个文明标兵科室、30名最佳发行标兵、百名文明职工，2000年创建5个文明地市店、20个文明县级店、20个文明科室、50名最佳发行标兵。《山西省新华书店农村发行工作规范》下发实施。

2月　省店及大部分地市店的音像经营通过了省广播电视厅的检查验收，并有6家地市店及省店正式获得二级批发资格。

同月　全省各店大量发行邓小平的画像、书籍、音像制品等，省店销售画像近5万张。

3月4日　全系统教材工作会议在大同召开。会议强调了"五条纪律""五个原则"。

3月9日　忻州地区店首期计算机培训班开学，全区12个县（市）店的学员参加了培训。培训的目的是提高素质，强化管理，加快计算机使用步伐。

4月10日　"迎店庆百日推销活动"结束。活动期间，全省各店以此为契机，在抓优美环境、优质服务、优秀图书方面狠下功夫，旨在大树新华书店形象，两个效益同步增长。

4月22日　在全国新华书店知识技能赛上，代表省店参赛的太原市店全能选手高红萍荣获第6名，使山西在本次赛事最后的角逐中榜上有名。

4月23日　获中国书刊发行业最高荣誉奖——"中国书刊奖"的百名图书发行工作者在京接受颁奖。宁武县店门市部主任刘翠娥、左云县店经理赵俊、武乡县店流供员张天祥获此荣誉。

4月24日　为纪念店庆60周年，由平定县委宣传部及阳泉市店、平定县店、盂县县店联合举办了"书光灿烂"专题文艺晚会。平定县店等单位组织的平定县"十大藏书家"评选揭晓。

5月7日　太原市店在市委宣传部、市教委的协助下，在清徐县中学举行了赠书仪式。

5月17日　全系统庆祝建店60周年茶话会在太原举行，省新闻出版局局长贾鸿鸣，中国书刊发行协会副秘书长谭子谦、著名作家西戎、胡正、郝汀等参加了茶话会。当晚，全系统职工自编自演的文艺晚会将店庆活动推向高潮。

5月18日　全系统第一届发行科学论文研讨会评选揭晓，冯天旺、张庆龙、李星、宋少华、刘海平、陈增平等作者的10篇文章入选，这样的论文研讨会在省店历史上尚属第一次。

5月19日　全系统农村图书发行工作会议在太原结束。

5月21日　晋城市店自筹资金装修一新的泽州路门市部开业。

5月24日　忻州最大的国有商业企业——忻州地区购物中心二楼文化商场内的新华书店隆重开业，书店设在购物中心二楼文化商场西北角，共有20个货架，所有图书实行开架经营。新华书店进超市在忻州全区尚属首次。

5月29日　运城地区店在运城市河东会堂举行了运城地区中小学生"迎回归"演讲赛和"新华希望书库"赠书仪式，全区2000多名中小学生聚集一堂，参加了演讲比赛和赠书仪式。

6月9—12日　全系统业务工作研讨会在长治举行。会议对《全系统业务工作管理规范》《关于对晋版书发行实施推销制的实施办法》《关于加快发展全省音像经营的原则意见》及读者俱乐部、书架工程等问题进行了讨论。

6月15—19日　"三北"地区书刊发行业协会首届理论研讨会在西宁召开，山西王保明、刘兴太、王介平、冯天旺、康志平等5位作者的论文入选。

6月19日　由省店承办的"爱祖国、爱科学"读书教育活动表彰大会在太原举行。省内有关领导李立功、王庭栋、赵雨亭、刘砚青、李玉明、温幸等出席了会议。

7月30日　太原市委宣传部、太原日报、太原市店联合举办的太原市"十大藏书家"评选活动揭晓。

8月9—14日　全系统纪检监察干部培训班在省店举办。

8月18日　晋中地区第一家专业门市部——文化教育门市部开业。

8月23日　省人大副主任崔光祖撰写的《党员干部修养歌》一书首发式暨作者签名售书活动在太原市店解放路书店举行。

9月1日　洪洞县店营业楼开业。其建筑面积为1780平方米。

9月2日　在长春举办的第八届全国书市订货会结束，由店社联合组团而成的山西代表团订货额为840万元，较上届增长87万元。

同月　在省新闻出版局"庆七一、迎回归书画展"上，省店参展的13幅作品获4个二等奖、2个三等奖和2个纪念奖。

10月6日　省新闻出版局第三期书店经理持证上岗培训班开课。全省地市县店经理及外文书店负责人计60人受训。

10月21—22日　全系统举办"学习邓小平理论，树崇高理想，做文明职工"演讲比赛，28名选手参赛。

10月23日　省新闻出版局系统向朔州市第一中学捐赠万册图书。捐赠的12万元图书中，系统内各店占了10万元。

同月　全省各店积极做好"十五大"学习用书征订发行工作。涌现出阳泉、晋城、长治、太原南郊等征订发行先进店。至月底，学习用书发行册数达47万册，码洋170万元。

11月2日　省店六、七、八号宿舍楼及办公楼、车库举行奠基仪式，其建成后安置了126家住户，建筑面积达1.5万平方米。

11月4日　寿阳县店"档案工作目标管理"经省档案局考核验收，以92.3分的成绩达到国家二级标准，在全系统首家获此殊荣。

11月8日　由省店办公楼改造而成的新华大酒店试营业。

11月10—18日　全系统进行"示范门市"考评活动。经考评验收，河津市店等16家门市被评为"示范"门市。

11 月 10 日 闻喜县店档案工作经运城地区档案局考评验收，达到省（部）级标准。

11 月 15—17 日 长治市店"学习十五大文献，探索书店发展研讨会"召开。会议要求人人发言，从不同角度对图书发行工作针对性地提出意见、建议及改革思路。

11 月 18 日 新绛县店综合营业楼落成开业。其为三层仿古式建筑，总建筑面积 1920 平方米，投资 180 万元。

同月 省委书记胡富国为省店题词：发展图书事业，繁荣文化市场。

同月 酝酿已久的图书推销员制在省店开始实施。10 名专职推销员分赴各省市进行推销活动。

12 月 3 日 灵丘县店综合营业楼落成开业。该楼为 3 层，建筑面积 800 平方米。

12 月 26 日 太原市店解放路书店超市改造工程结束，建成后的超市营业面积为 2000 多平方米，图书品种达 3 万个。

同月 全系统"学习邓小平理论，树崇高理想，做文明职工"演讲团赴全省各地市店进行巡回演讲。全系统书画摄影巡回展也在进行中，展品共 120 余幅。

是年 全系统调销逾 13.9 亿元，创历史最好水平。重点图书的发行取得好成绩。

是年 南郊区店被文化扶贫委员会、新闻出版署、共青团中央等单位授予全国"万村书库"工作先进集体称号。

1998 年

1 月 6 日　中宣部、新闻出版署等十部委对全国文化、科技、卫生"三下乡"活动中涌现出的 100 个先进集体和 100 名先进个人进行表彰。省店荣获先进集体称号。

1 月 14 日　全国"中华魂"《八一军旗红》主题教育活动组委会将表彰大会会场设在临汾地区店,以表彰该店在此项活动中取得的优异成绩。

1 月 16 日　由全系统投资建设的新华大酒店正式开业。

1 月 25 日　由省新闻出版局牵头,省店及部分出版社等单位在寿阳联合举办大规模的送书下乡活动。

2 月 9 日　阳泉全区各店统一行动送书下乡,共计赠书 1000 多本,销售额达 1 万元。

同月　省店党委常务副书记、副总经理彭改凤被省委干部下乡领导组、省贫困地区经济开发领导组评为扶贫工作队"模范工作队员",并授予扶贫攻坚奖章一枚。

3 月 16—18 日　全省地市店经理(扩大)会议在省店召开。回顾总结 1997 年的工作,表彰了 13 个销售超千万元的县级店,对人均销售、人均利润、利润率、人均购书前三名的店按类表彰奖励。针对 1998 年全省工作目标提出"12 个狠抓"。

4 月 22 日　全国新华书店系统第五届发行科学论文研讨会评选工作在南宁结束,山西王保明、张隆光、郝世英、王介平 4 篇论文入选。

4 月 26 日　山西省第六届暨太原市第八届大型书市于太原湖滨广场隆重开幕。本届书市荟萃了新近出版的各类优秀图书 3 万余种近百万册。

4月28日　在全省劳模会上，晋中地区店经理张隆光被省委、省政府授予"山西省劳动模范"荣誉奖章。

5月3日　省店向太原五中学生捐赠《知识点同步学习卡》仪式在该校举行。中央教育科学研究所、教育科学出版社、省市教委等方面的负责人参加了仪式。

5月19日　交城县店新建营业楼投入使用，其建筑面积为1174平方米，总投资98万元。

5月25—26日　"万种好书进山西"暨1999挂历订货会于省店举行。来自京沪浙苏粤等十几个省市的187家出版社之13670种及省内各社之1306种图书参展。另有1300余种音像制品、155种挂历、89种台撕历、236种其他年画也在此参展。

5月27日　北岳文艺出版社《陈香梅散文》《陈香梅散文评论集》首发式及签名售书活动在太原市店解放路门市举行。

6月4日　省人大副主任王文学带领的由省人大教科文卫委员会、法制工作委员会、办公厅等部门组成的执法调研组一行视察省店，参观了图书批销中心及零售超市。

6月8日　现代书店山西分店开门营业。其为全国第17家连锁店，是由省店与中国出版对外贸易总公司合作，省店与太原市店共同投资组建的国有图书发行企业。

7月18日　山西省第五届青少年"双爱"读书教育活动总结表彰大会在太原召开。

7月21日　省新闻出版局与省教委根据省政府办公厅签发的《关于中小学教辅用书会议纪要》就教辅发行问题再次协商，最后决定：除寒暑假作业由教委发行外，其余教辅用书发行权继续归新华书店。

8月8日　著名足球评论家张路在太原市店解放路门市及省店图书音像超市为其新书《张路侃球论球》签名售书。本次活动是由山西现代书店有限公司策划主办。

8 月 10 日 1998 年秋季教材发运大会战启幕，活动历时一个月，期间省新闻出版局领导到省店慰问职工。

同月 全系统关注我国南方及东北一些地方遭受的洪涝灾害，掀起了抗洪赈灾募捐热潮。

9 月 26 日 长治市第五届上党书市开幕。10 天共销售图书及音像制品 57 万元，创历史最好水平。

10 月 6—7 日 全系统农村图书发行网点建设现场会在定襄召开。

10 月 9—12 日 在西安举办的第九届全国书市订货会上，山西代表团再创佳绩，订货额首次逾千万，达 1100 万元（其中出版社为 300 万元，省店为 800 万元）。

10 月 18 日 临汾地区店股份制图书音像超市开业。

同月 受中宣部、新闻出版署委托，由中国出版工作者协会承办的第二届"全国百佳出版工作者"评选揭晓，太原市小店区店经理周翠仙榜上有名。

11 月 1 日 应中加企业家交流协会邀请，省新闻出版局、省店和新华书店（加拿大）有限公司在加拿大多伦多文化中心隆重举办了"中国·山西 1998 多伦多图书展"。为期一个月的展销中，还开展了版权贸易合作投资洽谈等活动。

11 月 17—20 日 新闻出版署发行管理司和全国书刊发行协会在济南联合召开了全国农村图书发行论文研讨会，武秋英、王介平获"优秀论文奖"，张建军、雷克敏获"鼓励奖"。

12 月 2 日 新华书店总店与省店共同出资兴建的左权县岭南希望小学主体工程通过验收。

12 月 16 日 祁县县店引深经营机制改革，创办的图书音像超市和新华商城同日开业。新建的超市面积 300 平方米，陈列品种达 7000 余种，且全部实行现代化管理，聘用 10 余名文化素质好的青年任营业员。新华商城面积 260 平方米，由店内 10 名职工自愿自筹资金，各自独立经营，自负盈亏。经营办公、文化、体育用品等。开业当天合计销售 5480 元。

同日 太原市晋源区店成立。它位于著名古迹晋祠庙前门，是随太原市行政区划变动而新建的一个店。

是年 年初制定的县以下每个乡镇发展一个售书点，全省建立 2000 个农村网点的目标实现，达 2116 个，超过了新闻出版署提出的二十世纪末达到县以下每 5—8 万人建一个售书点的目标。

是年 全系统完成销售 15 亿元，实现了年初制定的"保 14 争 15"的奋斗目标。

1999 年

1月6日—13日　省店储运公司对各地市店所推荐的最佳店进行了交叉检查，并于13日评选推荐出最佳店16名。

1月8日　全系统教材工作会议在太原召开。会议提出1999年教材工作应做到"四句话一个要求"，四句话即：加大改革力度，加强竞争手段，严格发行纪律，强化服务质量。一个要求即：任务不减，数量不减。

1月10日　晋中地区店、左权县店、寿阳县店被晋中地委、行署命名为"地级文明单位"。至此，晋中区获得这一称号的县（市）店已达6家。

1月20日　《图书导报》自379期始复名为《山西图书发行》。

3月1—3日　全系统元宵灯会在省店举行，来自全省各店的230盏花灯挂满省店大院内外。最后，大同市店的"九龙壁"、浑源县店的"悬空寺"、运城地区店的"芝麻官"被评为一等奖，同时还评出二等奖7个，三等奖11个。

3月12日　经改建装修后的太原市店工具书店、生活艺术书店、古旧书收售部一并开业。

3月20日　省店团总支在山西大学师范学院举行了"百校图书供应工程"启动仪式。此次活动历时两月，先后在省城7所高等院校进行了8次巡回书展，共计销售图书万余元。

3月29日　"山西省新华书店建店时间研讨会"在省店举行，会议确定1949年4月27日为山西省店建店纪念时间。

4月8日　太原市店解放路图书超市举行 "全国新华书店精神文明示范单位"挂匾仪式。

4月18日　太原市店解放路书店举行著名学者余秋雨先生签名售书活动。

4月23日　山西省第七届暨太原市第九届大型书市在省城湖滨广场举行。来自省内外7家出版社、省店及省外文书店及太原市店所属基层店的几万种新书及百万元特价图书参展。

4月27日　省店召开建店50周年座谈会。省出版局领导，省店部分老领导和老同志参加了座谈会。

4月29日　晋中地区店经理张隆光作为省精神文明建设窗口的代表之一，参加了山西省五一劳动表彰大会，并成为全国五一劳动奖章获得者。

5月16日　山西省第七届暨太原市第九届大型书市落下帷幕。本届书市历时24天，共设展棚70间，接待读者30万人次，总计销售近150万元。

5月23—26日　由省店组织的第二届"万种好书进山西"暨2000年挂历订货会在太原召开。此次会议参展的有全国120家出版社近万种图书，其中晋版书1100种。本次订货会征订码洋为1200万元。

6月1日　新华书店总店及省店投资的左权县岭南新华希望小学举行落成剪彩仪式。希望小学占地2.7亩，教学楼建筑面积240平方米，分上下两层。省长孙文盛题写了校名，总店总经理邓耘出席了落成仪式。

6月5日　太原市店五一路图书超市开业。超市营业面积近500平米，经营品种达两万余种。

6月13日　中央电视台"焦点访谈"节目主持人方宏进、制片人孙杰等在太原市店解放路图书超市为其新书《聚焦焦点访谈》《图说焦点访谈》签名售书。

6月15日　省店宿舍小区被太原市社会治安综合治理委员会命名为安全文明模范小区，成为全市62个达标小区之一。

同日　全国人大常委会副委员长邹家华为岭南新华希望小学题词——"发扬优良革命传统，办好小学基础教育"。

7月16日　长治市购书中心试营业，其营业面积为1450平方米，图书品种达3.5万个。

7月20日　全省1997—1998年度储运最佳店表彰会暨全省储运工作会议在

忻州召开。

7月28日　山西省第六届读书教育活动总结表彰大会在太原召开。本届读书活动的主题为"光辉的五十年"。

8月26日　省新闻出版局党组书记、局长谢洪涛深入阳泉市店和平定县店调研并指导工作。

9月28日　繁峙县店砂河镇图书超市开业，这是山西第一家开在乡镇的图书超市。

9月30日　历时两月的全系统服务三农及农村图书大联展活动结束。其间图书销量为765万元，参展店数1800多个（含农村乡镇发行网点）。

10月18日　省店储运公司运城发货站新库房投入使用，其建筑面积为1600平方米，投资为140万元。

11月3日　省新闻出版局出版改革研讨会召开。王书铭总经理代表省店发言，省店王介平、雷克敏、武秋英、王凤吉等的论文在会上做了交流。张斌代表省书刊发行协会就发行体制改革阐述己见。

11月6日　阳泉市店图书音像超市开业。其营业面积达642平方米，品种达2.6万个。

11月8日　晋中地区店的档案管理通过国家二级验收。

11月9日　定襄县店的档案管理通过国家二级验收。

11月11日　中国书刊发行协会在北京召开颁奖大会，太原市店解放路书店及阳泉、平遥、定襄、祁县、交城、方山等7店被授予"双优单位"；省店总经理王书铭、晋中地区店经理张隆光获发行奖。

同月　盂县书店、祁县书店被省精神文明建设指导委员会命名为"省级文明单位"。

是年　全系统销售为15.8亿元。

2000 年

1月1日　改建后的太原市店教育图书超市开业，其营业面积由原来的 300 平方米增至 600 平方米，品种由原来的 8000 余种增至 15000 余种。

1月6日　张凤山被省新闻出版局党组任命为省店总经理，随后又被任命为党委书记。

3月6—7日　全系统 2000 年图书发行工作会议在太原召开。

同月　《阳城新华书店志》出版。全书 28 万字，共分机构沿革、图书发行、企业管理等 8 章。

4月28日—5月7日　山西省第八届暨太原市第十届大型书市在太原南宫广场开幕。本届书市共设棚 60 间，除省店、太原市店外，整合后的省内 5 家出版社也在书市设立了摊位。

5月20日　太原市店喜庆解放路书店荣获全国"双优单位"称号及新华书友读者俱乐部成立仪式在该店举行。其间，著名节目主持人赵忠祥为其《岁月随想》《岁月情缘》两书签名售书。

5月26日　阳泉市店举行教材综合大楼竣工剪彩暨教育书店开业典礼。综合楼建设面积为 7000 平方米，教育书店营业面积为 148 平方米。

5月31日　省店向省新闻出版局扶贫点柳林县成家庄联校捐赠了价值 6 万元的图书。

同月　晋中地区店经理张隆光在全国"五一"劳模表彰大会上荣获"全国先进工作者"称号。

同月　全系统开展"塑新华人形象，提高服务质量"活动。

6月1日　长治市店桥北音像超市开业。其营业面积 200 余平方米，经营品种 6000 余种，为省内规模最大的音像超市。

6 月 2 日　经过改建后的太原市店古籍书店开门迎客，扩建后营业面积为 120 平方米，图书品种达 6000 余种。

6 月 15 日　忻州地区店经理竞争上岗演讲答辩会于忻州举行。刘培元被聘任为忻州地区店经理。

6 月 16 日　晋中地区店经理竞争上岗演讲答辩会于榆次举行。崔凤飞被聘任为晋中地区店经理，孔维华为常务副经理（副处级）。

6 月 29 日　全省地市店业务工作会议在太原召开。会议就"减负"后业务工作如何适应市场需要、变盯计划为盯市场、由码洋管理向品种管理、集团运作、图书超市建设等问题展开了讨论。

6 月 30 日—7 月 3 日　由山西省店牵头的部分省市店物流协作研讨会在太原召开。

7 月 1 日　邹家华同志为左权县岭南村新华希望小学题写的碑文揭幕。

7 月 18 日　山西省第七届青少年读书教育活动总结表彰大会在太原召开。本届读书活动的主题为"走向新世纪"，参加人数为 380 万。

8 月 13 日　阳曲县店经理竞选演讲答辩在该店举行，这是在全系统范围内推行经理竞争上岗的首家县级店。

8 月 25 日　新闻出版署署长于友先在省新闻出版局局长谢洪涛等的陪同下视察了祁县县店。

同日　吕梁地区店经理竞聘上岗演讲答辩会于离石举行。冯天旺被聘任为吕梁地区店经理。

9 月 27 日　歌手高枫在太原市店解放路超市为其《出门在外》一书签名售书。

9 月 30 日　为期 10 天的上党书市落下帷幕，其间共销售图书及音像制品 70 万元，比上届书市增长 22.8%，创历史最好水平。

10 月 3 日　太原市店解放路超市举行了大山新作《姜昆大山侃上网》的签名售书活动。

10 月 4 日　阳泉市店举办了由福建东南电视台"开心一百"节目主持人及《开心一百》丛书作者小庄、刘伟参加的签名售书活动。

10 月 23 日—11 月 5 日　省店在太原举办了为期半个月的"图书超市主任培训班"，来自全省 34 个店的 36 名超市负责人参加了培训。

11 月 8 日　省店图书音像批销中心迁址开业。新的营业场地 4000 平方米，上架品种 3 万个，其中音像制品 3000 种。

11 月 14 日　全系统第二届发行科学论文研讨会在省店召开。本次研讨会的主题是"国有书店的改革与发展"，期间共收到论文 40 余篇，评选出程志强、董晓文、苗志刚、田奋青、王见亮等作者的优秀论文 15 篇。

11 月 15 日　大同市店中层干部竞聘上岗演讲答辩、评议考核活动进行。

12 月 8 日　长子县店营业大楼投入使用。其建筑面积 2000 平方米，一楼为图书超市，营业面积为 300 平方米，陈列图书音像品种 1.5 万个。

12 月 13—22 日　省店进行了中层干部竞争上岗工作。将原有机构设置重新核定后分为两大块，一块为管理部门，共 11 个，另一块则为经营部门，共 7 个。

12 月 16 日　晋中市店图书文化中心开业，其营业面积为 1300 平方米，图书音像品种 2.2 万个。

12 月 30 日　广灵县店营业楼竣工剪彩。其建筑面积为 1300 平方米。

12 月 30—31 日　全省地市店经理工作会议在省店举行。

是年　全系统销售 14.6 亿元。

2001 年

1 月 15 日　改建后的太原市店少儿书店图书超市开业。其营业面积 300 平米，图书品种达 1.1 万种。

2 月 10 日　晋中市店举办著名作家张平签名售书及读者座谈会活动。

2 月 11 日　太原市店解放路图书超市举办著名作家张平签名售书活动。

3 月 1—2 日　全系统经理工作会议在省店召开。会议讨论通过了《关于开展"管理效益年"活动的决定》。

4 月 1 日　省店为庆祝建党 80 周年，在全省开展"庆祝中国共产党成立 80 周年党建读物大联展"活动（活动于 7 月 31 日止）。

4 月 10 日　运城市店举行公开竞聘盐湖区店经理演讲大会。李建邦被选为该店第一任经理。

4 月 14 日　晋城市店经理职位竞争上岗演讲答辩会在晋城举行，谭晓东被聘任为该店经理，陈增平为常务副经理（副处级）。

同月　临汾市店举行中层干部公开竞聘上岗活动。有 11 位干部竞聘上岗。

同月　太原市店中层管理岗位竞聘上岗工作结束。期间共有 94 人报名，87 人参加了理论考试，共有 55 人次参加了 4 场演讲答辩。

5 月 1 日　山西省第九届书市于是日在全省陆续展开。本届书市到 10 月 31 日为止，其主题一为纪念建党 80 周年，二为扩大晋版图书的宣传和销售。

5 月 21—22 日　第四届名社好书进山西订货会暨图书音像现货展销会在太原举行。共有 40 多家名牌出版社的数千种精品图书、200 余种年货、600 余种音像制品及文化用品参展。

6 月 1 日　榆社县店图书音像超市改建后开业，其面积 200 多平米，陈列品种 1.1 万种。

6 月 4 日　国务院办公厅转发的体改办、国家计委、教育部、新闻出版署《关于降低中小学教材价格　深化教材管理体制改革的意见》，在系统内引起了强烈的震动和巨大的反响。

6 月 8 日　在省新闻出版局举办的"纪念建党 80 周年的知识竞赛"中，省店代表队获第一名。

6 月 15 日　省委副书记纪馨芳、省人大副主任崔光祖、副省长王昕等领导参观了即将开业的山西图书大厦。

6 月 17 日　全系统精神文明建设会议在太原举行。会议表彰了精神文明建设标兵、"塑新华人形象"标兵单位及个人。至此，全系统已有 80% 的店成为不同等级的精神文明单位。

6 月 18 日　山西图书大厦开业。其总面积为 5000 平方米，陈列品种 10 万种，省政协主席郑社奎等领导参加了开业仪式。

6 月 23 日　寿阳县店图书音像超市改建后开业，其营业面积 300 多平米，陈列品种 1.2 万种。

7 月 16 日　中宣部副部长李从军在省领导纪馨芳等的陪同下到山西图书大厦考察。

7 月 18 日　山西省第八届青少年读书教育活动总结表彰会在太原召开，来自全省各地的近 400 名师生代表出席了大会。

7 月 20 日　2001 秋季文教图书大联展活动展开，此活动至 10 月 20 日止。

同月　晋城市店原经理、党支部书记汪慧芳被评为第三届"中国书刊发行奖"优秀书刊发行工作者。

8 月 3 日　新闻出版署发行司副司长艾利民到太原市店为中层干部及机关科室人员作报告，并到山西图书大厦考察工作。

8 月 6 日　省店文化体育用品批销部开业。其占地面积 300 平方米，为上下两层。

8 月 20 日　山西图书大厦举办"名校名社名店"精品图书联展。展销品种

800 余个。

同日 改建后的大同市店矿区分店图书超市开业。其营业面积为 350 平米，陈列品种上万。

9 月 4 日 由中国书刊发行行业协会主办的"国有书店改革与发展研讨会"在苏州召开。山西省新华书店系统 6 位作者的论文入选。

9 月 5 日 全系统企业改制清产核资、资产评估工作开始，此项工作分三个阶段进行。

9 月 8 日 300 多名来自省城 50 多所中学的年级第一名学生欢聚山西图书大厦，参加由山西教育出版社与该大厦联手推出的"优等生助学工程"启动仪式。这些同学是日起即进入山西图书大厦读者跟踪档案，成为晋教版图书的"特约荣誉读者"。

9 月 12 日 省店被团中央、新闻出版署命名为全国新闻出版系统优秀"青少年维权岗"。

9 月 29 日 晋城市店"新华书店读者俱乐部"开业。该俱乐部开办于 1999 年 5 月，共发展会员 2100 名，收取会费 10 余万元。

10 月 1 日 曲沃县店图书音像超市开业，其营业面积 210 平方米。

10 月 2 日 洪洞县店图书音像超市开业，其营业面积 600 平方米。陈列品种为图书 1 万种，音像 1500 多种。

10 月 11—13 日 全省农村发行工作研讨会在繁峙召开。此次会议主旨为研讨在目前新华书店人力成本费用相对较高而农村人口居住分散、经济发展相对落后、购买力低下的情形下，如何占领农村图书市场，共谋新时期农村发行工作。

同月 "山西省新华书店"网站开通。网址为 www.sxxhsd.com.cn。其标志着全系统信息化管理又迈上一个新台阶。

11 月 3 日 由太原市解放路书店扩建而成的太原书城开业。改建后其营业面积由原来的 2000 平方米增至 5000 平方米，1—5 层全部为销售区，陈列有图书、音像、电子读物及文化用品等 10 余万种。

11 月 17 日 《山西新华书店志》评审会在省店举行。此次会议的举行，意味着从 1997 年 6 月开始编写，历时 4 年的《山西新华书店志》即将编就。

11 月 24 日 作家王跃文在山西图书大厦为其长篇小说《梅次故事》《亡魂鸟》等书举办了签名售书活动。次日，又在晋中市店图书文化中心举行签名售书活动。

11 月 25 日 华有德康信息技术有限公司总裁陈宇华在山西图书大厦为其新作《千万别"管"孩子》举办了签名售书活动，在此之前还举办了图书营销策划讲座、自主教育报告会。

12 月 1 日 由省委宣传部、省文明办、省教育厅、省文化厅、山西日报社、省新闻出版局、省广播电视局、省总工会、团省委、省妇联联合组织开展，省店、省图书馆具体承办的以"新世纪、新山西、新风尚"为主题的全民读书活动月启动。活动内容包括主题征文、专题讲座、文化下乡、晋版精品图书联展等。5 日，在省图书馆举办了启动仪式。

12 月 2 日 晋中市店文体办公学生用品超市开业。其陈列品种达 1800 种。

12 月 25 日 山西省 2002 年文化科技卫生"三下乡"活动在榆社县举行启动仪式。省店、晋中市店、榆社县店参加了仪式，并在会场设摊售书。省店与省内各出版社还向县里赠送价值 3 万余元图书。

是年 全系统销售 15.2 亿元，实现利润 2200 万元。

2002 年

1月3日 忻州图书大厦开业。大厦总面积 4800 平方米,营业面积 1200 平方米,陈列图书、音像品种 2.5 万余种。

同日 阳泉市店商务中心"新华商城"开业。

1月10—15日 1999—2001 年度全系统储运最佳店评审暨 2001 年度全省储运工作会议在忻州召开,会议评选出了最佳中转店、最佳收货店、最佳代发店。

1月14日 省店与外文书店合并,山西新华书店集团有限公司领导班子组建完毕。

2月3日 山西省精神文明建设指导委员会发出《关于命名 2000 年至 2001 年度省级文明单位和精神文明建设示范点的决定》,朔州市店、汾阳市店、晋中市店、祁县县店、平遥县店、潞城市店命名为省级文明单位。祁县县店为省级文明行业示范点。介休市店为省级军民共建先进单位。

同月 省新闻出版局、省教育厅、省财政厅、省物价局、省质检局等五单位联合下发通知,自 2002 年起,全省贫困县中、小学必须使用黑白版教材。

3月5日 山西新华书店集团有限公司(以下简称"集团")举行成立大会。集团是根据山西省人民政府文件,由山西省新华书店、山西省外文书店组建。中共山西省新闻出版局党组决定,任命张凤山为集团党委书记,刘启明为集团党委副书记兼纪检委书记。聘用(按姓氏笔画排列)刘兴太、刘启明、吕建新、张凤山、张隆光、赵森荣、彭改凤、董景瑞等为集团常务董事。聘用张凤山为集团董事长,赵森荣、彭改凤为集团副董事长。聘用赵森荣为集团总经理,彭改凤、董景瑞、张隆光、吕建新、刘兴太为集团副总经理。任用王书铭为集团监事、监事会主席。聘期、任期为一年。

　　同日　省店、山西教育音像出版社、省外文书店联手向全省贫困山区中小学生捐赠了6200台放音机。

　　3月6日　集团第一届经理工作会议在太原召开。会议表彰了2001年度先进、签订了2002年度目标责任书，作出了开展"服务效益年"活动的决定。

　　3月9日　全省业务工作研讨会召开。会议对上年度一般图书发行工作进行了总结，对2001年度优秀组织单位和先进销售单位进行了表彰。

　　3月22日　全系统教材工作会议暨2002秋教材汇审会在运城召开。会议围绕教材招标、加强"两教"发行等问题进行了研讨，并出台了《关于进一步加强教材工作，提升教材服务质量的意见》。

　　4月23日　由省委宣传部、省文明办等单位组织的"新世纪、新山西、新风尚"全民读书月活动表彰大会举行。集团、太原市店、晋中市店、忻州市店、太原书城、太原市店教育书店等被授予"优秀组织奖"。

　　4月25日　在省委宣传部、省文明办等单位举办的"从我们做起——山西省学习《公民道德建设实施纲要》知识竞赛"上，晋中市店荣获二等奖。

　　5月16日　省人大常委会副主任张秉法率领教科文卫视察组一行视察集团及太原市店。

　　5月29日　太原市店坞城书院试营业。

　　6月8日　小店区店多种经营项目新华幼儿园开园。

　　6月16日　作家陆天明在山西图书大厦为其所作《省委书记》签名售书。

　　6月20日　2002年秋季文教图书、音像制品暨2003年年画挂历放货会于忻州召开。会上表彰了2001年度营销工作优秀组织单位和优秀销售店。

　　6月26日　集团储运公司开展"提高发货质量，提升服务水平"双质量月活动。此次活动至8月25日结束。

　　6月30日　翼城县店营业大楼开业。大楼总面积1420平方米，营业面积280平方米。

　　7月5日　周梅森作品座谈会及签名售书活动在太原书城举行。

7月13日　"童话大王"郑渊洁在山西图书大厦举行赠书仪式及签名售书活动。

7月15日　太原市店与位于省委对面的晋宝斋联合开办的艺术书店营业。其营业面积120平方米，图书品种4000余个。

7月18日　山西省第九届青少年爱国主义读书教育活动总结表彰大会在太原举行，来自全省各地的400名师生代表出席了大会。本届读书活动全省参加人数410万。

7月23日　集团承办的"全国新华书店教材发行工作会议"在太原召开。31个省级店的总经理、副总经理及教材科长参会。会上，代表们就教材招标、当前教材发行工作中存在的问题及现象进行了探索与分析。

8月1日　集团荣获2001年度省直机关"精神文明单位"称号。

8月11日　太原市店与省社科研究院联合举办"哲学常谈"任继愈先生学术报告会。

8月18日　总投资420万元，占地面积1700平方米的昔阳县店营业楼开业。

8月21日　运城图书大厦开业，总面积4000余平方米，营业面积2700平方米，陈列品种2万个，其连锁店闻喜图书超市同日开业。

9月7日　来自太原市50多所中学的400余名师生在山西图书大厦参加由山西教育出版社与图书大厦联合举办的"2002年度优等生助学工程"启动仪式。

9月19日　在青岛举行的全国省会计划单列城市大型门市部第十六届年会上，太原书城入选"全国大型门市20强"。

9月30日　山西省第十届暨太原市第十一届书市在太原湖滨广场举行。参展者有集团以及省内各出版社，共搭展棚60个，品种8万余。书市至10月7日结束。其间销售图书130余万元，接待读者20余万人次。

10月1日　晋中市店、阳泉市店举办"金秋特价书市"。

10月2日　长治市店举办第七届"上党书市"。

10月28日　在全国新华书店1999—2000年度图书储运最佳店表彰大会上，

大同市店荣获最佳中转店，太原市店荣获最佳收货店。

10 月 31 日—11 月 1 日　集团召开"十六大文件发行工作会议"，就十六大学习文件、辅导读物及音像制品的发行进行了安排部署。

11 月 1 日　中国书刊发行业协会第四次常务理事会暨 2002 年全国书刊发行业协会年会在贵阳召开，集团王介平的《品牌对于地方出版社至关重要》一文获"出版社市场营销"论文评选活动优秀论文奖。

11 月 20 日　十六大报告省城首发式在山西图书大厦举行。

同月　党的十六大《文件汇编》《党章》等共发行 104 万册。

12 月 1 日　集团储运公司编写的《图书物流工作手册》修订完毕。

12 月 4 日　全国第十届读书活动启动会议暨十年理论研讨会举行。山西省因连续 9 年成功开展青少年爱国主义读书教育活动受到全国组委会的表彰。

12 月 11—13 日　全系统 1999—2001 年度图书储运最佳店表彰会暨 2002 年度储运工作会议在介休召开。

12 月 17 日　省委宣传部组织的"百团宣讲十六大科教文卫三下乡活动"启动仪式在交城县举行。集团及省内 5 家出版社向交城县图书馆捐赠 3200 册、近 6 万元的图书。

12 月 23 日　娄烦县店新营业楼开业。建筑面积 1250 平方米。

12 月 29 日　朔州市店新营业楼迁建开业。营业楼共 5 层，建筑面积 2800 平方米，品种 4 万个。

是年　山西新华书店集团有限公司创下销售达 16.4 亿元，利润逾 3000 万元的佳绩。

2003 年

1月3日　晋城市店在晋城市委宣传部组织的"三下乡"服务活动中，为沁水县捐赠了2000余本科普读物及价值1405元的各类其他图书。

1月10日　经省委组织部、省直工委、省新闻出版局机关党委同意，全省各市（地）县（市区）所属新华书店党的组织关系划归山西新华书店集团有限公司党委统一管理，这是全省新华书店多年来党的组织关系实行属地管理以来的一次重大改变。

1月15日　山西省第四届中小学生书法大赛颁奖会在太原书城举行。

1月22—24日　新闻出版总署副署长于永湛率"春风"行动慰问团将30万元扶贫物资送到了平顺、壶关的学校和乡村，并到长治市店就改革发展情况进行了实地调研。期间还对平顺、壶关两店及长治市店的门市部进行了考察。

1月24日　新闻出版总署副署长于永湛视察祁县县店。

1月26日　2003年"吉羊迎春礼品文教图书大联展"在系统内举行。此次活动以倡导读者"过文明年，送精品书"为主题，以丰富学生的假期生活，引导读者的消费倾向为目的，荟萃了全国数十家品牌含量高、社会影响大的重点出版社的40余种适合节庆馈赠兼具收藏价值的精品图书。

2月6日　外文书店举办"新春英语口语大赛"，来自太原的数十名英语爱好者参加了比赛。

2月13日　集团召开加快改革与发展研讨会。会议对企业发展中存在的诸如体制创新不够、市场化信息程度不强、投资不足、费用率居高不下等问题进行了深刻剖析。

同日　太原市店退休职工、省古旧书业界著名的古籍版本专家曹勃先生因病逝世,享年 89 岁。

2 月 21 日 中国出版工作者协会在京召开第四届百佳出版工作者颁奖大会,祁县县店经理吕景龙获此殊荣,这是他第二次捧回此项奖项。

同月 集团批销中心被新闻出版总署评为"十六大文件"发行先进集体。批销中心共发行"十六大文件"104 万册,码洋 450 万元。

3 月 6 日 "百年中国女性形象图片展"暨《百年中国女性形象珍藏版书标》首发式在太原书城举行。本次图片展由百余幅图片和 24 块展板组成。

3 月 7 日 省委宣传部领导到山西图书大厦、集团批销中心进行宣传文化事业调研。

同日 省人大副主任赵劲夫和省人大教科文卫代表一行 20 余人参观了太原市店坞城书院。

3 月 23 日 晋中市店中都音像超市与省女子四监合作举办第五届图书展销会。

3 月 27 日 省委宣传部副部长袁升德视察祁县县店。

3 月 28 日 集团全体职工进行了为期一个月的计算机基础知识和技能操作普及培训,培训达 200 人次。

3 月 31 日—4 月 1 日 全省地市店经理工作会议召开。会议确定了 2003 年全系统工作重点:以改革发展为主题,以创新管理为主线,以连锁经营为重点,推进集团向集约化、规模化、专业化、品牌化、多样化经营的方向发展。

同月 集团与外文书店被省新闻出版局评为"三年自养"先进单位。

4 月 21 日 为防止"非典"的传播,集团成立了防"非典"领导组。

4 月 23 日 省新闻出版局局长董晓阳至太原书城看望和慰问工作在一线的营业员。

5 月 10 日 临汾市委宣传部、市店赠发《非典型肺炎自我防范普及本》下乡仪式举行。临汾市店系统共向全区 16 个县、市的群众赠送此书 2.2 万册。

5 月 12 日 晋城市店和市委宣传部等单位举行防"非典"图书赠送活动,将 1 万册《非典型肺炎自我防范普及本》及 5000 册《依法防治非典型肺炎基本知识》向县区各单位进行了分发。

5 月 13 日　全省防"非典"宣传品赠送仪式举行。集团储运公司承担了此次宣传品的运送任务。期间共送出录音带 113 箱（22600 盒），宣传画 744 件（186000 张），DVD 机 100 台。

5 月 14 日　省委宣传部副部长田惠爱一行代表省委宣传部、省文明办到朔州市赠送防控"非典"宣传品，朔州市店积极配合此次捐赠活动，共赠送有关图书 8000 套，挂图 1.3 万幅，录音带 1900 盒。

5 月 22 日—6 月 22 日　由团省委主办，《山西青年报》协办，山西图书大厦承办的"读书写心得"活动结束。期间共收到 287 篇征文，评出一等奖 1 名，二等奖 3 名，三等奖 10 名。

5 月 28 日—6 月 3 日　山西图书大厦举办阳光未来——迎"六一"全国少儿读物大联展。

6 月 10 日　省新闻出版局、省体育局联合在山西图书大厦举办了《科学健康 100 问》首发式，并向抗"非典"一线医护人员、老干部代表及省城各界代表赠送此书 3100 册。

同月　由吕梁行署教育局、吕梁地区店、吕梁电视台联合开办的电视杂志类节目《教育之光》开播。

7 月 1 日　长治市店与市委宣传部、市委讲师团联合举办了"深入学习'三个代表'重要思想'新华书店杯'知识竞赛活动"。

7 月 2 日　集团主要领导带队，抽调教材公司、财务管理部人员参加，兵分 5 路分赴全省教材款拖欠较严重的地、市、县店现场办公。

同日　省新闻出版局副局长李锐锋一行考察太谷、祁县县店。

同日　集团纪念建党 82 周年暨"创先争优"表彰大会召开。

7 月 8 日　省新闻出版局副局长李锐锋及局发行处、"扫黄"办负责人一行对忻州、河曲、偏关三店进行调研，并对当前基层店经营中存在的问题提出了指导意见。

7 月 10 日　集团音像教材发行工作会议召开。会议总结通报了 2002 年义务教育磁带发行情况、2003 年秋征订情况，布置了英语教材的发行工作，还就其他具体事宜进行了商议解决。

7 月 30 日　为尽快完成全省新华书店的体制改革工作，经地市新华书店经理会议研讨、协商，集团董事会研究决定在全省新华书店系统实行母子公司管理体制，太原、大同、朔州、忻州、晋中、吕梁、阳泉、长治、晋城、临汾、运城 11 个地市新华书店和原平、汾阳、潞城、高平、平遥、祁县、洪洞、侯马、永济、河津十个县新华书店改制为股份制性质的子公司，其他县新华书店为地市新华书店分公司。

同月　阳泉市店被市直工委授予"防非典献爱心捐款先进单位"，经理王占昌获"防非典献爱心捐款优秀组织者"称号，该店还荣获市直机关先进工会称号，何能祥获"优秀工会干部"称号。

同月　晋中市店与晋中日报社举办的第二届"读书相伴人生"书评征文活动落下帷幕。

8 月 3 日　山西图书大厦举行省青年文明号、青少年读书俱乐部揭牌暨"读书写心得"活动表彰仪式。

8 月 5 日　集团对所属外文书店、新华音像制作公司负责人进行公开选拔。

8 月 7 日　全系统 2004 春教材工作会议召开。会议就今后一个时期应着重做好的几方面工作做了部署，传达了《关于教材和助学读物发行管理十六条规定》，通报了第十届读书活动用书任务完成情况，安排布置了 2004 春教材教辅及下届读书活动用书的征订工作。

8 月 21 日　山西省青少年第十届爱国主义读书教育活动总结表彰会议在忻州召开。第十届爱国主义读书教育活动的主题为"走向世界的中国"，全省参加人数为 425 万人次，发行活动用书 353 万册，为历年之最。大会还对下一届活动做了布置。第十一届读书活动的主题为"奋发有为奔小康"。

8 月 22 日　省新闻出版局在集团召开全省出版物发行员实行资格证书制度工作会议，对出版物发行员特有工种就业上岗前培训、考评工作进行了安排布置。

8 月 23 日　太原市店所属古籍书店举行开业揭匾仪式。

同日　山西图书大厦举办第三届名校、名社、名店精品图书联展赠书仪式及优秀学子经验报告会。

9 月 11 日　新华书店南北联合活动中心第十四届理事会在太原召开，来自全国各省市区店的代表近百人参加了会议。

9 月 30 日—10 月 9 日　2003 年太原金秋书市暨特价图书展销会举行。本次书市的主题是"传承古老文明、弘扬中国文化"。书市共设展棚 200 余间，品种达 8 万余种。

10 月 1 日　山西图书大厦举办第三届国庆文化旅游新干线活动。

10 月 9 日　省委书记田成平到集团及山西图书大厦视察工作，听取了省新闻出版局、省广电厅领导的工作汇报。

10 月 10 日　集团向"为了明天——希望工程"募捐中小学生学习用书 6000 余册，近 10 万元。

10 月 21 日　集团所属图书发行公司、电子音像发行公司迁址开业。

11 月 1 日　作家韩寒在太原书城举行签名售书活动。

11 月 3 日　"疯狂英语"创始人李阳在外文书店举行签名售书活动（9 日举行第二次签名售书活动）。

11 月 6 日　省新闻出版局局长董晓阳、副局长李锐锋等视察晋城市店即将开业的"新华园社区活动中心"。

11 月 23 日　在第十六届全国大学出版社图书订货会上，山西图书大厦荣获第三届名校、名社、名店精品书全国联展最佳优秀组织奖。

11 月 24 日　集团各地市子公司副经理竞争上岗理论考试举行。此次配备的副经理职数为 25 个，参加考试者 55 人。

同月　第四届"中国书刊发行奖"及"中国书刊发行行业双优单位"评选揭晓。祁县县店经理吕景龙、汾阳市店经理韩力健、忻州市店经理刘培元获"中国书刊发行奖"，朔州市店、太原书城、晋中市店、盂县县店、运城市盐湖区店、晋城市店、临汾市店获"中国书刊发行行业双优单位"。

12 月 1—31 日　介休市店与市文化艺术中心、市图书馆联合举办主题为"享受阅读快乐、提高生命质量"读书月活动。

12 月 23—24 日　集团地市子公司工作会议暨各地市子公司副职受聘仪式在太原召开。会上，举行了各市地子公司副职受聘仪式；通报了各子公司基建占用教材款情况、教材款学校占用情况、教材款清欠回收情况及读书活动用书征订情况。

12 月 28 日　装修一新的外文书店医药书店开业。其营业面积 200 平米。

12 月 30 日　由盂县县店职工筹资 25 万元创办的盂县第一家汽车用品超市在该县新建西路开业。

是年　全系统总销售 17 亿元，利润 3300 万元。

2004 年

1月8日　集团星级营业员南片考核评定工作于临汾市店举行。来自晋中、长治、晋城、运城、临汾等店的49名营业员代表参赛。星级营业员考核是集团公司推行"星级化管理"中的一项内容。其包括两部分：一为评定全省"星级超市"；二为评定"星级营业员"。

2月11日　集团直属分公司经理竞争上岗答辩活动举行。共有10名竞争者竞争6个直属分公司经理一职。

2月25日　全系统教材工作会议召开。

同日　在全省精神文明建设表彰大会上，晋中市店被命名为"山西省文明单位标兵"。

2月27日　临汾市店外文书店营业。

3月6—9日　全省经理工作会议召开。会议总结全省系统2003年的各项工作，安排部署2004年工作；表彰2003年先进单位、集体和个人；兑现2003年经营目标责任书，签订2004年目标责任书；对二星级以上营业员进行评定，宣布星级超市和星级营业员的评定结果，为星级超市和星级营业员授牌。

3月11日　中宣部文化体制改革和发展办公室副主任张晓虎一行在祁县县店进行调研。

同月　集团颁布旨在进一步规范业务管理，整顿业务秩序，提高集团管理水平的《关于加强一般图书和电子音像出版物发行管理的十六条规定》。

4月1日　山西图书大厦开展以"弘扬时代精神，争做文明先锋"为主题的"青年文明号统一行动日"活动，以实际行动纪念"青年文明号"十周年。

4月15日　集团经营活动分析暨新的增长点研讨会在晋城市店召开。

4月22日 经过集团计算机开发中心和储运公司的共同努力，2004年秋季教材开始使用微机配发。至此，储运教材发货告别了旧的发货模式，全面实现了微机化管理。

4月23日 由省内九家出版社共同发起的"晋版风采——第二届晋版图书展销月"活动在山西图书大厦开幕。此次活动以展示本省出版社图书（音像）风采，弘扬三晋文化为主题。

4月27日—5月7日 由省、市新闻出版局联合举办的"迎五一山西书市暨特价图书展销会"在太原迎泽公园举行。省内各出版单位、集团、太原市店及民营书店联合参加了展出。展地面积达1200平方米，设摊位120余个，包括图书、电子出版物、文化教育用品等共4万余种商品参加展出。

同月 集团本着"统一领导、分级管理"的原则，在对《山西新华书店集团有限公司关于加强财务管理的若干规定（试行）》进行修改的基础上，制定并出台了《山西新华书店集团有限公司关于财务管理的若干规定》。

5月14日 阳泉市店向市聋哑学校捐赠价值3000余元的图书。

5月20日 沁县新华书店被省政府命名为省级文明单位。

5月25日 《晋冀鲁豫边区太岳中学校史》一书编者之一、山西新华书店离休老同志冯玉玺向集团赠书，以感谢多年来集团对该书编撰工作给予的关心和支持。

同月 由中国书刊发行业协会组织的"书刊发行业连锁征文"活动揭晓，刘兴太的《对国有新华书店实施连锁经营若干问题的思考》、宋少华的《图书配送中心的建设与管理》获优秀奖；介子平的《新华书店如何利用现有条件进行连锁经营》获良好奖。

同月 晋中市店与榆次区委宣传部、榆次区教育局联合举办的"榆次在我心中"征文大赛落幕，共收征文3218份。

6月16日 集团音像发行公司推介业务订货会召开。会议通报了各子公司音像出版物的进货情况，安排了代理新品种的推介，出台了《集团音像发行公司电子音像业务管理方案》。

同月 历时 6 载、修改三番的《山西新华书店志》出版。本书由上、中、下三篇、大事记、附录等部分组成。这部九十余万字、三百幅图片的志书记载了山西新华书店六十年的坎坷历程、曲折道路。

7 月 1 日—9 月 30 日 集团图书发行公司举办"2004 年秋季全省文教图书大联展"活动。

7 月 3 日 作家杨红樱为《女生日记》、成君忆为《水煮三国》在太原书城举行签名售书。成君忆还在坞城路书院举行了企业管理报告会。

7 月 4 日 《水煮三国》作者成君忆在山西图书大厦签名售书并演讲。

7 月 10 日 集团县级子公司改制研讨会在汾阳举行。集团领导及 10 个县级子公司的经理参加了会议。

7 月 17 日 山西省第十一届青少年爱国主义读书教育活动表彰会在太原召开。本届活动全省参加人数达到 292 万。11 年来,全省累计有 3900 万青少年参加了此项活动。

7 月 20 日 由省教育厅、省新闻出版局联合召开的 2004 年全省中小学教学用书工作会议在太原举行。会议再次明确了新华书店是国家法定的中小学教学用书的征订发行渠道,为全省各店的教材教辅征订工作创造了一个好的氛围。

7 月 30 日 阳泉市店向驻地海军部队捐赠价值 2000 余元图书。

8 月 1 日 太原书城举行建店 20 周年庆祝活动。此次活动从 7 月 11 日起至 9 月 29 日止,以"风雨辉煌二十年,时刻精彩八十天"为主题,旨在再现书城二十年辉煌历史,进一步提高书城的知名度和竞争力。

8 月 12 日 以"奋发有为建小康"为主题的第十一届全国青少年爱国主义读书教育活动全国新华书店系统表彰会在太原召开。来自全国 14 个省、自治区、直辖市的 260 名代表参加了会议。

8 月 13 日 省政府召开山西省义务教育阶段学校实行"一费制"价格听证会。

8 月 15—19 日 全省教材工作研讨会召开。各地市县级子公司近 70 余名代表参加了会议。

8 月 22 日 寿阳县店被省委宣传部评为"企业文化建设先进单位"。

8月24日　集团网上银行及教材计算机联网工作现场会在长治召开。

8月25日　"新华情"征文活动省内开始，11月25日结束。

8月27日　主持人鞠萍在山西图书大厦为其新作品"鞠萍姐姐'系列童书'"进行签名售书。

8月27—30日　2004年全国少儿读物订货会在太原举行。来自全国各地的店社代表共900人参加了此次订货会。

8月29日　作家韩石山、刘红庆在晋中市店图书文化中心举行签名售书、读者恳谈活动。

同月　全省各店举办纪念邓小平诞辰100周年活动。

9月14日　山西省政府办公厅以文件形式下发"一费制"标准。文件对包括课本在内的借读、住宿、校服费等收费标准均做了详细规定。"一费制"从2004年秋季新学年开始执行。

9月19日　山西省"巾帼文明示范岗"授匾仪式于外文书店举行。外文书店与省内其他15家单位获此殊荣。

9月20日　全系统首期教材发行联网培训班开课。

同日　在省直机关精神文明建设表彰大会上，山西图书大厦被评为"十佳文明窗口"。

同日　长治市第八届"上党书市"开幕。

10月15日　团省委为山西图书大厦音像制品部举行省级"青年文明号"揭牌仪式。

10月19—20日　历时半年，经过层层选拔的山西新华书店集团"新华杯"岗位技能知识大赛总决赛举行。来自全系统的13支代表队共130名队员参加了8个项目的比赛。

10月22日　国家最高人民法院知识产权厅知识产权检查组视察太原书城。

11月4日　由盂县县店职工集资开办的新华饭店开业。

11月16日　集团网上银行正式启动。实施网上银行旨在进一步强化资金管理、确保资金安全、畅通快捷流转，提高资金结算效率和使用效率，增加整个集团抗击市场风险能力，充分发挥集约化优势。

11 月 20 日—12 月 10 日　山西图书大厦举办"全国医药卫生图书教材联展"活动。

11 月 23 日　集团 2004 年度储运工作会议在忻州召开。

12 月 3 日　集团 2002—2004 年全省录音教材发行工作表彰会在太原召开。来自省内部分地、市、县教委及部分县级分公司近 80 人参加了会议。会议对录音教材发行先进单位进行了表彰。集团还与山西教育音像出版社举行了"情系学校——四千台英语学习机大赠送"仪式。

12 月 16 日　全系统教材发行计算机联网启动。至此，全系统教材发行工作实现了计算机现代化管理。

同日　集团外文书店网上书店开通。

12 月 20—21 日　集团 2004 年度党建工作会议在太原召开。

12 月 25 日　歌星张蔷在晋城市店签名售碟。

同月　汾阳市店经理韩力健荣获新闻出版总署授予的"全国新闻出版业有突出贡献中青年专家"称号。

是年　全系统完成销售 18.5 亿元，实现利润 3200 万元。

2005 年

1月2日　省政协副主席薛荣哲视察太原书城。

1月28日　集团与世纪天鸿书业有限公司举行了签字仪式，针对由志鸿教育集团总发行的教辅图书在山西省内新华书店系统的全面代理达成共识，确定了双方今后合作的方向。

同月　省委宣传部、省新闻出版局、省出版工作者协会共同举办的山西省"十佳"出版工作者和先进出版工作者揭晓。集团刘海魁、刘培元、夏禄获"十佳"出版工作者称号，张治端、高琴花、张立军、白钢建、任侯平、郝保生、安桂花、李晋峰、王占昌、阎春根、陈增平等11人获先进出版工作者称号。

2月4日　太原书城特邀著名京剧表演艺术家于魁智、李胜素签名售碟。

2月21—23日　浙江、四川、山东、山西等四省份教材教辅发行工作会议在太原召开。

3月11日　全系统经理工作会议在太原召开。会议的主要任务是进一步研究落实全省新闻出版工作会议精神，回顾总结2004年工作，表彰先进，兑现目标责任书，安排部署2005年集团工作。会议确立了2005年集团工作思路：面向市场，深化改革，规范管理，增强效益。2005年任务目标是销售码洋力争达到18.5亿元，实现利润3200万元。

3月18日　全系统教材发行工作会议在太原召开。此次会议重点安排为教材教辅征订工作。

3月27日　介休市店协同市工商局、市公安局经侦大队在孝义、文水、交城查获《超级学习记忆法》盗版光盘25件，共1200余盘。

3月30日　全系统图书连锁配送经营暨统一图书（音像）计算机系统工作

会议召开。此次会议是整合全省业务资源，顺应市场发展潮流，实现全系统一般图书从单一化分散经营向集约化规模经营转变的一个重要标志。

4月14日　全系统首期销货店图书发行计算机管理软件培训班开学。

4月15日　山西省2005年秋季免费教科书招标工作结束。包括集团在内共有24家供货商参加了此次招标。73小包中的68小包分别由报价最低的山西新华书店集团等12家投标人中标，其余5小包由北京师范大学出版社中标。

4月21—22日　全系统一季度经营活动分析暨全面推进财务预算管理研讨会在运城召开。

4月24日　山西籍民歌手阿宝作客山西图书大厦，为其首张个人同名专辑《阿宝》签名售碟。

4月30日—5月9日　集团所属省城三大书城即山西图书大厦、外文书店、太原书城联合举办社科文学类图书八折销售及社科文学十大名社联合展销。此次联合行动的主题为"书火红五月，振新华雄风"。

5月16日　集团图书发行公司举行秋季文教图书订货会，订货会共展出文教图书3000余种。

5月30日　以繁峙县店职工韩云山名字命名的繁峙县"云山图书室"揭牌仪式举行。韩云山向繁峙县常胜小学共捐书1700册，码洋7000多元。

5月31日　太原书城在迎泽公园举行了以"传世名作伴你成长"为主题的系列活动。此活动是太原市教育局举办的"让民族精神薪火相传"主题活动的一部分。

6月17—18日　全系统教材发行工作会议在忻州召开。会议总结了全省上半年教材发行工作，通报了2005秋教材、教辅、读书活动用书征订情况，并对下一步工作进行了安排。

6月30日　集团举办抗日战争暨世界反法西斯战争胜利六十周年第七届"书林杯"店史知识竞赛。活动于8月15日结束。全省共有25个单位获组织奖，50名职工获个人奖。

7月4日　全系统录音教材发行工作表彰会在介休召开。

7月13日　第六届全国新华书店音像经营研讨会在忻州召开。

7月15日　集团保持共产党员先进性教育活动动员大会召开。

7月17日　山西省第12届青少年爱国主义读书教育活动表彰会在太原召开。至此，全省参加此活动的青少年人数累计已达4000万。本届读书活动的主题是"心系祖国，健康成长"，全省参加人数达200万。

7月25日　集团本部2005年上半年经营活动分析会召开。

7月27日—8月3日　集团保持共产党员先进性教育领导组前往吕梁、柳林、孝义、襄汾、侯马、垣曲、晋中等店检查活动开展情况。

8月10日　集团与北京印刷学院合办的图书发行知识大专班开班。此次培训的主旨是进一步提高新进职工的理论素质和业务水平。

8月15日　《他改变了中国——江泽民传》的作者、美国学者库恩博士在集团作"库恩看中国"演讲会，并在山西图书大厦签售。

8月16日　山西图书大厦、外文书店、太原书城三大书城联合推出"沐浴知识阳光、享受快乐读书——省城首届青少年读书节"活动。此活动为时一个月。

8月29日　集团先进性教育活动第一阶段汇报会召开。会议对第一阶段进行了总结，对第二阶段先进性教育工作做了安排部署。

9月4日　知心姐姐卢勤在山西图书大厦为学生和家长作"把孩子培养成财富"专题报告并进行签售。

9月6日　省委副书记、代省长于幼军在省新闻出版局调研时考察山西图书大厦。

9月8日　外文书店通过了ISO9001国际质量管理体系认证，为全系统第一家。

9月10日　"疯狂英语"李阳在外文书店进行了签售。

9月20日　县级子公司及山西图书大厦、外文书店一星级营业员评定工作结束。

9月21日　为纪念抗战胜利六十周年，由省委宣传部、省新闻出版局等八部门举办的晋绥老区行——文化、科技、卫生三下乡活动启动仪式在兴县举行。省新闻出版局所属各出版社、书店集团共捐赠 2500 册，价值 5 万元的图书。

9 月 26 日 集团向山西省 2005 年宏志班捐赠了价值 8000 元的《新华字典》《英汉词典》及英语磁带 300 套。

9 月 27 日 长治图书大厦（新华商城）开业。其为全省规模最大卖场，面积为 6000 平方米，品种达 10 万余种。

9 月 28 日 大同图书大厦开业。其卖场经营面积为 2400 多平方米，品种达 10 余万种。

9 月 29 日 集团在晋中市高新经济技术开发区征地 100 亩签字仪式举行。

10 月 1 日 太原市店在"弘扬太行精神，回报老区人民"——资助太行老区贫困学生大型活动中捐赠图书 50 套，码洋 3000 元。

10 月 16 日 作家杨红樱作客山西图书大厦现场签售，并举办了题为"牵一只小手，走进文学殿堂"讲座。

10 月 20—22 日 全省三星级以上营业员评比工作进行。

10 月 22 日 歌唱家腾格尔在太原书城为其自传《天唱——我的艺术人生》签售。

10 月 24 日 集团图书发行计算机管理软件应用交流研讨会召开。

10 月 27 日 集团 2006 年春季文教订货会举行，此次订货会订货码洋达 100 余万元。

11 月 18—19 日 全系统 2005 年 1—10 月份集团经营工作会议在晋城举行。

11 月 19 日 晋城书城开业。该书城总投资 1000 余万元，经营面积 1000 余平方米，品种达 4 万种。

12 月 4 日 潞城市店荣获中央精神文明建设指导委员会授予的"全国精神文明建设工作先进单位"光荣称号。为全省第一个获此殊荣者。

12 月 14 日 集团与山西天鸿书业有限公司共同举行了"志鸿优化"图书发行研讨会。

12 月 16 日 太原市店四大图书超市联合举办旨在挖掘销售潜力、扩大市场占有份额的促销返券活动。活动至来年的 2 月 12 日结束。

是年　全系统完成销售 19.4 亿元、利润 2750 余万元。

2006 年

1月3日　为纪念毛泽东同志诞辰 112 周年，由中国将军书画院主办的一代领袖珍藏品大系《伟大领袖毛主席》首发式暨签名售书活动在山西图书大厦举办。毛泽东嫡孙毛新宇到场签售。

2月10日　全系统清产核资工作动员及培训会议在太原召开。

2月14日　省委副书记、宣传部长云公民来集团调研。

2月15—22日　集团对全系统 11 个市级及 14 个县级子公司 2005 年度党风廉政建设情况进行了实地考核和民主测评，所有被测评公司的总体情况和领导班子成员个人廉洁自律的满意与基本满意率都达到参加测评人数的 60% 以上。

2月19日　根据电视剧本改编的同名历史小说《乔家大院》出版发行座谈会暨签名售书活动在山西图书大厦举行。

2月21日　太原市网吧和出版物、音像制品等经营单位星级评比揭晓，32 家单位荣获星级称号。太原书城被授予图书报刊经营单位类四星级，外文书店被授予音像制品经营单位类三星级，均为此次评选本行业中的最高荣誉。

2月24日　运城市店对图书音像公司经理进行了公开招聘。

同月　晋中市店荣获 2004—2005 年度"山西省文明单位"称号。

同月　祁县新华书店荣获山西省精神文明建设指导委员会 2004—2005 年山西省文明单位荣誉称号

同月　小店区店被太原市委、市精神文明办公室、市新闻出版局授予"二星级书店"牌匾。

3月2日　外语教学与研究出版社 2006 年大学英语教材招标会议在京举行，集团外文书店获得了外研社在山西省内的独家代理发行权。

3月6—7日　山西出版集团筹委会有关领导对太原市店、外文书店、长治市店、晋城市店等进行调研。

3月10日　集团2006年经理工作会议在太原召开。会议表彰了先进、兑现了目标责任书、颁发了星级超市及星级营业员牌匾及证书、安排部署了2006年的工作并签订了目标责任书。会议确定了2006年集团工作的奋斗目标：销售码洋达到20亿元，实现利润3000万元。

3月11日　晋中市店与团市委共同举办的"迎新春"读书抽奖活动揭晓。此次活动自1月10日起至3月10日结束，由读书征文评选活动和购书有奖活动两个项目组成。

3月17日　阳泉市店参加了市委宣传部组织的"三下乡"活动，为郊区旧街乡枣园村赠送了136册，价值1850元的图书。

3月18日　在汾阳市宣传工作会议上，汾阳市店分别荣获省精神文明建设指导委员会授予的"山西省文明单位（2004—2005）"称号；吕梁市委授予的"吕梁市宣传思想工作先进集体"；吕梁市委宣传部、市思想政治工作研究会授予的"吕梁市思想政治工作2004—2005度优秀企业"称号。

4月10日　集团教材工作会议举行，就2006年秋"两教"发行事宜进行了布置。

4月23日　山西图书大厦、外文书店、太原书城启动"展晋版风采 游三晋风光"晋版图书展销活动。此次活动由山西出版集团及省内8家出版单位共同举办。

5月12日　第三届"希望杯"出版论文大赛揭晓，集团王介平的论文获奖。

同日　2005秋至2006春全省中小学英语录音教材发行工作表彰会举行。集团继2004秋至2005春发行中小学英语录音教材（人教版）总量首次突破500万盒之后，2005秋至2006春再创新高，达620万盒。

5月13—14日　山西省第九期出版物发行员（中级）职业资格考评在忻州举行。忻州、朔州及原平市店的多名职工参加了考评。

5月16日　集团2006秋季文教图书订货举行。

5月17日　山西新华书店集团与山西育人书店签订战略合作意向书，拟共同投资组建以经营地方课程教材和教辅用书为主的华育图书有限公司。

6月14日　华育图书有限公司成立。

6月23日　由朔州市电视台、朔州市店、朔州烈士陵园三家单位共同组织的"我的梦想"走进农村扶贫助教活动拉开帷幕。

7月2日　全省第十期出版物发行员（中级）职业资格考评在吕梁举行。吕梁、孝义、汾阳市店的多名职工接受考评。

7月8日　装饰一新并更名为"新华书店山西省教材零售专营店"的太原市店教育书店投入运营。

同日　全省第十一期出版物发行员（中级）职业资格考评在长治市店展开。

7月18日　山西省第十三届青少年爱国主义读书教育活动表彰会在太原举行。此次活动的主题为"红色之旅"。本届全省共有176万名中小学生参加了活动，其中荣获全国特等奖者60名，一等奖者89名，二等奖者178名，三等奖者355名，优秀奖者35477名。

7月20日　集团2006年上半年经营工作会议在大同召开。

8月2日　以"读书·文明·创新"为主题的太原读书月活动暨太原市100家文明单位向100家帮扶结队的农村捐赠"农村书屋"仪式在太原书城启动。

同日　中国新华书店协会会刊、网站第二次通联会在京召开。集团获得优秀通联站奖，王介平获优秀特约记者奖。

8月10日　《江泽民文选》省城首发式在山西图书大厦举行。

8月19日　毛泽东外孙女孔东梅女士携新书《改变世界的日子——与王海容谈毛泽东外交往事》来到太原，在山西图书大厦、太原书城和外文书店分别举行了签名售书活动。此次签售是为配合省城三大书城联合举办的"省城第二届青少年读书节"而举办的。

8月23日　中国作家协会副主席、山西省作家协会主席张平应邀作客太原市店坞城书院，做了题为《读书与人生》的讲座。随后在太原书城为其作品《凶犯》《十面埋伏》《国家干部》进行了签售。

8月30日　在晋中市文明委召开的第五届"晋中市文明单位捐助贫困学生"资助仪式上，晋中市店、寿阳县店、平遥县店、祁县县店同获晋中市文明委颁发的"爱心助学"先进单位。

同月　历经一个多月，由集团党委办公室组织、在全系统开展的树立社会主义荣辱观学习百题竞赛活动圆满结束。

9月22—24日　集团教材工作会议在忻州召开。会议分两部分：一是对刚出台的华育图书有限公司的内部经营管理方案试行进行研讨，二是对集团教材各项工作进行总结、安排及部署。

9月28日—10月10日　大同市店图书大厦举办"周年志庆暨国庆书展"活动。活动历时13天，销售码洋达69.8万元。

10月2—8日　由省新闻出版局和太原市新闻出版局共同举办的以"繁荣发展新闻出版事业，丰富人民群众精神文化生活"为宗旨的山西省第六届书市在太原市南宫广场举行。集团派员参展。

10月3—5日　太原书城和太原市店教育书店联合在太原师范学院校内举办"全国著名教育专家课堂与教师成长研讨会"现场图书销售活动。

10月17日　集团2006年度图书物流工作会议召开。

10月27日—11月5日　阳泉市店与市文化新闻出版局、北京中联文化传播集团有限公司共同组织了支持正版、拒绝盗版大型公益活动。

11月6日　山西出版集团任命张金柱为集团党委书记、董事长；张隆光为副董事长、总经理。

11月14日　集团二类教材发行工作会议在太原召开。

11月15日　集团2007年文教图书暨晋版精品图书订货会举行。此次订货会订货码洋逾400万元。

11月21—23日　山西出版集团领导到万荣县店、侯马市店、介休市店、临汾市店考察工作。

11月30日　全系统干部人事档案审核工作验收。

同月　集团向西藏阿里地区新华书店捐款5万元，捐赠1万码洋图书。

12 月 6 日　集团党委召开全系统 2006 年度党内统计年报工作会议。全省 25 个市、县级子公司的党务干部参加了此次会议。

12 月 8 日　省委常委、宣传部长高建民来集团进行调研。

同日　全系统一般图书发行及图书超市经营研讨会举行。

12 月 21 日　新闻出版总署副署长邬书林到外文书店、太原书城考察，期间详细了解了两店的经营情况及发展趋势。

同日　山西出版集团挂牌仪式举行。集团归属出版集团领导。

12 月 22 日　集团全系统干部工作会议召开。会议确定了集团 2007 年工作的指导思想及工作思路。

12 月 27 日　省委宣传部、省文明办、省科技厅、省卫生厅等 14 个省直单位组织的 2007 年文化科技卫生"三下乡"活动启动仪式在武乡县八路军太行纪念馆举行。集团及省内各出版社参加了此次捐赠活动。共捐赠图书 12000 册，码洋约 120000 元。武乡县店在现场设立了流动售书服务点。

同月　祁县新华书店荣获新闻出版总署全国新闻出版行业服务社会主义新农村建设出版发行先进集体。

是年　全系统共发行《江泽民文选》近 13 万套。

2007 年

1 月 25 日　在全省新闻出版工作会议上，忻州市店刘培元荣获由省委宣传部、省新闻出版局、省出版工作者协会颁发的第八届"山西十佳出版工作者"称号。

1 月 26 日　山西华育图书有限公司揭牌。该公司是由集团与省教育厅直属的山西教育图书服务中心（山西育人书店）共同投资创办的，注册资金 2000 万元。

2 月 1 日　重新装修后的临猗县店图书超市开业，其营业面积达 500 平方米，品种达 16000 种。

2 月 6 日　由集团与北京中联视界文化传播（集团）公司联合主办的"做正直人、看正版碟中华万里行"大型展销活动在全省 11 个地市的 17 家新华书店拉开帷幕。活动为期一个月，销售突破 20 万元。

2 月 8—9 日　集团领导班子成员分赴全省各地，就 2006 年度目标责任制执行情况及党风廉政建设责任制情况对各店进行考核。

2 月 15 日　主题为"阅读享受、明智生活"的 2007 年迎新春礼品图书大联展活动在全省各店展开，此次活动共计销售 265.28 万元。

2 月 27—28 日　山西出版集团领导视察阳泉、忻州、寿阳店。

3 月 5 日　《立秋纪事》首发式在山西图书大厦举行。省委常委、宣传部长高建民出席仪式。

3 月 23 日　集团经理工作会议召开。会议兑现了 2006 年各子公司的目标责任书，下达了 2007 年主要经济指标意向，表彰了 2006 年先进单位、先进集体、先进个人和经营管理特别奖获得者，明确了 2007 年奋斗目标及工作重点。2007

年的奋斗目标是：销售净收入确保完成 15 亿元，力争突破 15.3 亿元；利润确保完成 3300 万元，力争突破 3500 万元。

4 月 3 日　2007 年秋季文教图书暨晋版图书订货会在太原举行，来自全国各地 30 多家出版发行单位的代表与会参展，订货码洋达 500 多万元。

4 月 13 日　全省 2007 秋教材工作会议召开。

4 月 19 日　集团举行纪念新华书店诞辰 70 周年大会。省委常委、宣传部长高建民参加会议并讲了话。店庆期间，举办了书画、摄影作品大赛。来自全省各店的 96 件（组）书画作品、85 件摄影作品参加了展览。此前，征集征文 210 篇、纪念文集 25 篇、书画 96 件（组）、摄影 85 件（组）、有声读物 4 件，创历次活动之最。《山西图书发行》共分 20 个版选登征文作品 103 篇、分 9 个版选登文集作品 16 篇、分 4 个版选登书画作品 27 幅（组）、分 4 个版选登摄影作品 23 幅（组）。

4 月 24 日　新华书店 70 周年摄影书画展于重庆举行。大同市店王保才的《花卉》获绘画类一等奖，太原市店王翠兰的《梅兰菊竹四条屏》获优秀奖；忻州市店阎定文的《对联》获书法类二等奖，临猗县店王绥生的《郑士德诗书轴》及忻州市店范越伟的《行书轴》获三等奖；临县县店薛海涛的《黄河风情》获摄影类三等奖；阳城县店报送的《老照片》获优秀奖。

4 月 27 日　纪念新华书店创建 70 周年暨全国新华书店系统先进集体、劳动模范和先进工作者表彰大会在京召开。朔州市店、祁县县店榜上有名。受表彰的劳动模范有 33 名，集团副总经理刘兴太榜上有名。

4 月 28 日　在省劳动模范表彰大会上，忻州市店经理刘培元被省委、省政府授予"省劳动模范"称号。

同月　晋源区店被省妇联授予"山西省巾帼文明岗"称号；经理张守耀获"2006 年太原经济女性年度人物创新奖""2006 年山西经济女性年度人物创业奖""山西省三八红旗手"等称号。

同月　祁县新华书店荣获人事部、新闻出版总署全国新华书店系统先进集体。

5月10日　出版集团副总经理王宇鸿到晋中市店调研。

5月14日　集团启动ISO9000族标准质量管理体系认证仪式及培训活动。

5月22日　长治市"文化低保"工程启动。长治市店及所属各县店负责向其提供配套图书目录，配送图书码洋达180余万元。

5月23日　省委常委、宣传部长高建民来到规划中的集团物流中心考察，详细了解规划及工程前期准备情况。

5月27日　集团对新华大酒店、新华广告艺术形象设计有限公司经营承包人进行了公开招聘，新华大酒店承包人为刘俊平，广告公司承包人为王继新。

6月8日　山西图书大厦举行了《钦定古今图书集成》总代理启动仪式暨专家交流会。

同日　山西图书大厦馆配加工业务启动。可为图书馆客户提供MARC数据编辑、书标信息编辑、条形码定制、书标粘贴、夹永久性磁条、条形码粘贴、盖馆藏章等一系列深加工服务，填补了集团馆配服务的空白。

6月10日　《沟通谋略与领导艺术》讲座在太原市店坞城书院举行，主讲人为北京交通大学教授佘江东。

6月13日　全系统2006秋—2007春中小学录音教材发行工作表彰会于忻州举行。2006秋到2007春共计发行中小学录音教材640万盒。

6月15日　山西省2007年秋季免费教科书竞争性谈判采购进行，集团成为免费教科书供应商。

6月28日　集团召开紧急会议，布置全省教材、二类教材、教辅读物的追加征订工作。

7月7日　集团总部组织全体党员及入党积极分子于武乡八路军纪念馆前隆重集会，纪念建党86周年。

7月17日—8月4日　出版集团党委副书记邓国帅率领出版集团及书店集团两级纪委及监察部门，就干部任职回避制度对书店集团10个市级子公司、6个县级子公司及41个县级分公司进行检查。

7月18日　山西省第十四届青少年爱国主义读书活动表彰会召开。本届读书活动共有 231 万名中小学生参加。其中荣获全国特等奖者 73 名、一等奖 113 名、二等奖 222 名、三等奖 446 名、优秀奖 46300 名。

7 月 24 日 集团上半年经营活动分析会召开。上半年全系统共完成销售收入 94633 万元。

同月 全系统各店举行各种活动庆祝建党 86 周年。

同月 祁县新华书店渠生泉荣获中国图书商报社"新华 100 明星金牌店员"荣誉称号。

8 月 1 日 大同市店"青年文明号"授牌仪式举行。同时举行了与解放军某部"军民共建单位"授牌仪式暨首届职工运动会开幕仪式。

8 月 7 日 新闻出版总署发行管理司副司长谭汶一行在省新闻出版局就发行业诚信体系建设状况展开调研。省市县三级店的代表及部分民营书店的代表参会,并就《图书交易规则》进行了讨论。

8 月 9—10 日 省人大新闻出版工作调研组在省新闻出版局、出版集团等有关领导的陪同下到太原书城、忻州市店调研。

8 月 10 日 山西出版集团副总经理王宇鸿、琚林勇等到集团储运公司慰问一线员工。

8 月 13 日 集团举办 25 名新员工入职培训开班仪式。如此大规模地引进大学毕业生在集团尚属第一次。

8 月 14 日 集团本部上半年经营活动分析会召开。1—7 月集团本部销售收入 47582 万元,完成年度意向指标的 53.35%,利润总额 636 万元。

8 月 18 日 全系统 2008 年春季教材征订工作会议在晋中举行。

同月 集团在系统内开展了执行干部任职回避制度专项活动,对 57 个店进行了检查,检查内容除干部任职回避制度执行情况外,还对其领导班子建设和干部作风建设、党员民主生活、企业制度建设等方面进行了重点检查。有 10 个应回避的岗位得以纠正。

9 月 3 日 集团 2007 年度目标责任书签订。

同日 新华大酒店重新装修后开业。其营业面积 3200 平方米,客房 45 间。

9月13日　集团本部在岗中层正职进行述职和民主测评考核。

9月21日　集团召开三项制度改革动员大会。其间，新设立岗位686个，比改革前减少编制200余个，以精简高效为原则，合并、精简管理科室3个。通过竞争上岗，共有39名中层干部找到自己的位置，管理人员由原先100名精简为51名。随后采用双向选择和竞争上岗结合的方法，确立了经营部门的中层干部人选。根据集团有关的离岗退养政策，100名年龄偏大的同志，结合自身实际情况，自愿选择了离岗退养，与集团签定了协议。

9月22—23日　集团图书发行工作会议暨图书订货会在晋中举行。

9月29日　集团荣获2007年山西省百强企业称号。

9月28—29日　山西新闻出版系统2007年金秋运动会举行。书店集团获羽毛球、保龄球、华牌比赛四项冠军，围棋和乒乓球项目的一个亚军、两个季军，并获优秀组织奖。

10月10日　省直工委检查组对集团总部精神文明建设情况进行检查验收。

同日　集团党委、董事会结合运城发货站实际经营情况，决定撤消运城发货站机构设置。

10月17日　山西出版产业园奠基仪式举行。省委常委、宣传部长高建民、省新闻出版局局长李锐锋、晋中市市长张璞等为奠基石培土。山西新华物流配送中心为山西出版产业园之主要部分，物流中心占地百亩，工程总建筑面积71888平方米。

同日　省级文明和谐城市测评检查组对晋城市店进行全面考核测评。

10月25日　团省委"青年文明号"检查验收组对山西图书大厦进行检查验收。

10月25—26日　省新闻出版局治理商业贿赂办公室主任孙兆岚、成员安明亮一行赴祁县、晋城等店就治理商业贿赂情况进行调研。

10月29日　十七大文件山西发行仪式在太原书城举行，省委常委、宣传部长高建民出席仪式并讲话。十七大文件学习读物发行工作专项会议在集团召开。

10月31日　全系统体制机制改革及规范用工座谈会召开。

同月　祁县新华书店经理吕景龙荣获新闻出版总署第一届中国出版政府奖优秀出版人物奖。

11 月 7—8 日　出版集团领导对朔州、大同市店进行调研。

11 月 11 日　新华出版物流中心总体设计研讨会召开。来自贵阳普天、台湾诚品、南京格敏思、北京伍强、中讯邮电等五家物流行业的咨询商代表接受了集团领导及各业务中心负责人的提问（11 月 17 日，设计方案论证会举行。五家咨询商代表就各自的方案进行了演示陈述）。

11 月 12 日　来自集团总部各部门的 43 名学员完成了"图书发行专业"的学习，顺利结业。本班于 2005 年 8 月与北京印刷学院合办。

11 月 16 日　集团被省连锁经营协会评为 2006 至 2007 年度"山西连锁十强企业"。总经理张隆光获得了"2006—2007 年度山西连锁经营功勋企业家"称号。

11 月 22 日　省文明和谐单位验收组对祁县县店创建省级文明和谐单位进行了考核验收。

12 月 2—7 日　集团第三期市、县店经理岗位培训班结业。

12 月 7 日　山西省"农家书屋"工程建设启动仪式于晋中市榆次区东阳镇车辋村举行。省委常委、宣传部长高建民，新闻出版总署发行司副司长谭汶为车辋村农家书屋揭牌。2007 年，全省已完成 100 个"农家书屋"试点示范工程，2008 年还将建成 2000 个，2009 年 2000 个，2010 年 1000 个，计划到 2015 年，农家书屋将覆盖全省 28321 个行政村。

12 月 13 日　集团总部召开中层干部扩大会议。会议回顾了新班子上任一年来的工作，分析了当前图书市场的形势，就 2008 年的工作思路做了通报，对集团各部门明年的工作做了安排。

12 月 15 日　集团举办《中国共产党党内监督条例（试行）》和《中国共产党纪律处分条例》知识竞赛。

12 月 22 日　集团 2007 年度教辅发行表彰会召开。2007 年全系统发行晋版教辅和地方教材 4187 万册，33748 万元。

12 月 23 日　全系统音像经营工作会议召开。2007 年全系统音像制品销售达 5000 万元。

12 月 24—28 日　北京中大华远认证公司对集团教材发行中心、华育公司、物流中心三个部门进行了 ISO9001：2000 质量管理体系贯标认证且全部通过。

是年　全系统十七大文件发行突破 1000 万元大关。

是年　为配合出版集团组建结算中心和实行财务收支"两条线"的管理要求，集团财务管理中心与信息中心从 3 月开始，对全省书店财务软件进行了升级改造。同时，组建了书店集团资金集中管理中心，开通了现金管理平台，并与 25 个子公司实现了联网运行，资金实时归集。

是年　全系统完成销售 20.4 亿元,销售净额 15.9 亿元，完成利润总额 3308 万元。

2008 年

1月2日　出版集团副总经理琚林勇赴集团物流中心调研。

同日　运城市店启动"三项制度"改革。

1月8日　出版集团参加了由省级政府采购中心组织的省文化厅图书项目竞争性谈判，最终被确定为成交供应商。此次图书采购项目涉及采购图书品种800余种，170.6万册，码洋约2700万元。这批图书将供给全省59个贫困县的15000个自然村的"农村书屋"图书网点。

1月16日　大同市店举行"三项制度"改革动员大会。

1月24日　集团与南京格敏思信息网络有限公司签订了新华物流配送中心咨询技术服务协议，并明确了物流基地定位——"立足建设企业物流，着眼建成物流企业"。

1月30日　集团参加了中宣部、中国科协科普部、省委宣传部在刘胡兰的家乡文水县胡兰村举行的"关爱老区·情系老区"文化科技卫生"三下乡"吕梁集中活动。

2月1日　在出版集团举办的以"共建和谐家园"为主题的2008年春节团拜会上，集团长治市店经理李迷兴、华育公司经理武秋英入选"年度人物"，集团党委荣获出版集团"学习贯彻十七大精神，推动社会主义文化发展大繁荣"知识竞赛组织奖。

2月2日　山西图书大厦"书缘在线"正式启动，该平台在中国移动的特服号码为353066，在中国联通的特服号码为10690999353066。

2月23日　潞城市店在全省宣传思想工作会议上被评为2006—2007年度省级文明和谐单位标兵。

2月27日　集团 2008 春免费教材专项工作会议召开。

同日　首届中国出版政府奖颁奖典礼举行，祁县县店经理吕景龙领奖。

同月　响应省委、省政府"向南方灾区人民献爱心"社会捐助活动的号召，集团各店积极组织，职工踊跃捐款。

同月　祁县新华书店荣获山西省精神文明建设指导委员会"2006—2007 年文明和谐单位"荣誉称号。

3月5日　寿阳县店获得省级"重合同、守信用企业"荣誉牌匾及证书。

3月6日　介休市店与市文联、市电视台联合制作的《新华论坛》栏目播出，其目的旨在引导读书，打造新华品牌，树立企业形象。

3月17日　集团党务工作会议召开。2008 年集团党委的中心工作为加强党的建设、廉政建设、精神文明建设、企业文化建设。

3月20日　集团 2008 年度经理工作会议召开。会议确定了 2008 年的奋斗目标是：销售净收入突破 17 亿元，利润实现 4200 万元，货款回笼率达 92%，三项费用率为 18.87%。

4月7日　全国新华书店协会主办、集团承办的全国省级店办公室工作会议在太原召开。来自全国 24 个省级店的近 40 名代表参加了会议。

4月10日　全系统图书发行工作会议召开。会上制定了一般图书连锁经营蓝图：2008 年，全省一般图书销售总额要力争达到 1.8 亿元；2008 年 10 月底前实现试点连锁；2009 年底，60% 以上的基层店实现连锁；2010 年实现全省连锁。

4月17日　集团团支部进行了改选，产生了新一届团支部。

4月18日　全省教材、教辅、音像工作会议召开。

4月22日　集团本部各经营部门 2008 年目标责任书签订。

4月25日　出版集团副总经理琚林勇赴高平市店、阳城县店调研。

4月28日　郝世英任吕梁市店党总支书记、经理。

5月5日　晋中市店"三项制度"改革动员大会召开。

5月13日　运城市店援建的"新华渊源书屋"落户运城市盐湖区北相中学。

5月14日　集团掀起向汶川地震灾区捐款的热潮，广大职工积极行动，慷慨解囊，共计捐助 323242 元，共有 4168 名职工参加了捐助。

5 月 21 日　大同市店在大同大学教材用书招标中中标。

5 月 23 日　集团党员向汶川灾区缴纳"特殊党费"，共计 342500 元，有 1439 名党员参加了活动。

5 月 30 日　集团 2008 秋高一实验教材征订工作会议召开。

5 月 31 日　沁源县店与沁源一中联合开办的新华书店校园读者服务部开业。

6 月 5 日　省文化厅、省政府采购中心人员至物流中心检查验收"山西省农村流动图书库"的配送工作并予通过。

6 月 6 日　山西图书大厦通过 ISO9001：2000 认证，至此，集团申请 ISO9001：2000 认证的四个部门全部通过认证并取得合格证。

6 月 16 日　在山西省 2008 年春季免费教科书补充采购项目竞争性谈判中，集团最终成为 2008 春免费教科书供应商。

6 月 20 日　忻州市店"三项制度"改革全面启动。

6 月 23—25 日　首届新华书店发展论坛会在太原举行。本届论坛是由中国书刊发行业协会、中国出版科学研究所、山西出版集团共同主办，集团协办。来自各地新闻出版局、新华书店、出版社及民营书业的代表 180 余人参加了此次论坛。

7 月 3 日　集团 2008 秋教辅征订工作会议召开。

7 月 4 日　新华物流中心基地建设签字仪式举行。物流基地建设项目是集团的一个重要基建项目，也是出版集团的重点工程，此工程于 5 月 16 日通过招标方式由中铁建工集团中标承建。

7 月 10 日　集团本部 2008 年上半年工作总结汇报会召开。

7 月 11 日　集团培训中心与财务管理部、人力资源部联合举办的财会培训班开学仪式举行。来自全省各店的 110 名财会人员参加了此次培训。

7 月 15 日　山西省第十五届"迎奥运、促和谐"青少年爱国主义读书教育活动表彰大会在太原举行。此次读书活动全省共有 254 万名中小学生参加，其中荣获全国特等奖者 82 名，一等奖 124 名，二等奖 250 名，三等奖 500 名，优秀奖 50600 名。

7 月 17 日　出版集团副总经理琚林勇在书店集团董事长张金柱、总经理助理张治端的陪同下，到音像制作中心调研。

7 月 21—22 日　由集团图书发行中心与出版集团报刊发行中心共同组织的山西出版集团优秀报刊进校园研讨会在孝义召开。

7 月 24 日　省文化厅、财政厅、山西出版集团共同组织实施的"山西农村流动书库"启动及设备配送、"流动舞台车"配送仪式举行。集团负责此次"农村流动书库"所购图书的加工配送工作。首批加工的图书将供给全省 59 个贫困县 15000 个自然村的"农村书屋"网点。

同日　山西出版集团党建工作流动现场会在书店集团召开。

7 月 26 日　外文书店与太原新东方学校联合举办的"迎奥运"首届龙城消夏外语节开幕。

7 月 27 日　在 2008 年《中国图书商报》通联工作会议上，山西记者站获发行优胜奖，王介平获优秀记者奖。

8 月 1 日　临汾市店与外研社联合组织的以"为快乐加油、为中国喝彩"为口号的《快乐星球》现场签名售书活动举行。

8 月 8 日　来自四川茂县的 312 名学生和 16 名老师抵达太原。在开学典礼上，山西出版集团及书店集团将价值 40 万元的教材与助学读物捐赠予学生。

8 月 19—20 日　集团 2008 年上半年经营工作分析会在陵川召开。

8 月 26 日　在山西省 2008 年秋季免费教科书采购项目谈判中，集团最终成为 2008 秋免费教科书供应商。

9 月 1 日　省直文明和谐单位检查组对集团的创建工作进行了检查。

9 月 1—2 日　集团董事长张金柱、总经理张隆光率教材中心、华育公司负责人赴太原、清徐、孝义、吕梁、柳林、方山等店查看了解教材教辅发行情况。

9 月 1—2 日　外文书店通过 ISO9001 复评审核。

9 月 3 日　太原书城改造后开业。太原市店与浙江新华本着"自愿互利、优势互补、各得其所"的原则，进行了跨区域连锁合作。

9月9—10日　出版集团领导赴原平市店、代县县店调研。

9月15日　出版集团领导到临汾市店调研。

9月24日　《山西日报》刊发了山西省分行业排头企业简报，长治市店被评为山西省分行业排头企业。

10月6日　出版集团副总经理琚林勇到物流基地视察工程进展情况。

10月13日　出版集团副总经理安小慧、琚林勇到集团进行"三项制度"改革总体情况及工作进程专题调研。

10月16日　集团图书发行中心举办的"名社好书进山西暨2009年春季文教图书订货会"召开。来自全省81家订货店的代表及全国51家出版社代表参加了此次会议。

10月28日　集团深入学习科学发展观活动动员大会召开。

10月29日　集团2008年新员工入职培训班开班仪式举行。

10月31日　全省2009春教材教辅工作会议召开。

同月　国庆黄金周期间，全省各店纷纷举办书市、特价书展等各种形式的活动进行促销。

11月4日　出版集团副总经理琚林勇一行赴太原书城开展深入学习实践科学发展观活动领题调研。

11月6日　集团工会组织集团总部全体老干部举办了2008老年健身运动会。

11月17日　出版集团副总经理安小慧、琚林勇赴集团就长治市店在体制改革、机制建设方面的探索及经验进行专题调研。

11月19—24日　北京中大华远认证公司对集团教材发行中心、华育公司、物流中心、图书大厦四个单位进行了ISO9001：2000质量管理体系认证监督审核，监督审核顺利通过。

11月22日　太原书城与中北大学理学院联合举办了以"支持正版、打击盗版"为主题的宣传日活动。

11月24日　集团董事长张金柱、纪检书记车有才、总经理助理张治端对集团图书发行中心深入实践科学发展观进行了领题调研。

12月9日 集团深入学习实践科学发展观活动第二阶段动员会举行。

12月16日 全省"农家书屋"工程建设电视电话会议在省政府召开。会议就全省"农家书屋"建设专项资金的管理、使用、协调进行了安排。集团派员参会。

同日 集团党员年报会议在太原召开。

12月19日 集团本部举行部门负责人年度工作述职述廉报告会。

12月23日 集团培训中心、信息中心、教材发行中心、音像发行中心、华育公司共同举办的教材教辅计算机信息管理系统升级暨业务规范化管理培训班开课。

12月26—27日 集团2008年度财务决算工作会议在太原举行。

12月29日 第五届"希望杯"优秀论文大赛揭晓,王介平、王春苗的论文入选。

是年 集团销售收入(净额)18.19亿元,比2007年增加2.29亿元,增长比例达14.4%,超额出版集团下达的16亿元目标2.19亿元,增长比例达13.69%;可比利润总额4640万元,比2007年增加1332万元,增长比例达40.27%,比出版集团下达目标数3350万元增加1290万元,增长比例达38.51%,均创历史最好成绩。

2009 年

1 月 6 日 中国新华书店协会《协会会刊》通联站、特约记者颁奖大会召开。集团获优秀通联站奖，王介平获优秀特约记者奖。

1 月 12 日 全省 2009 年"文化、科技、卫生"三下乡活动仪式在忻州市忻府区东楼乡前郝村举行。忻州市店捐赠农业科普读物 327 册，3611 元。

1 月 17 日 集团学习实践科学发展观活动第三阶段转段动员会召开。此阶段为期 1 个月。

1 月 20 日 出版集团 2008 年"十大年度人物"颁奖仪式举行。集团董事长张金柱、阳泉市店经理孔维华榜上有名。

同日 出版集团以"我们一起向前"为主题的春节团拜会召开。集团选送的歌伴舞《昂首未来》及小品《都是鲜花惹的祸》分获一、二等奖，集团获优秀组织奖，《都是鲜花惹的祸》获最佳创意奖。

1 月 21 日 阳泉书城奠基仪式举行。其规划用地 3533 平方米，建筑面积 13000 平方米，总投资预计 3000 万元。

同日 出版集团副总经理琚林勇在集团董事长张金柱的陪同下，看望了集团退居二线的老领导。

同月 全省各店在春节期间举行了促销活动。

2 月 2—14 日 晋城市首届精品图书展暨晋城市第五届书市举行。

2 月 10 日 集团图书发行中心 2009 年经营目标签订仪式举行。

2 月 12—18 日 集团领导班子分 4 组对全省 11 个地市子公司党风廉政建设和经营目标责任执行情况进行考核。

2 月 16 日 省政府第 30 次常务会议审议通过《关于加快推进服务业

"1+10"工程建设的意见》，山西出版产业园（山西新华物流中心）作为山西省文化产业"1+10"工程旗舰项目获得批准。

2月27日 晋中市店承办、晋中市委宣传部牵头、晋中市机关事务管理局协助援建的"星期五机关书店"正式开张营业。

同月 忻州市店经理刘培元获新闻出版总署颁发的"中国出版荣誉纪念章"。

3月3日 集团深入学习实践科学发展观活动总结大会召开。

3月18日 省委常委、宣传部长胡苏平到建设中的新华物流中心以及太原书城进行视察。

3月20日 集团2009年经理工作会议召开。会议提出了2009年工作思路及经营目标。工作思路是：以科学发展观为统领，紧密围绕"三步走"战略部署，坚持"六大转变"战略思想，深入推进"六大工程"，解放思想，改革创新，科学管理，强基固本，确保教材教辅经营稳定增长，以体制机制改革、连锁物流中心建设、管理模式业态创新为重点突破，整合资源，拓展多元，努力实现集团全面协调可持续发展。经营目标是：销售净收入18.2亿元，利润实现3850万元，货款回笼率达到90%，三项费用率为18.54%。

同日 由太原书城与山西卫视少儿频道"第一视线"栏目联合举办的"好书进校园"活动在太原市新西小学启动。

3月22日 出版集团教材中心与书店集团联合召开2008年度教辅发行表彰大会。

3月24日 集团召开业务协调会，将幼儿教材的发行业务由图书发行中心转移到教材发行中心。

4月8日 集团图书发行中心与金盾出版社联合举办的"金盾出版社新书业务推广会"在临汾市店举行。

4月10日 金盾出版社新书业务分片推广会在朔州市店召开。

4月13—23日 集团第二期财会知识培训班举办。本期共有65名学员参加了培训。

4月15—16日 全系统2009年图书发行工作会议暨图书订货会在晋城召

开。

4月20日　集团连锁物流整体项目启动仪式举行。

同日　中共中央政治局委员、书记处书记、中宣部长刘云山在省委书记张宝顺等省市领导的陪同下，到太原书城视察。

4月21日　集团举行纪念山西新华书店成立60周年活动。

4月25日　山西省首届百家信用示范企业评选活动揭晓，集团榜上有名，同时荣获此称号的还有寿阳县店。

5月6日　省新闻出版局局长李锐锋、副局长梁宝印一行视察大同图书大厦。

5月6—8日　外文书店与中图公司在山西大学联合举办了外文图书展。

5月12—13日　集团体制机制改革研讨会在晋城召开。

5月25日　集团企业资源计划管理系统项目招标开标会举行。

5月29日　集团与山西财经大学MBA教育学院联合举办的"集团中层干部MBA核心课程培训班"开班。

6月1日　出版集团领导来到物流中心基地视察工程进展情况。

同日　山西省新闻出版局局长李锐锋一行来到集团音像发行中心考察农家书屋配发工作。

6月2日　在山西省2009年秋季免费教科书公开招标采购会上，集团成为2009秋免费教科书中标商。

6月4日　集团在山西省2008年农家书屋招投标工作中中标，被确定为成交供应商。

6月5日　集团2009秋教材工作会议召开。

6月15日　郝世英任太原市店经理、党总支书记。

6月25日　出版集团副总经理琚林勇来集团考察"农家书屋"进展情况。

6月26日　在山西出版集团举办的"我骄傲，我是山西出版人"演讲比赛中，书店集团选手冯莎获得了第二名。集团同时获组织奖。

7月1日　张平副省长来到集团物流中心、太原书城考察调研。

同日　集团表彰奖励了 21 个先进基层党组织、41 名优秀党务工作者、118 名优秀党员。

7月8日　出版集团副总经理安小慧到运城市店调研。

7月13日　集团清产核资工作会议召开。

7月15日　集团本部清产核资动员部署会议召开。

7月15—17日　集团电子数码、数字网络产品经营工作会议召开。

7月19日　山西省第十六届"改革开放三十年"青少年爱国主义读书教育活动表彰大会举行。240 万中小学生参加了此届读书活动。

7月22日　由新闻出版总署、国家版权局、省新闻出版局联合组成的"农家书屋"建设工程检查验收组来到天镇县店检查验收"农家书屋"建设情况。

7月23日　由新闻出版总署、国家版权局、省新闻出版局联合组成的"农家书屋"建设工程检查验收组来到阳泉市店检查验收"农家书屋"建设情况。

同月　晋城市店物流配送中心项目启动。该中心占地 9.2 亩。

同月　在合肥市召开的第 16 届全国青少年爱国主义读书教育活动演讲、讲故事比赛决赛上，集团选派的 4 名选手获得一名二等奖、三名三等奖的好成绩。

8月14日　在平遥县洪善镇洪善村，省新闻出版局和晋中市政府联手为平遥、祁县、太谷等地 28 个行政村的"农家书屋"授牌送书。

8月25日　集团电子数码、数字网络产品营销大同、朔州片培训会在大同市店举行。

8月27日　集团电子数码、数字网络产品营销晋中、阳泉片培训会在晋中市店召开。

8月29日　山西图书大厦举办以"书店进入 e 时代"为主题的品牌数码电子产品体验中心落成仪式。

8月31日　集团清产核资自查汇报会召开。

9月8日　集团清产核资损失认定紧急会议召开。

同日　集团 2010 春教材征订发行工作会议召开。

9月15日—10月15日　集团在全省范围举办"春芳满华夏　书香飘三晋"

为主题的"庆祝新中国成立 60 周年百种重点图书大联展"活动。

9 月 19 日　阳泉市店文教书店中标阳泉市图书馆图书采购招标。

9 月 23 日　出版集团清产核资检查组来到晋中市店检查指导工作。

10 月 20 日　出版集团 2009 年广播操比赛进行。集团获得了二等奖及组织奖。

10 月 21 日　集团名社好书进山西暨 2010 春文教图书订货会召开。

10 月 22 日　省委常委、宣传部长胡苏平在出版集团就企业党建工作进行专题调研。集团忻州市店经理刘培元在会上做了汇报。

10 月 23—25 日　集团图书物流工作会议召开。

10 月 25—30 日　集团业务大检查开始，集团业务检查组分赴全省各地进行集中检查。

11 月 1—2 日　中宣部、中央文明办、新闻出版总署在深圳召开全民阅读活动经验交流会，表彰了全国 64 家全民阅读活动先进单位。集团榜上有名。

11 月 16 日　田文生被任命为集团党委书记、董事长。

11 月 18 日　高清平被任命为吕梁市店党总支副书记、常务副经理，主持工作。

12 月 1 日　省文化厅、省采购中心、省图书馆领导视察"文化惠民"工程加工现场。

12 月 3 日　集团全省业务检查汇报会召开。

12 月 8 日　集团与山西教育出版社就 2010 春《山西普通高中新课程同步导学方案》总代理协议签字仪式举行。

同日　祁县县店通过省级文明和谐单位创建验收。

12 月 11 日　集团 2010 春高中教辅征订专题会召开。

12 月 14 日　集团总部深化工资改革动员大会召开。会议决定集团总部暂行"一岗一薪"工资制度。

12 月 16 日　2009 年度省直文明和谐单位标兵名单公布。自 2006 年始，集团再次榜上有名。

12 月 18 日　在山西出版集团成立三周年暨山西出版传媒集团有限责任公司挂牌仪式上，山西出版集团"2009 年度十大人物"揭晓。集团忻州市店经理刘培元、集团教材发行中心经理宋少华入选。

12 月 19 日　为进一步深化全省劳动制度、分配制度、人事制度改革，集团人事工作会议召开。会议制定了《山西新华书店集团系统 2009 年工资指导线实施方案（试行)》。

是年　全系统思想高度统一，竭尽全力为"农家书屋"工程服务。共计为全省 2100 个行政村提供图书 315 万册，音像制品 21 万张。

是年　全系统优质高效地完成了第二批、第三批、第四批"文化惠民"工程图书加工工作，共计为全省 4573 个行政村加工图书 1423026 册。

是年　系统各店纷纷举行促销活动，庆祝建国 60 周年。

是年　集团加大重点书发行力度，上半年确定《中国大百科全书》《学习实践科学发展观高端读物》《社会主义核心价值体系学习读本》三种重点书，下半年又增加了《辞海》《中华人民共和国药典》《中国分省系列地图集》三种，成效显著，以重点带动一般，开创全省一般图书销售新局面。

2010 年

1 月 18 日 集团首届中层干部工商管理硕士（MBA）核心课程培训班结业典礼举行。此次培训班于 2009 年 5 月 29 日开班，全省共有 45 名学员参加了培训。有 8 名学员获得优秀学员荣誉证书。

1 月 24 日 万荣、河津交界处发生地震，集团领导闻讯后，第一时间向运城市店、万荣县店、河津市店负责人了解情况，传达集团党委的关心和慰问。

1 月 25 日 出版集团副总经理王宇鸿带队考核组深入书店集团，对集团领导班子及成员进行任期考核。考核内容包括定性和定量考核两个方面。定性考核按照政治素质好、经营业绩好、团结协作好、作风形象好"四好班子"建设的要求进行；个人定性考核内容包括德、能、勤、绩、廉五个方面。定量考核主要考核领导班子成员履行经营管理职责，完成任期经营目标任务的情况。

1 月 25—27 日 集团领导班子及成员任期考核会议、2009 年度子公司负责人考核会议、集团本部 2009 年度部门负责人考核及述职述廉会议召开。集团党委分别对全省 25 个子公司负责人、集团本部各部门负责人开展述职述廉和民主测评工作。

同月 集团向省直工委精神文明建设指导委员会上报了《关于申报 2010 年度省直文明和谐单位标兵的报告》，报告中附有集团基本情况与集团创建文明和谐单位标兵工作介绍。内容涉及领导班子建设、思想道德建设、机制创建、群众业余文化生活、科学管理、工作业绩、社会形象、2010 年创建计划等方面内容。

同月 祁县新华书店荣获山西省精神文明建设指导委员 2008－2009 年文明和谐单位荣誉称号。

2月1日　为活跃和繁荣全省节日文化市场，集团决定于2月10日—3月10日在全省范围内开展活动主题为"感恩回馈　赠我书香"的"迎新春全省精品图书大联展"营销活动。

2月4日　出版集团领导深入到出版产业园新华物流基地建设工地现场进行实地调研指导。

2月9—21日　晋城市店举办"第六届晋城书市"，共销售图书5000余册，码洋7万元，收到了良好的社会效益和经济效益。书市期间，晋城市委书记张茂才前往书市了解书市相关情况、慰问书市工作人员。

2月11日　为加强绩效工资科学动态化管理，实现工资收入与工作效率、质量的有机统一，真正起到鞭策后进，激励先进的作用，集团下发《关于下发〈山西新华书店集团关于集团总部绩效考核的实施办法（试行）〉的通知》。

2月14日　大年初一，山西出版集团及书店集团领导到太原书城向辛勤工作在一线的员工拜年。同日，集团领导班子成员分别到山西图书大厦、外文书店看望了坚持工作的员工，为他们送去新年的问候和祝福。

2月21日　集团创建学习型党组织建设活动启动。

2月25日　朔州市店参加了朔州市2010"文化科技卫生三下乡"活动，共捐赠图书518册，码洋12500元。

同日　为进一步规范企业财务工作秩序，严格财务开支审批手续，增强集团管控能力，强化内部管理，提高经济效益，进一步落实出版集团预算管理有关要求，根据国家有关财税法律、法规、方针、政策、条例及财会制度规定，结合集团机构设置及具体情况，集团给总部各部门下发重新制定的《山西新华书店集团有限公司财务开支审批制度》。

2月26日　集团研究决定，同意太原市店继续与浙江新华书店集团连锁经营，合同期限两年，集团给予承担第三方担保，同时对连锁合作提出了充分利用合作方信息平台优势，挖掘销售潜力；积极探索和尝试新营销模式，建立有效激励考核机制，不断提升服务质量和水平；科学拟定合同条款，确保集团利益最大化，信守合同承诺，随时保证与集团连锁经营顺利切换等三点要求。

2月28日 集团为进一步促进和丰富企业文化建设，营造欢乐祥和的节日氛围，于正月十五举办"2010年元宵节灯展"。共展出花灯70余盏。

同月 阳泉市店取得企业养老保险缴费诚信A级单位资格。

同月 全省各店于春节期间开展了促销形式多样、内容丰富多彩的春节销售活动。

3月10日 集团总部召开经营协调会，听取各经营部门1—2月份经营情况汇报及下一步的经营计划和活动安排。

3月17日 晋城市店参加了晋城市三下乡活动。捐赠图书400册，码洋4000元。

同日 古旧书店"文瀛书屋"落户太原书城。

3月18日 临汾市三下乡活动启动。临汾市店在启动仪式上捐赠了价值3万元的图书。

3月25日 山西新华物流基地启动动员大会召开。会议宣布山西新华物流连锁公司成立并就其组建运营、公司职能制定了方案，确定了搬迁时间表，规划了全省连锁经营的蓝图。

3月27日 集团2010年工作会议召开。会议的主要任务是贯彻山西出版传媒集团工作会议精神，总结过去，展望未来，表彰先进。会议确定了2010年集团的工作思路及奋斗目标。集团党委书记、董事长田文生与各级子公司签订了2010年度聘任干部目标责任书、党风廉政建设责任书及社会治安综合治理责任书。

2010年集团的工作思路是：在山西出版传媒集团党委的正确领导下，以党的十七大和十七届四中全会精神为指导，贯彻落实科学发展观，始终围绕"六个转变"战略思路，加快发展方式转变，解放思想，改革创新，面向市场，调整结构，整合资源，做强主业，努力推进山西新华书店集团又好又快发展。

2010年集团经营奋斗目标是：销售净额突破22亿元，利润总额突破6000万元，资产经营收入突破2000万元，费用总额降低2000万元，当年货款回笼率达到100%。

3月28日 为奖励2009年在教辅发行工作中作出突出成绩的基层店，集团与出版传媒集团教材发行中心联合召开2009年度教辅发行优胜单位表彰大会。

同日 集团与山西省电化教育馆联合举办的"2008秋—2009年春全省录音教材发行工作表彰会"召开。全省共有25家基层书店受到表彰。

4月2日 集团与本部各部门负责人签定2010年党风廉政建设责任书与社会治安综合治理目标责任书。

4月5日 山西出版传媒集团领导到临猗县店调研。

4月15日 山西出版传媒集团副总经理琚林勇到晋中市店调研。

4月17日 集团2010年秋季教材教辅发行工作会议在太原召开。会议就2009年秋季及2010年春季教材教辅发行工作做了总结，对2010年秋季教材教辅征订发行工作做了安排，并对2009年度教材发行先进单位进行了表彰。

4月21日 集团举行向青海玉树地震灾区善捐仪式，全系统共捐款297510元。

同日 山西出版传媒集团副总经理崔元和一行到晋城市店检查工作。

4月28日 集团召开ERP项目硬件系统方案评审会议，对集团未来ERP系统所采用的硬件平台的设计规划及所采用的硬件设备方案进行了详细的论证和评审。

4月29日 山西新华物流中心正式搬至山西出版传媒产业园。山西新华物流中心的投入使用，使集团物流工作在保证质量、保证速度、保证效率的基础上实现降低流转成本、控制各种费用的目标成为可能。

4月30日 山西出版传媒集团纪检书记李文芳一行到书店集团，就贯彻落实《山西出版集团关于深入学习贯彻"廉政准则"的实施方案》有关情况进行检查指导。

同日 晋城市店综合服务楼竣工。

5月6日 山西省省长王君，省委宣传部长胡苏平、副省长张平等来到太原书城，就文化体制改革进行调研。

5月10日 山西出版传媒集团副总经理琚林勇在集团领导班子的陪同下，

深入出版产业园物流基地进行了现场办公。

5月17日　长治市店联合市教育局召开了长治市教育重点工作推进会，就进一步加强和规范全市中小学教辅用书管理工作，达成共识，并联合出台《关于进一步加强和规范全市中小学教辅用书管理工作的通知》，对长治中小学教辅用书的征订细则和办法、征订渠道等做了明确规定。

同日　集团总部经营协调会召开。会议通报上一次协调会决议的落实情况；各经营部门汇报了1—4月份的生产经营状况。

5月18—19日　集团举行山西新华现代连锁公司物流辅助设备招标会，最终确定7家生产企业参标，采购了托盘、周转箱等设备，采购总价为162.55万元。

5月21日　集团正式启用视频会议系统，召开2010年秋季教材教辅征订工作督促会。

5月27日　集团党委、董事会研究决定取消集团领导对基层店的分片管理，实行按集团各分管领导及职能部门工作职责归口管理的办法；将怀仁、临县收归集团直接管理；取消了市级子公司领导班子的兼职，对到龄的部分干部进行了调整，对平遥、介休、柳林、永济等公司经理进行了交流或任命。

5月28日　集团财务工作会议召开。会议通报了各级公司清理应收、应付款项的情况；指出2009年清产核资和年报审计中存在的问题，重点对基层公司分类办法及分类指标的考核与管理进行了说明。

5月30日　山西出版传媒集团领导来到长治市店进行工作调研，针对全省一般图书市场产品经营存在的问题及连锁经营的准备工作，提出了"提升思想认识高度、提升营销策划能力、提升服务功能层次、提升职工素质技能、提升绩效考核水平、提升书店品牌形象"的六个提升重要指示，对全省一般图书发行及连锁经营指明了方向。

6月2日　山西出版传媒集团党委副书记邓国帅一行对原平市店创建学习型党组织活动进行调研。

6月10日　山西新闻出版局局长林玉平到新华物流基地视察。

6月11—12日　集团"2010年名社好书进山西暨连锁业务洽谈会"在集团物流中心举行。来自全国百余家知名出版社供应商代表参会，集中展示了最新出版的近两万种图书。会议对2009年度一般图书发行店、《中国大百科全书》第二版优秀代理商、表现突出的团队、个人、2009年度"高端读物"发行优秀店进行了表彰。在此次会议上，集团与人民出版社、教育科学出版社、星球地图出版社、外研社4家重点出版社分别签订了店社战略合作协议。

6月25日　山西省农家书屋工程建设协调会召开。全省11个地市文广新局分管局长及新华书店分管经理、业务承办人齐聚一堂，共商农家书屋工程建设大计。

6月26日　集团与山西财经大学联合举办的新华书店集团第二期工商管理（MBA）核心课程培训班开班。

6月30日　集团连锁经营视频工作会议于朔州召开。集团党委书记、董事长田文生做了题为《做大做强一般图书是新华书店立店之本、发展之基、动力之源》的报告，对全省一般图书发行现状进行了分析，结合出版传媒集团的"六个提升"的指示精神，重点提出了书店集团要以"六个推进"来加快一般图书发行方式的转变：一是加快推进一般图书绩效考核体系的建立；二是加快推进全省系统连锁经营的步伐；三是加快推进图书超市形象塑造能力的提升；四是加快推进新华书店产品结构的调整；五是加快推进员工队伍素质技能的提高；六是加快推进一般图书管理机制的转变。

同月　潞城市店被山西省精神文明建设委员会授予"2008—2009年度省级文明和谐单位"。

7月9日　集团召集总部各部门对上半年工作进行总结。全面了解2010年上半年集团总部各部门工作情况，检查落实集团各项工作进度，分析经营管理中存在的问题，研究制定下半年工作措施,确保全年各项目标的顺利实现。

7月12—13日　集团召开全系统上半年经营工作会议。全面检查2010年集团工作会议和财务工作会议部署工作落实情况，通报《清欠管理办法》,三年发展目标确定并与各子公司签定三年发展目标责任书。

7月14日　阳泉市店中标阳泉市图书馆2010年图书采购权。

7月15—16日　外文书店顺利通过ISO9001：2008新版质量认证体系换证评审。

7月15—17日　山西出版传媒集团党委副书记邓国帅一行到阳泉市店、平定县店、盂县县店调研。

7月18日　山西图书大厦举办汪国真读者见面会暨签名售书活动。

7月19日　山西省第十七届读书活动"辉煌六十年"读书教育活动总结表彰会在太原召开。

7月26日　集团为贯彻落实工作会议精神，深入开展创先争优活动，深化学习型企业的创建工作，提高全体员工的整体素质，提升业务技能和服务水平，培养人才、重视人才，下发《关于开展业务知识技能大赛的通知》，决定在全系统开展业务知识技能大赛。

8月3日　集团免费教材中标，又一次获得教材发行权。至此，集团2010年度国家免费教科书招投标工作结束。

8月9日　集团党委书记、董事长田文生到忻州市店调研。

8月13日　全省2009年度农家书屋工程建设项目进行了公开招标，书店集团中标农家书屋图书、电子音像制品配送项目。

8月18日　集团党委书记、董事长田文生，监事会主席董景瑞到临汾、古县调研。

8月22日　集团党委书记、董事长田文生到孝义市店调研。

8月25日　集团与山西省"扫黄打非"稽查队共同组织召开了打击盗版教材教辅发行座谈会。

8月25—26日　太原市店与浙江省店召开太原市新华书店连锁运行情况交流会。

8月30日　山西新华现代出版物连锁公司正式运营启动仪式举行。

同日　集团深化体制机制改革动员大会召开。田文生董事长作了题为《深化体制机制改革　加快发展方式转变　为实现山西新华书店集团的腾飞而努力奋斗》

的讲话，提出了市场产品股份制改造的思路。

同月　交口县店被评为"2009年度省级守合同重信用企业"。

9月3日　河津市店图书大楼开工仪式举行。

9月15日　山西出版传媒集团党委副书记邓国帅一行来到吕梁市店，检查指导学习型党组织建设和创先争优活动。

9月19日　集团召开2011年春季教材教辅征订工作会议。

9月19—20日　集团免费教材招标结束，书店集团又一次获得教材发行权。

9月20日　集团下发《关于严格执行山西省纪委"五个不准"的通知》。要求各子公司和部门高度重视，将有关精神迅速传达至所属分公司与全体职工，并按照"五个不准"认真贯彻执行。

9月28日　集团召开与星球地图出版社的战略合作座谈会。

10月1日　山西图书大厦、外文书店、太原书城同步举行《读者》电子书山西新华上市启动仪式。

10月6—7日　集团总经理张隆光对长治市店农家书屋配送工作进行调研。

10月14—16日　集团召开"山西新华书店集团学习型党组织建设、创先争优活动阶段性总结交流促进会""山西新华书店集团2010年1—3季度经营工作会议"。集团总结了"两项活动"开展情况，对1—3季度经营工作进行了总结分析。田文生董事长作了题为《创先争优 实干兴业 为实现山西新华书店集团新跨越而奋力拼搏》的讲话，总结了今年集团的各项工作，提出了"2110"奋斗目标。集团教材中心、华育公司负责人代表集团与子公司经理在会上签订了2011年春季教材教辅目标责任书。

10月30日　首届山西出版传媒集团职工跳绳、踢毽子比赛中，集团取得男子跳绳第一、男子踢毽子第三及团体第二名的好成绩。

11月4—5日　为进一步提高新华书店系统文秘、宣传人员的综合素质和宣传报道意识，全面提升各级新华书店宣传报道人员的写作水准，集团举办文秘及宣传报道人员视频培训班。聘请省文秘写作教授、新闻宣传报道专家授课。全省共有150余人参加了视频培训。

11月11日　集团连锁公司下发《关于在全省基层门店开展"迎'两节'百种优秀图书、音像制品联展"活动的通知》。定于2010年12月1日—2011年2月20日在全省各公司开展"百种优秀图书、音像制品联展"活动。

11月15日　全省农家书屋工程建设现场推广会在晋城召开。

11月22日　出版传媒集团领导班子到集团调研指导工作。本次调研主要围绕如何深化书店集团体制机制改革、加快转型跨越发展、快速推进全省连锁经营等方面内容进行。

11月23日　集团全系统规范收入分配秩序动员大会召开，正式启动了全省规范收入分配秩序工作。会议要求全系统要按照集团《关于实行岗位绩效工资制规范收入分配秩序的实施意见（试行）》，全面推行岗位绩效工资的实施，重新建立与市场经济和企业经济效益相适应，收入与业绩挂钩的薪酬分配机制，引导员工的薪酬理念从"领工资"向"挣工资"转变，充分调动员工的工作积极性，强化薪酬制度的激励作用，构建和谐稳定劳动关系，促进集团持续快速发展。

11月28日　太原书城举行白岩松读者见面会及新书《幸福了吗?》签售活动。

同月　集团党委发出号召，要求集团本部所属各部门开展"面向基层，公开承诺"活动，要求围绕创先争优、转变作风、服务大局、服务中心工作、服务基层进行公开承诺。

12月3日　集团与读者出版集团就《读者》电子书签署战略合作协议。

同日　为建立科学合理的收入分配格局，规范集团收入分配秩序，加快调整收入分配结构，逐步缓解收入差距过大的趋势，促进职工工资收入合理增长，保障集团稳定和谐持续发展，集团制定了2010年工资指导线实施方案，下达了2010年工资指导线总额，规定了2010年度集团工资增长基准线为15%；增长上线为25%，下线为5%；执行时间为2010年1月1日至12月31日。

12月8日　集团召开2011年春季教材教辅工作视频会议。

12月13日　集团被省直机关精神文明建设委员会授予"2010年度省直文明和谐单位标兵"荣誉称号。

12 月 16 日　集团召开全省"2011—2015"发展规划工作会议，讨论通过集团"2011—2015"发展规划，进一步明确集团未来发展愿景和战略规划，制定各单位中长期目标任务，这对提升集团整体竞争能力，努力实现集团转型跨越发展有着重要意义。

12 月 21 日　在中宣部、文化部、国家广电总局、新闻出版总署联合召开的第四届全国服务农民服务基层文化建设先进表彰会上，高平市店被授予"全国服务农民服务基层文化建设先进集体"。

12 月 28 日　集团在长治召开股份制改造推进现场会。本次会议是在集团提出对市场产品实行股份制经营要求、下发《关于对市场产品的经营实行股份制改造的实施意见》后，为进一步推进全省股份制改造工作而召开的。

同月　太谷县店被评为 2010 年度山西省纳税 A 级单位。

是年　集团在全系统掀起了创建学习型企业、创先争优活动。集团将活动内容纳入各级目标责任管理与公开承诺，全系统呈现出你追我赶、奋力拼搏的良好局面。

是年　集团全员动员，全力以赴完成了农家书屋工程 1500 个品种、5000 个行政村、13.5 万个包件、1.2 亿码洋的配送任务。

是年　集团销售码洋首次突破 34 亿元，同比增幅超过 20%；利润首次突破 8500 万元，同比增幅达 104%，成绩卓著，令人振奋。

2011 年

1月4日 为进一步促进全省图书超市的规范化建设，树立新华书店良好的社会形象、品牌形象，为全省连锁经营的顺利推进和广泛实施奠定坚实基础，集团下发《关于规范各公司超市内部管理和外立面设计装潢的通知》，对全省超市内部规范化管理和外立面设计装潢提出如下要求：一、实施连锁经营的"八统一"；二、保证经营场地的基本面积；三、统一经营设施的配置；四、严格规范审批程序。

1月19—20日 为了认真、全面、客观、及时地总结、分析、评价各子公司及集团各部门、各公司2010年度工作业绩，集团2010年度述职述廉述学考核工作会议及2011年廉政建设专题工作会议召开。各子公司总经理及集团总部各部门负责人对过去一年来的工作进行了汇报，对2011年的工作进行了简要规划，并对过去一年来自身在德能勤绩廉方面的表现进行了自我检查。

1月20日 集团与北京中联视界文化传播有限公司战略合作签约仪式举行。合作协议的签订意味着双方将本着"资源共享 互利共赢"的原则，充分发挥双方各自的优势，在市场开发、渠道拓展、产品营销等多个方面展开更深层次的合作。

1月28日 山西出版传媒集团副总经理琚林勇在集团工会工作人员的陪同下，对集团部分离退人员进行了慰问。

1月29日 山西出版传媒集团"2010年度十大年度人物·十种好书颁奖晚会举行。书店集团晋中市店总经理马海峰、怀仁县店总经理张立新荣登年度十大人物之列。

同月 集团《山西图书发行》改版，由4开4版改为对开4版。

2 月 10 日 忻州市店考核组先后深入所辖县店就各店 2010 年度工作进行了考核。

2 月 11 日 集团召集太原、大同两公司负责人和分管领导进行严肃约谈。针对其 2011 春"两教"征订工作的问题提出了要求，明确了整改期限，启动了问责机制。此次约谈阵容强大、程序严谨、场面庄重、气氛严肃，且前所未有，表明了集团狠抓"两教"征订工作、强化领导干部责任制的态度和决心。

2 月 16—18 日 正月十四至十六，集团总部举办了元宵灯展，共展出花灯 80 余盏。

2 月 21 日 新闻出版总署向革命老区山西左权赠送《中国家庭应急手册》仪式在左权县麻田镇举行，集团领导参加。

2 月 22 日 新华现代连锁公司举办第二期全省连锁经营及相关业务知识培训班。

2 月 25 日 集团将阳城、柳林、五台三家县级分公司，划归为集团直属管理子公司。

同日 集团整合规范连锁公司内部机构。内部成立新华连锁中心、信息研发中心、新华传媒有限责任公司、大中专教材发行中心、新华物流中心、多媒体制作中心、综合管理中心、财务管理中心，撤销营销中心，其职能划归新华连锁中心。

同月 春节前夕，集团领导班子分组对集团离退休老同志、职工遗属及特困职工进行了走访慰问，体现了集团对离退休老领导、老同志及特困职工的亲切关怀。

同月 集团下发《关于认真做好党史学习教育类出版物征订发行工作的通知》，要求各公司在建党 90 周年之机，做好党史学习教育类出版物的征订和发行工作，掀起了党建读物销售热潮。

3 月 5 日 为加强集团精神文明建设的组织领导，提升文明建设水平，强化文明建设各项工作的落实，根据省直精神文明建设委员会文件有关规定，集团党委决定成立集团精神文明建设委员会（简称文明委）和精神文明建设办公室（简

174

称文明办）。集团文明委主要负责集团系统精神文明建设的全面指导组织领导工作，文明办主要负责落实文明委的工作部署，重点负责集团总部的精神文明建设的具体工作事务。

3月5日　集团农家书屋（三期）专题工作会议召开。会议对农家书屋工程（三期）工作正式发出动员令。

3月7日　集团董事会研究决定原则同意高平市店回购职工股37万元，并希望该店精心组织、稳妥操作，确保工作顺利完成，并尽快按照《公司法》有关程序办理营业执照变更事宜。

同日　为保证股份制改造的有序、快速推进，集团董事会和股份制改造领导组经研究，针对市场产品的经营进行股份制改造的九个问题，即股份制改造方案的制定及审批程序；股改新企业的名称规范；三个剥离的有序实施；股权结构设计的合理性；工商注册登记；董事会、监事会中职工代表参与情况；股份制改造的时间要求；新华现代连锁公司相对控股；扶持政策的把握问题等向各子公司做了相关解释和说明。

同日　集团同意临汾市店设立临汾新华现代连锁文化传播有限责任公司，注册资本为人民币300万元整。

同日　集团下发《关于下发＜山西新华书店集团2011—2015年精神文明创建规划（纲要）＞的通知》。为认真贯彻中央和山西省精神文明建设的要求，更好落实科学发展观，提升集团社会形象，集团总部确定2011年为"省级文明和谐单位争创年"。

3月9日　为进一步规范全省连锁经营推进过程中的行为和准则，切实保证全省连锁经营的实施进度和效能，根据山西出版传媒集团以及集团有关连锁经营的指示精神和具体要求，集团向各子（分）公司下发《关于印发＜山西新华书店集团关于加快全省连锁经营推进的实施意见＞的通知》。

3月13日　集团与山西财经大学MBA教育学院共同举办的第二期MBA核心课程培训班结业。

3月15日　运城市店新一届领导班子组建。席迎晨任运城市店党总支书记、总经理。

3月16日　吕梁市店新一届领导班子组建。高清平任吕梁市店党总支书记、总经理。

同日　为进一步加强对各级公司的管理，理顺各项审计工作职能，根据有关法规制度，结合集团实际，集团就审计工作的分工下发了《山西新华书店集团关于明确各项审计工作分工的通知》。

3月18日　山西省打击盗版教材教辅联系会议召开。

3月19日　集团2011年工作会议召开。会议对2011年及今后五年的工作作出了全面安排，提出了2011年工作目标及思路，并提出了2015年集团奋斗目标。2011年集团工作思路是：销售净额突破30个亿，利润突破1个亿，职工收入同比增长10%以上，即"3110"目标；2015年集团奋斗目标是：销售净额突破50个亿，利润突破2个亿，连锁公司、教材发行公司、华育公司分别要突破10个亿，即"5210"目标。

3月28日　浙江省店总经理王忠义一行参观集团连锁物流中心。

同月　集团组建新华现代传媒股份有限公司。

4月7日　集团召开大中专教材发行整合工作座谈会。

4月12日　集团党委、董事会研究同意大同市店兴建"大同国际书城"，并报山西出版传媒集团批准。该项目占地面积11400平方米，总建筑面积36327平方米，计划总投资1.1亿元。其中：大同市店拆迁补偿款3000万元，集团筹措4000万元，申请出版传媒集团投资4000万元。

4月13日　集团董事会研究同意永济市店回购366000元职工股。

同日　集团研究同意运城市店设立运城新华现代连锁文化传播有限公司。

同日　集团研究同意永济市店设立永济新华现代连锁文化传播有限公司。

4月14日　根据工作需要，经集团党委、董事会研究决定，任命田文生同志为山西新华现代出版物连锁有限责任公司董事长，履行法定代表人职责。

4月15日　长治新华现代文化传播有限公司推进工作会召开。长治市店市场产品股份制改造全面启动。

4月22日 集团同意临猗县店、大同市店、洪洞县店、汾阳市店、原平市店、介休市店、襄汾县店、晋城市店、吕梁市店、忻州市店、高平市店设立新华现代连锁文化传播有限公司。

4月29日 山西出版传媒集团主办的"党在我心中"主题演讲比赛举行。集团参赛选手吕辉来获奖并代表山西出版传媒集团参加省直工委"党在我心中"演讲比赛。

同日 华育公司举行2011年秋季经营目标责任书及服务承诺书签字仪式。

同月 临汾新华现代连锁文化传播有限公司成立。

5月6—7日 集团在现代连锁公司召开子公司经理工作会议。本次会上，子公司总经理进行了"两项活动"学习检测；各子公司汇报1—4月份经营管理工作；集团分管领导分别对创先争优活动、学习型党组织建设及建党90周年纪念活动、人事劳资与绩效考核工作、连锁经营与股份制改造推进、市场产品拓展、建党90周年重点图书发行、"两教"工作、1—4月份财务分析、农家书屋配送、全民阅读活动书市展销等各项工作进行了阶段总结，分析了工作中的成绩和不足，指明了下一阶段的工作重点和任务。

5月7日 集团营业许可证增加经营范围的工作完成。

5月8日 中共中央政治局常委李长春由省委书记、省人大常委会主任袁纯清，省委副书记、省长王君等陪同到集团新华物流中心调研。李长春同志充分肯定山西出版传媒集团改革与发展的成绩，说明改革是解放和发展文化生产力的必由之路，改革、改组、改造三者缺一不可，同时要引入现代管理。

5月10日 集团"名社好书进山西暨秋季文教产品订货会"举行。80余家中央、地方出版社及出版文化公司参展，实现了引进名社、引入精品、引深合作的展会目标，现场订货码洋550万元。集团以"携手发展、共创未来"为合作宗旨，在会上又与六家供应商战略合作，使集团签署协议并达成合作意向的出版社、文化公司及科技公司达到十五家。

同日 集团市场产品工作会召开。会议对2010年重点图书发行先进单位进行了表彰。

5月11日　长治市店"文化低保"工程配送仪式举行。长治市店共为37个社区配送图书码洋90余万元。

5月17日　为进一步推进全省图书超市的现代化建设，树立新华书店良好的社会形象、品牌形象，统一全省新华书店图书超市的外立面设计装潢、店招、标识，集团决定将晋城、吕梁、临汾新华书店所属各分公司连锁超市外立面改造项目列入2011年基本建设计划，总投资分别为：127万、423万、332万，资金来源由集团投资。

5月19日　现代连锁公司召开全省"连锁经营推进阶段性总结暨采购工作座谈会"，以认真总结前一阶段连锁推进中的问题与不足。

5月23日　集团批复祁县、太原、侯马、潞城、平遥、阳城、阳泉七家子公司，原则同意设立新华现代连锁文化传播有限公司。

5月25—26日　集团第二届"新华杯"业务知识技能大赛举行。本次大赛共设业务知识竞赛、计算机办公应用操作、财务技能计算机应用操作、销售连续作业、店堂推销、图书造型陈列、手绘图书海报、演讲等8个比赛项目。全省共有15支代表队、150名选手参赛。

5月30日　集团党委组织的"发扬罗文精神　推动出版改革"主题演讲举办。来自全省各店的37名选手参加了此次演讲比赛。11名选手分获一、二、三等及优秀奖。

5月31日　山西出版传媒集团副总经理琚林勇、纪检书记李文芳在集团党委常务副书记薛文森的陪同下到临汾市店调研。

6月3日　集团财务管理信息平台建设工作会议召开。会议就全系统推行金蝶EAS项目进行了安排布置。

6月7日　王亚伟任平遥县店副总经理（主持全面工作）。

6月8日　杨建勇任大同市店党总支书记、常务副总经理（主持工作）。

6月13日　集团同意设立河津新华现代连锁文化传播有限公司。

同日　集团同意设立朔州新华现代连锁文化传播有限公司。

6月15日　国家新闻出版总署党组成员、纪检组长宋明昌在省新闻出版局纪检组长田奇越，山西出版传媒集团总经理王宇鸿等陪同下莅临集团连锁公司视察指导工作。

6月22—28日　在建党90周年前夕，集团领导兵分几路，到全省11个地市的25个县区，同当地新华书店领导一起，来到建国前的老党员和离休老干部家中，将慰问信、慰问金、纪念章送到每一位老同志手中，向他们致以节日的问候，表达党组织对他们的亲切关怀。

6月23日　在省直机关庆祝建党90周年暨创先争优活动表彰大会上，集团党委书记、董事长田文生获省直工委优秀党务工作者荣誉，吕梁市店党组织获先进基层党组织，集团总部离退休老同志黄震宇获优秀共产党员称号。

同日　集团同意设立五台新华现代连锁文化传播有限公司。

6月24日　集团总部庆祝建党90周年红歌演唱会举行。200多名职工组成的6支代表队参加了此次活动。

6月25日　在山西出版传媒集团庆祝建党90周年暨创先争优活动表彰大会上，集团领导班子被评为"四好班子"，忻州市店等10个党总支、杨胜利等10多名党务工作者、韩瑞等40多名优秀共产党员也同时受到表彰。

6月30日　集团隆重召开庆祝建党90周年暨"创先争优"活动表彰大会。全省近200人参加了会议。会上表彰了6个"四好"领导班子、28个先进基层党组织、37名优秀党务工作者、124名优秀共产党员、12个创建学习型企业活动先进单位、16个先进集体、50名先进个人。同时表彰了《中国共产党党史》发行优胜单位。"四好班子"代表长治和吕梁公司分别做了典型发言和倡议发言。

同月　阳城县店总经理吉联社获优秀党务工作者，受到省委表彰。

同月　全省各店纷纷举办庆祝建党90周年活动，演讲、唱红歌、重温入党誓词、慰问老同志、党史知识答题、书画摄影展、书展等等形式不一而足，内容丰富多彩，表达了全省书店系统对中国共产党的无比热爱。

7月7日　山西春秋音像出版社出版的《八路军》首发式在山西图书大厦举行。山西省委常委、宣传部长胡苏平等领导亲临首发式现场。

7月8日　集团党委召开中心组扩大会议，认真学习胡锦涛总书记在中国共产党成立90周年大会上的重要讲话。

7月13日　集团同意孝义市店设立孝义新华现代连锁文化传播有限公司。

7月16—17日　集团2011年上半年经营工作会议召开。会议通报了上半年全系统经营情况。2011年1—6月份，集团实现销售收入码洋185988万元，比上年同期增加31264万元，增长比例为20.21%；主营业务收入139296万元，比上年同期增加23966万元，增长比例为20.78%；利润总额6609万元，比上年同期增加1841万元，增长比例为38.61%；三项期间费用率低于年度目标2.10个百分点。

7月18—19日　山西省委宣传部、省教育厅、省新闻出版局、共青团省委、省妇联、山西出版传媒集团主办，集团承办的山西省第十八届青少年爱国主义读书教育活动表彰大会在太原召开。李立功、姚维斗、林玉平、贾坚毅等领导应邀出席了会议。来自全省各地的读书活动先进单位、教师及中小学生代表200余人参加了表彰大会。本届读书活动有超过252万名中小学生参加，经过层层选拔，其中荣获全国特等奖的有77名，一等奖的有118名，二等奖的有236名，三等奖的472名，优秀奖的47300名。

7月19日　总参谋部测绘局及其所属星球地图出版社与集团共建的中国人民解放军国防教育基地在新华现代连锁公司举行揭牌仪式。

7月20日　集团将晋中、阳泉、运城新华书店所属各分公司连锁超市外立面改造项目列入2011年基本建设计划，总投资分别为3382297.97元、364261.73元、3425053.95元，由集团投资。

7月23日　集团同意晋中、临县新华书店设立新华现代连锁文化传播有限公司。

7月22日　太原市店召开规范收入分配秩序动员大会。

8月11日　省发改委主任李宝卿一行在晋中市委、市政府有关领导陪同下到集团物流基地进行工作调研。

8月12日　阳泉市店中标阳泉市图书馆2011年图书采购权。

8月17日　为贯彻落实新闻出版总署下发的《关于进一步加强中小学教辅材料出版发行管理的通知》精神，集团"两教"发行工作会议召开。会议重点围绕"两教"征订发行情况、交货晚、到货迟、教辅调价、清收账款等内容进行。

8月18日　省直工委文明办检查组一行来到集团总部，对集团文明和谐创建工作进行检查指导。集团党委常务副书记薛文森汇报了集团文明和谐行业创建工作情况。

8月19日　集团中标山西省农家书屋图书采购招标。

8月29日　集团主办的店社战略合作发展论坛举行。来自全国24家出版单位负责人参加了此次会议。论坛围绕数字出版大趋势下，店社如何进一步拓宽合作领域，丰富合作内涵，提升合作层次，实现优势互补，达到互利共赢进行了深层次的探讨交流。

8月30日　山西新华现代出版物连锁有限公司运营一周年，连锁公司举行了隆重的庆祝仪式。

9月7日　山西出版传媒集团党委副书记邓国帅一行到原平市店调研。

9月18日　由电子工业出版社、化学工业出版社、人民交通出版社、科学出版社、科学技术文献出版社、中国纺织出版社、中国轻工业出版社为首的"科技七社联合体"在太原举行第四届全国出版发行行业高层研讨会。集团董事长田文生在会上作了题为《网络冲击下的实体书店兴存之道》的主题发言。

同日　河北出版传媒集团副总经理、河北省店董事长张军良一行到集团调研。

9月22—25日　集团工作学习督导会召开。此次会议突出"学习、研讨、督导"三个关键词，中心议题是加快推进股份制改造、人才培养及加强管理。

9月23日　上海辞书出版社与集团联合举办的第六版《辞海》典藏本七省一市首发式暨研讨会在山西太原举行。来自河北、山东、河南、陕西、甘肃、新疆及北京等地的新华书店代表及上海辞书出版社相关人员参加了此次首发式。

9月24日　新闻出版总署副署长蒋建国在山西省委常委、宣传部长胡苏平的陪同下到集团物流中心进行调研。

9 月 30 日 山西省全民阅读月暨首届书展启动仪式在太原滨河体育中心举行。本届活动主题为"营造三晋书香",历时一个月,太原主会场、全省各市县新华书店分会场同时进行图书展销,并开展了图书漂流、公益献书、"十大藏书家"及"十本好书"、名家签售及读者报告会等不同形式的读书、品书、评书等活动。

同月 汾阳市店与市电视台合作创办的"书香汾阳"栏目开播。

10 月 19 日 外文书店通过 ISO9001:2008 质量管理体系复评工作。

10 月 22—23 日 按照 2011 年集团总体工作安排,为确保全省连锁之后各级公司销售快速增长,特别是解决文教类产品的货源保障工作,加快实现集团转型跨越发展的步伐,集团召开"2012 春季文教产品订货会"。

10 月 24 日 省直工委文明办检查组一行对集团总部精神文明建设情况、省级文明单位创建情况进行了检查。

10 月 25—26 日 集团召开第三季度经营工作会议。1—9 月份,集团实现销售收入 26 亿元,同比增幅达 263.9%,实现利润 6555 万元,同比增幅达 190.1%。

10 月 26 日 集团外文书店、山西图书大厦、太原书城、晋城书城、寿阳县店图书超市、河津市店图书音像超市、永济市店被中国书刊发行业协会评为"文明店堂",集团于 10 月 26 日在新华现代连锁公司举行了授匾仪式。

10 月 27—28 日 集团举行股份制公司相关知识培训,来自集团各子公司总经理、财务部主任或主管会计、股份制改革负责人以及集团总部相关部门负责人,共计 130 余人参加了培训。内容包括四部分:股份制公司诠释、政策法规、财务管理、会计核算。这次培训是集团根据推进系统股份制改革进程的需要而特别举办的。

10 月 31 日 经集团研究,同意柳林县店设立柳林新华现代连锁文化传播有限公司。

11 月 2 日 《中国新闻出版报》报道,山西新华书店集团 2010 年销售总额跨入全国十强。总发行企业销售总额排名前十依次是:湖南、安徽、山东、江苏、江西、浙江、四川、山西、重庆、湖北。

同日　集团召开党委中心组学习扩大会，传达贯彻山西省第十次党代会精神，集团领导班子成员、总部各部门负责人参加了会议。

11月15日　连锁公司分赴各地启动结算工作。

11月19日　平遥县店与县电视台共同策划的"新书推荐"栏目正式开播。

11月23日　为确保集团金蝶财务软件的正常运行和金蝶EAS项目的平稳运行，保证年终决算真实、准确、及时完成，集团举办了金蝶EAS项目强化培训。

11月24日　集团与江西新华发行集团战略合作签约仪式在南昌举行。双方此次签署的战略合作协议内容涉及强化战略交流、实现信息共享、进行业务互动、加强物流合作、探讨资本运营等诸方面。

同日　晋城市委宣传部、晋城市新华书店联合举办的"新华书店杯""读书放飞梦想"阅读演讲比赛举行。

11月28日　集团召开经理工作会议，安排年度决算工作。

12月6日　新华现代连锁公司召开市级子公司业务工作会议，对《连锁门店标准化管理手册》《连锁采购管理制度》《发货差异处理办法》《2010年度重点营销活动方案》《连锁门店配货及退货比例考核办法》等制度和办法进行了研究讨论，针对重点图书的发行、年终决算、回款，特别是2012年市场产品及POS机销售的目标要求等工作做了全新动员及部署。

12月7—18日　以集团党委常务副书记薛文森为组长的集团考核组历时10天，对11家市级子公司40名班子副职进行了学习情况闭卷考试及述职述廉述学民意测评。

12月12日　省新闻出版局山西省新闻出版行业文明单位检查测评考核组莅临集团检查指导工作。

12月14日　集团召开2012年春季"两教"工作视频会。

同日　省新闻出版局"山西省新闻出版行业文明单位"检查组一行莅临忻州市店检查指导工作。

12 月 16 日　山西新华现代传媒股份有限公司揭牌暨第一次股东会会议召开。产生了全体董事：田文生、胡昊、于宏钧、滕景云、刘兴太、刘海魁、解慧。董事会选举田文生担任董事长，聘任刘兴太担任总经理。

12 月 20 日　集团总部召开工作会议。在全面总结 2011 年全省发行工作的基础上，围绕深入学习贯彻党的十七届六中全会精神，就做好 2012 年工作进行了安排布置。

12 月 28—30 日　集团市场产品经营股份制改造暨转型产品推进会与集团 2012 年经济目标责任书签字仪式分别在长治与太原召开。集团班子成员、各子公司总经理、总部相关部门负责人、长治与晋城所属分公司经理共计 60 余人参加了会议。集团与 35 个子公司总经理签订了 2012 年 POS 机分月销售责任书与经济效益目标责任书。

12 月 31 日　2011 年度山西省十本好书新闻发布会举行。2011 年度十本好书评选是山西省全民阅读月系列活动之一，由外文书店承办。从 10 月 1 日至 31 日，通过集团网站向全省广大读者公布了待评的 100 本图书，由广大读者通过网络从中选出十本经典的、有代表性的好书。活动期间，共有近万名热心读者积极参与，收到 7000 多张投票，经过工作人员认真统计，十本好书应运而生。它们是：《中国共产党历史 1~2 卷》《五百年来谁著史》《公司的力量》《朱镕基讲话实录》《把信送给加西亚》《从怎么看到怎么办》《央企真相》《回望晋商》《好妈妈胜过好老师》《狼图腾》。

是年　集团销售码洋突破 47 亿元，全省人均购书码洋突破 60 元。

2012 年

1月 6—15 日 外文书店举办以"回归传统文化 现场赠写春联"为主题的新春文化节。

1月 7 日 晋城市 2012 年文化科技卫生"三下乡"活动启动仪式举行。晋城市店进行了现场捐书。

1月 13 日 集团对各级子公司总经理及总部各部门负责人进行了年度学习情况检验闭卷考试，考察其政治理论水平及学习效果。

同日 集团向出版传媒集团党委请示拟聘任申衍军同志为忻州新华书店有限公司党总支书记、副总经理（全面主持工作），免去刘培元同志忻州新华书店有限公司经理、党总支书记职务。

同日 经集团党委研究决定，任命任建国为永济新华书店有限公司党支部书记，免去申衍军党支部书记职务。

1月 14—15 日 集团 2011 年度述职述廉述学考核工作会议召开，各级子公司总经理及总部各部门负责人参加了年终考核。出版传媒集团领导、集团班子成员、调研员、老干部代表、各子公司负责人、总部各部门负责人及相关人员计 70 余人参加了会议。

1月 16 日 华育公司成立五周年庆典大会举行。华育公司的成立是新华书店和育人书店在体制机制改革进程中进行的有益探索，2011 年销售突破 8 亿元。

1月 18 日 山西出版传媒集团"同沐春风谱新篇"十大年度人物·十本年度好书颁奖典礼暨 2012 年春节团拜会举行。集团连锁公司信息总监李海燕、晋城市店总经理陈增平荣登 2011 十大年度人物之列。省委常委、宣传部长胡苏平，省人大副主任安焕晓，副省长张平，省政协副主席李谭生等为他们颁奖。集团选送的百人大型歌舞《和谐大家园》获得一等奖。

1月23日 大年初一上午，集团领导班子一行来到太原书城、外文书店进行慰问。

1月30日 以"文化大拜年，书香满龙城"为主题的2012"太原读书节暨惠民书市活动启动仪式"在太原书城举行。

同日 集团党委下发《关于在离退休干部中开展向解黎明同志学习活动的通知》，要求各子公司党组织、总部离退休干部积极开展向解黎明同志学习的活动，进一步推动系统离退休干部党组织和党员创先争优活动的深入开展。

1月31日 经集团领导研究，同意注销原"山西省出版对外贸易有限公司"，报请省新闻出版局，协助办理相关经营资质注销手续。

2月1日 集团召集考评结果低于考核平均值的10位干部和所在公司负责人举行了谈话会。

2月2日 集团召开2012春教材教辅征订工作会议暨打击盗版教材教辅联系会议。

2月5日 太原市委宣传部召开会议首次对文化大发展大繁荣作出积极贡献的个人进行大规模表彰。太原书城经理曹笑吟被授予"太原市优秀文化企业家"。

2月6日 集团连锁公司召开省城连锁旗舰店联合务虚会。主题围绕"同城化管理与一体化经营"，科学定位三大书城，创新体制机制，丰富同城化管理内涵，实现共同发展；提出三大书城2012年"1105"奋斗目标；安排部署全省开展服务质量年活动。

2月10日 集团制定出台总部子公司和职能部门2011年度绩效考核兑现办法。

2月14日 潞城新华书店有限公司划归长治新华书店有限公司，实行分公司管理。

2月15日—3月31日 集团在全系统开展"2012春季优秀文教图书促销"活动。活动主题为：优秀文教书，学习好帮手。

2月15日 集团荣获"首届全省新闻出版行业文明单位"荣誉。

2月17日　集团下发《关于开展"服务质量年"活动的决定》。通知指出，从2012年起，集团将大力开展"服务质量年"活动，以实际行动向党的十八大和集团成立十周年献礼。

2月17—18日　全国文化体制改革工作会议在太原举行。集团派员参会。

2月27日—3月2日　《中国新闻出版报》连续刊发5篇"看山西新华10年新变系列报道"，围绕集团成立十年来在改革大潮中的探索实践，分别从责任是"做"出来的、市场是"链"出来的、模式是"转"出来的、管理是"细"出来的、品牌是"塑"出来的等五个方面进行了高度总结和系列经验介绍。

2月27日—3月17日　连锁公司举办三期"全省连锁门店经理培训班"。

3月　集团召开集团成立十周年媒体座谈会，集团成立十周年庆典活动拉开帷幕。

同月　忻州市店新一届领导班子组建。申衍军任忻州市店党总支书、副总经理（主持工作）。

同月　春节前夕，集团全面开展2011年度"大众喜爱的50种图书"展示展销活动。

3月5日　根据工作需要，集团聘任刘海魁同志为新华现代出版物连锁有限责任公司副总经理。

同日　集团下发《关于对2011年度各子公司聘任干部目标责任考核结果的通知》和《关于对各级公司法定代表人兑现奖励的通知》，宣布考核结果，重新划分等级，并根据《山西新华书店集团2011年度聘任干部目标责任考核办法》和《山西新华书店集团董事会令》，决定对各公司及其法定代表人予以兑现奖罚。

3月9—11日　集团召开2012年工作会议。会议回顾了2011年集团主要工作，提出了2012年集团工作思路与工作重心，明确了转型路径与转型目标，安排部署2012年集团改革发展的主要任务：营业总收入36.25亿元（跨越发展目标：43.5亿元），利润总额1.335亿元，货款回收率92%，晋版上市图书销售收入增长率30%。

3月9—10日　青春作家笛安在外文书店进行签名售书。

3月10日　山西出版传媒集团教材中心与集团共同召开2011年度教材教辅发行表彰会。

3月23日　湖北新华发行集团总经理方平一行来集团调研，晋鄂两省举行了工作交流座谈会。

3月27日　集团党委组织总部部分党员干部职工参加了由山西省直属机关工委组织的在牛驼寨烈士陵园——太原解放纪念馆举行的祭奠烈士暨"牢记宗旨使命，保持共产党员纯洁性"革命传统教育活动。

同日　集团向各公司下发《关于核对清理集团原图书发行中心、音像发行中心账务的通知》，指出，各级公司图书、音像销售目前已全部纳入连锁系统，集团开始对所有从集团原图书发行中心、音像发行中心的进货及应付账款进行全面核对。要求各级公司高度重视，在4月25日前完成核对清理工作。

同日　集团批复同意设立山西新华现代连锁图书大厦文化传播有限公司和山西新华现代连锁外文书店文化传播有限公司。

3月30日　在全国新华书店业务技能大赛上，集团图书造型作品"晋商之道"荣获图书造型项目一等奖。

3月—6月　集团保持党的纯洁性学习教育活动展开。

4月10日　山西出版传媒集团副总经理琚林勇到万荣县店调研。

4月11日　安徽新华发行集团原董事长倪志敏一行来集团调研，并与集团领导进行座谈，山西出版传媒集团副总经理琚林勇出席座谈会。

4月9—13日　集团连锁公司大中专教材中心分赴各大院校举办了"山西新华书店集团2012年大中专教材巡展"。

4月13日　集团下发《星级门店、星级发行员管理办法（试行）》。《办法》的出台将进一步丰富集团企业文化，为"服务质量年"活动增添全新内容，注入新鲜活力。

4月16日　集团召开市级子公司总经理工作会议。议题是汇报工作会议精神贯彻落实情况；加强对分公司的有效管理，加快发展速度；加快转型，确保今年目标任务的圆满完成；面对教辅工作新形势，加强"两教"工作等。

4 月 18 日 新闻出版总署与中国新华书店协会共同主办，集团承办的全国新华书店业务技能大赛——计算机录入项目决赛在晋祠宾馆举行。来自全国各省（市）、自治区新华书店的 27 支代表队参加了比赛。经过激烈的角逐，集团选手王芳以最快的时间、准确的录入和排版的绝对优势夺得大赛第一名。

4 月 21 日 上海辞书出版社和集团联合在山西新华现代连锁公司举办《中国文学鉴赏辞典系列（珍藏本）》全国首发式，来自 20 个省、自治区、直辖市书店的与会代表，围绕本系列出版与发行工作进行了深入探讨和交流。

4 月 23 日 集团承办的山西省第二届全民阅读月暨省直机关首届"读书月"活动启动仪式举行。活动主题："阅读 进步 文明 创新"，从 4 月 23 日持续到 5 月 23 日。活动期间，省城太原举办了为期十天的大型书市，省内各出版社和新华书店汇聚 10 万余种、500 余万元优秀读物和优惠图书以飨读者。

4 月 24—26 日 集团"2012 名社好书进山西暨秋季文教产品订货会"举办。

4 月 27 日 为严肃集团纪律，规范员工行为，提高集团执行力，经集团董事会研究，并经集团职代会讨论通过，集团出台《山西新华书店集团员工处分暂行规定》。

4 月 29 日 太原市店与北京时代华语图书股份有限公司联合举办《蒙曼说隋：隋文帝杨坚》媒体读者见面签售会。

同月 祁县新华书店荣获山西省精神文明建设指导委员 2010—2011 年文明和谐单位荣誉称号。

5 月 7 日 山西出版传媒集团举行保持党的纯洁性学习教育活动专家辅导报告会。集团班子成员与总部各部门负责人参加了报告会。

5 月 9 日 山西省第五期农家书屋招标。集团经过一段时间的精心准备，当日积极投标并中标。

5 月 11 日 山西省新闻出版局召开全省新闻出版系统信息宣传工作会议，集团作为宣传信息直报点参加了会议。

5 月 15 日 山西省新闻出版局召集全省各市文广新局、省邮政公司、各市新华书店主要负责人在集团连锁公司召开"山西省 2012 年第五期农家书屋工程建设工作会议"。会议通报了山西省一至四期农家书屋工程建设情况，安排部署了第五期农家书屋建设工作。

5 月 15—16 日　集团召开市场产品经营工作会。

5 月 16 日　集团召开教材教辅征订工作会议。

5 月 18 日　集团聘任高爱玲为集团党委办公室主任；张贵宝为外文书店副总经理；艾晓斌为新华现代传媒股份有限公司副总经理。聘任吴向勤为临汾新华书店有限公司常务副总经理，张晋为副总经理；王新民为吕梁新华书店有限公司副总经理。集团党委任命张朝阳为临汾新华书店有限公司党总支副书记、纪检委员。

同月　集团被山西省精神文明指导委员会授予 2010—2011 年度"山西省文明和谐单位"。此外，集团还荣获由山西省直机关劳动竞赛委员会、山西省直属机关工作委员会颁发的 2011 年度"山西省直机关五一劳动奖状"，阳泉市店张艳娜荣获 2011 年度"山西省直机关五一劳动奖章"。

6 月 6—7 日　山西出版传媒集团调研组先后到兴县、临县、吕梁市店进行考察调研。针对新华书店的创新转型、跨越发展提出了"四条路径，一个目标"。

6 月 12 日　根据《山西出版传媒集团财务会计决算工作考核评比暂行办法》有关规定，为充分调动广大财务人员的工作积极性，集团下发《关于表彰 2011 年度财务会计决算先进单位的通知》，对各子公司 2011 年度财务会计决算工作进行了考核评比表彰，共评出 7 个优秀单位、9 个良好单位，分别给予了 500—300 元的奖励。

同日　集团研究同意，将阳城新华书店凤凰东街门市部维修改造项目列入 2012 年基本建设计划，由集团公司投资 280 万元。

6 月 16 日　山西省十大藏书家表彰活动在山西图书大厦隆重举行。

6 月 19—20 日　为将党的纯洁性教育活动与实际工作紧密结合，进一步把纯洁性教育活动成果转化到改革发展实践中，集团领导班子成员带队，赴各市子公司参加为期一天的领导班子"保持党的纯洁性"专题民主生活会。

6月26—29日　集团组织各子公司总经理、总部有关部门到兴县蔡家崖——山西新华发祥地参观学习,接受传统教育,并在岚县召开保持党的纯洁性教育活动总结暨集团2012年上半年工作会议。会议总结了集团开展的保持党的纯洁性教育活动,对集团系统先进单位和个人进行"七一"表彰,表彰了全国业务技能大赛获奖人员,介绍了新华传媒公司重点产品,签订了2012年华电公司产品目标责任书,安排部署2012年秋季"两教"工作。

同月　晋城市店举办了岗位竞争演讲答辩会,对部分岗位实行竞争上岗。

同月　《山西新华书店集团领导干部廉洁从业暂行规定》知识竞赛圆满结束。

7月12日　集团下发《关于对各级公司主要岗位从业人员进行出版物发行员职业(技能)资格鉴定的通知》。要求在2012年下半年对系统未取得从业资格证的主要岗位从业人员进行出版物发行员职业(技能)培训、考核与资格鉴定。

7月16日　集团转发出版传媒集团《转型再创新业绩　发展再上新高度——出版传媒集团传达贯彻省委书记袁纯清同志重要批示精神》,要求各级公司及时传达出版传媒集团会议精神,组织干部职工认真学习领会,全面贯彻落实。

7月18—19日　集团再次召开市场产品经营专题工作会。此次会议是继2月13日、5月15日两次市场产品经营工作会后的第三次专题会议,是当年集团市场产品经营的又一次鼓劲会、推进会。会上讨论了一系列管理制度及总经理经营项目推荐制、项目(产品)经理制、连锁门店请配考核办法等。对"两教"重点产品发行进行了安排布置。

7月18—20日　山西出版传媒集团领导就新华书店连锁经营后基层店的销售管理情况,赴大同书店调研。

7月20—22日　山西省委宣传部、省教育厅、省新闻出版局、共青团省委、省妇联、山西出版传媒集团主办,集团承办的山西省第十九届青少年爱国主义读书教育活动表彰大会召开。来自全省读书活动的先进单位、教师及中小学生代表200余人参加了表彰大会。读书活动以"建设幸福中国"为主题,共有240万名中小学生踊跃参加。

同日　集团党委转发省委组织部《关于在全省党员干部中开展向彭云同志学习活动的通知》，要求在全省党员干部中开展向彭云同志学习的活动。

　　同月　集团被山西省连锁经营协会授予"2010—2011年度山西连锁经营十强企业"称号，田文生董事长被授予"连锁经营风云人物"。

　　同月　集团首次实现时间过半任务过半。上半年，集团主营业务收入码洋27.5亿元，同比增长47.84%，绝对额增加8.9亿元；营业总收入20.6824亿元，同比增长46.86%，绝对额增加6.6亿元，为年度目标的51.71%；实现利润8364万元，同比增长26.66%，绝对额增加1760万元，为年度目标的62.65%；三项期间费用率8.07%，同比下降2.56%。全系统上半年完成了去年九个月的工作量，首次实现了真正意义的"时间过半任务过半"。

　　8月2日　集团召开全系统学习贯彻胡锦涛总书记"7·23"讲话精神会议。

　　8月11日　省净化社会文化环境督查组莅临运城市店进行调研。

　　8月15日　省净化社会文化环境督查组莅临高平市店进行调研。

　　8月16日　潞城新华书店被授予2010—2011年度省级"文明和谐单位标兵"牌匾。

　　8月17日　集团制定印发《各子公司总经理经营项目推荐、实施及考核管理制度》《连锁经营流程监控管理及考核制度》《关于建立项目（产品）经理制的指导意见》和《山西新华现代出版物连锁有限责任公司连锁门店请配考核办法》等管理制度与考核办法，标志着集团在股改工作不断深入，市场产品经营在创造市场品牌价值，提升核心竞争能力，树立良好社会形象等方面探索和奋进时期在制度建设、保障、创新上掀开了新的一页。

　　同日　集团研究决定，任命靳东明为五台新华书店党支部书记，解聘赵志伟常务副总经理职务，免去其党支部书记职务。

　　8月28日　集团向山西省发改委递交请示报告，申请对《山西新华书店集团新华现代连锁物流二期建设项目可行性研究报告》予以批复。

　　8月29日　集团召开省城三大书城业务工作会。会议主要探讨三大书城同城化管理与组建股份制性质的联合公司等内容。

同月　祁县县店荣获山西省精神文明建设指导委员会"2010—2011 省级文明和谐单位"荣誉称号。

同月　全省各店认真学习贯彻胡锦涛"7·23"讲话精神。

同月　集团举办山西新华书店集团连锁经营百题知识竞赛。

9月1日　太谷县新华书店与太谷县第二幼儿园联手合办的"太谷二幼分园"开园暨新生开学仪式举行。

9月3日　集团成立维稳信访综治工作领导组及办公室，同时要求各子公司做好维稳信访及综合治理工作。

9月5日　集团向李小鹏常务副省长递交《关于在山西省高校教育园区购置土地建设"国际教育书城"的申请》。申请在山西省高校教育园区投资购置 50 亩土地，建设"国际教育书城"，更好发挥书店集团物流配送基地的辐射作用和连锁经营效能，进一步完善教育园区的办学条件，为促进山西省高等教育事业的可持续发展提供平台支柱、文化支撑和智力支持。

同日　集团党委印发《山西新华书店集团党委关于加强新形势下基层党建带团建工作的实施意见》。

9月7日　山西出版传媒集团总经理王宇鸿一行到物流中心发货现场，了解教材教辅发行状况，解决实际问题，慰问辛苦劳作的一线员工。

同日　集团传媒公司举办首次业务流程专场培训。

9月9日　集团关爱学生健康，塑造新华品牌 2012 年秋季环保书套项目启动。

9月10—28日　集团与山西新闻出版行业特有工种职业资格鉴定站，联合举办了针对系统内未取得从业资格证的主要岗位从业人员的，出版发行员职业资格培训班。

9月13日　集团党委、董事会研究同意定襄县店改扩建综合超市项目列入 2012 年基本建设计划，建设规模 3512 平方米，总投资 289 万元，由集团投资。

同日　集团党委、董事会研究同意汾阳市店购置营业场所的方案。购置面积 4521.33 平方米，由集团投资。要求其尽快办理有关手续，积极争取当地政府补贴和优惠政策，力争以最低价格成交，并将新华文化广场的经营运作做出可行性方案报集团审批。

同日　集团党委、董事会研究同意临汾市店所属蒲县等四县店改造营业场所项目列入 2012 年基本建设计划。其中：蒲县店建设规模 312.88 平方米，投资 156 万元；隰县店建设规模 439 平方米，投资 211 万元；乡宁店建设规模 760 平方米，投资 226 万元；霍州店建设规模 1461 平方米，投资 528 万元；总投资 1121 万元，资金由集团贷款解决。

同日　集团党委、董事会研究同意平遥县店建设营业楼及库房项目列入 2012 年基本建设计划。营业楼占地面积 1102.08 平方米，三层总建筑面积 3306.24 平方米，投资 710 万元；库房总建筑面积 850 平方米，投资 130 万元；硬化地面投资 30 万元。总投资 870 万元，资金来源：企业自筹 370 万元，集团投资 500 万元。

9 月 14 日　新华现代连锁公司与上海起源科技有限公司北京分公司联合举行了"流程优化及绩效考核项目"启动会。

9 月 16 日　集团紧急召开全省业务工作会议。针对严峻的"两教"发货情况与连锁门店 1—8 月销售情况，紧急安排部署今秋"两教"发行与 POS 机销售等相关工作。

9 月 17 日　集团下发《关于切实做好涉日维稳工作的紧急通知》，要求各级公司认真学习了解涉日最新形势，增强政治意识、忧患意识与大局意识，与党中央、上级党委保持高度一致，切实做好维稳工作。

同日　集团召开涉日维稳会议。

9 月 17—28 日　集团展开"两教"发行大会战，启动快报机制。

9 月 20 日　集团召开三大书城第三次联席工作会议。本次会议主要是讨论山西新华现代联合书城有限公司筹建方案。

9 月 21 日　新闻出版总署企业使用正版软件工作督查组到集团现场督查使用正版软件工作情况，集团总经理张隆光与常务副总刘兴太作专项工作汇报。

9 月 25 日　集团党委、董事会研究同意古县店新建综合楼项目列入 2012 年基本建设计划。新建综合楼建设规模 4598.9 平方米，营业面积 2874.8 平方米，职工公寓建筑面积 1724.1 平方米。总投资 937 万元，资金来源：职工公寓由职工集资 362 万元，其余 575 万元由集团投资。

同日　集团在全国农家书屋工程建设总结大会上荣获"全国农家书屋工程建设突出贡献单位"称号。山西省农家书屋建设工程自 2009 年 5 月开始，至 2012 年 6 月，历时近四年，分为五期共计建设了 28339 个农家书屋，实现了山西省农家书屋全覆盖，提前三年完成农家书屋工程建设任务。一至五期配送图书音像制品 7087 种，4534 万册，码洋 7.14 亿元，80.05 万包件。

9 月 29 日　集团紧急召集新华现代连锁中心、新华传媒公司、新华物流中心负责人及相关业务人员召开了"十八大读物发行专题工作会议"。

10 月 9 日　集团同意孝义市店重建教材图书库和怀仁县店建设仓储办公室方案。其中，孝义建设规模 750 平方米，集团投资 120 万元；怀仁建设规模 2218 平方米，集团投资 165 万元。

10 月 15—16 日　集团召开 2012 年三季度经营工作会议。各子公司总经理分组汇报了工作，集团班子成员安排了分管工作，签订了 2013—2015 年营业总收入目标责任书与"两教"重点产品目标责任书。

10 月 15—16 日　外文书店顺利通过上海方圆 ISO9001：2008 质量体系认证复审。

10 月 17 日　集团举行 2012 年"新华杯"图书推介业务技能比赛，来自全系统 32 个代表队的 62 名选手参加了比赛。本次比赛分经理与员工两组进行。朔州市店王红旗和大同市店卢新湘以优异成绩分别夺得经理组和员工组的桂冠，大同、朔州、祁县、外文书店分别获得优秀组织奖。

10 月 18—22 日　集团举行书店系统首届职工运动会。来自全省 12 支代表队 240 名运动员展开乒乓球、羽毛球、篮球三个大类 7 小项赛事的冠军争夺战。

10 月 19—22 日　集团举行"山西省首届馆配图书暨 2013 春季文教产品订货会"。来自全国 150 多家出版物供应商、30 多家传媒产品供应商、60 多家省内馆配客户近 400 名代表参加了会展。

同月　各店举办黄金周销售活动。

11月5日　为迎接党的十八大的胜利召开，集团下发《关于开展迎接党的十八大优秀出版物展示展销活动的通知》，要求全系统各级公司全力以赴开展好展示展销活动，确保政治任务与销售任务的双丰收。

11月6日　《中国新闻出版报》刊登"2012年出版物发行单位年度核验工作结束 2011年发行业实现销售总额2928亿元"一文，根据年度核验数据显示，在全国101家总发行和25家全国连锁企业中，山西新华书店集团销售总额排名第六，比2010年提升两个名次。

11月15日　集团党委组织会议，召集各子公司总经理、总部职能部门负责人、总部各支部书记、连锁公司中层以上干部近70人，共同学习十八大报告精神。

同日　集团召开子公司总经理项目推荐、审定及订货会，18家子公司就所荐项目的市场分析、投资预算、风险控制、预期收益、合作方式等进行了论述，经与会人员投票，太原、大同、阳泉、临汾、运城、汾阳、祁县、高平、孝义、阳城十家子公司所荐项目通过审定并于11月16日下午现场订货。

11月20日　集团党委举行中心组扩大会议，专题传达贯彻党的十八大精神。

11月21日　山西省党的十八大重要文件首发暨赠书仪式在山西新华书店集团外文书店举行。

11月22日—12月3日　按照集团服务质量年活动领导组的整体安排，集团领导带队兵分四路对18个县级子公司及部分县级市公司进行了全面系统地检查、总结、评比和验收。

11月23日　集团同意设立山西新华书店集团外文文化传播有限公司，并要求在具体操作过程中注意董事会构成、经营范围、职工股份、不动产授权等事项。

同月　全系统掀起学习宣传贯彻党的十八大精神热潮。

12月8—9日　集团第二批总经理经营项目推荐、审定及订货会举行。集团领导班子成员及 31 个子公司总经理参加了会议。此次会上,有 15 家子公司的推荐项目通过审核并现场订货,总额达 800 余万元。本次推荐项目涉及教学、家居、电器、礼品、旅游、出版、年货、数字技术、数码产品等各方面,在广度、深度及规模上都更进一步,产品质量有了很大提高。

12 月 9 日　李飞被任命为山西新华书店集团副董事长、总经理。

12 月 19 日　集团总部积极开展"送温暖、献爱心"社会捐助活动。

12 月 20 日　集团建设"美丽书店"现场会暨"两教"发行工作总结会在临汾召开。此次会议围绕建设"美丽书店"这一主题,进行了研讨及探索。

12 月 28 日　朔州市店新一届领导班子组建,院恒利被任命为朔州市店党总支书记、总经理,任期三年。

同月　全系统各店认真学习贯彻党的十八大精神,扎实有序推进各项工作,并掀起十八大学习辅导读物征订发行热潮。

是年　山西新华书店集团成立十周年。集团举办了纪念征文、出版专刊、制作宣传片、举办首届职工运动会等一系列庆典活动。

是年　集团把考核重心放在市场产品经营上,将 POS 机考核作为集团"1号"实事。全省 POS 机销售突破 3 亿元,创历史最好水平。

是年　集团经营业绩实现新发展,年销售码洋突破 65 亿元,同比增加 17.25 亿元,增幅达 36.1%。

是年　全系统人均收入同比增长达到 16.6%。

2013 年

1月4日 集团下发文件，要求在全系统开展建设"美丽书店"活动，并按照《山西新华书店集团关于建设"美丽书店"的决定》，认真学习，深刻理解，创新思想、提高认识，与时俱进、结合实际，为建设"美丽书店"贡献集体智慧和团队力量，为各项活动细则的出台，积极、主动、及时提出合理化建议和意见，以利于整体活动的全面贯彻、有序推进、强力执行和获得实效。

1月10日 省委常委、宣传部长胡苏平，运城市委常委、宣传部长王蕾，河津市委书记胡宝，市委常委、宣传部长王同华一行到河津市新华书店图书大楼工地进行调研，胡苏平部长指出，作为文化宣传的阵地，图书大楼建设要建、管、用相结合，投用后要加强管理、延长开放时间，要真正发挥其传播先进思想和文化的作用。

1月14—16日 集团领导班子三年任期考核及全系统干部年度考核先后举行。

1月14日 集团教材发行公司收到《新华字典》中标通知书，确定集团为农村免费《新华字典》发放项目第一包新华字典（一）（小学 2000828 本）、第二包新华字典（二）（初中 1135360 本）的中标供应商。

1月25日 集团与上海文艺出版社正式签署战略合作协议。本次协议的签署使集团与上游供应商建立紧密、稳定伙伴关系的战略合作单位达到了 30 家，扩大双方在各自行业领域的影响力、共同促进和推动出版事业的发展再次拉开帷幕。

1月28日 朔州市推动城乡发展一体化、新五个全覆盖工程暨文化、科技、卫生"三下乡"活动在朔州市平鲁区白堂乡文化广场全面启动。朔州市店作为参加"三下乡"活动的成员单位进行了现场捐书活动。

1月26—30日　出版传媒集团琚林勇副总经理、集团田文生董事长、刘兴太常务副总经理等带队，集团组织连锁公司相关部门负责人与全省11个市级子公司总经理、省会三大书城总经理赴厦门与深圳学习考察了外图厦门书城与深圳书城中心城、深圳南山书城，实地参观、座谈交流、现场体验、情景实录等方式，重点考察学习大型书城的先进经营理念、科学经营业态、特色经营模式。

1月22日—4月20日　太原书城推出主题为"春潮涌动满龙城，文化年礼伴人生"系列文化读书活动。

同月　集团被山西省政府命名为山西省文化产业示范基地，集团董事长田文生被确定为首批山西省宣传文化系统"四个一批"人才。

2月2日　山西出版传媒集团"书香三晋春意浓2012年度十大人物·十种好书颁奖典礼暨2013年春节团拜会"举行。集团常务副总经理刘兴太、阳泉市店综合管理部经理张艳娜当选为2012年度十大人物。集团选送的大型歌舞《锦绣江山中国梦》荣获一等奖，同时荣获组织奖。

2月16日　出版传媒集团领导一行7人深入集团，围绕书店系统体制改革、产业转型、结构调整、信息化建设及人才队伍建设等问题进行调研。

同日　出版传媒集团领导在集团董事长田文生、总经理李飞的陪同下莅临太原书城，慰问一线员工。

2月18日　为贯彻中央关于改进工作作风、密切联系群众的八项规定，以及省委、省政府和新闻出版总署有关精神，根据《山西出版传媒集团关于改进工作作风、密切联系群众的实施意见》，结合山西新华书店集团的实际，集团制定并向全系统下发了《山西新华书店集团关于改进工作作风、厉行勤俭节约的规定》，包含五项内容：1.精简会议文件；2.厉行勤俭节约；3.开展阳光操作；4.坚持务实为民；5.加强监督检查。

2月19—21日　集团召开科学发展座谈会，集团领导班子成员、11个市级子公司总经理、集团总部、连锁公司相关部门负责人围绕集团如何科学发展，转什么型、走什么路、干什么事进行了热烈的大讨论。

2月22日　出版传媒集团副总经理安小慧一行四人莅临忻州市店，宣布申衍军同志担任忻州市店总经理。

　　同月　春节前夕，田文生董事长、李飞总经理陪同出版传媒集团副总经理吕建新到新华书店老领导黄震宇、王书铭及特困职工王建伟家中进行慰问。

　　3月7日　集团副总经理武秋英在"省城妇女庆三八'全面建设小康　巾帼立新功'动员大会"上，荣获山西省省直单位"三八红旗手"荣誉称号。

　　3月11日　为充分发挥分级分类管理在企业经营管理中的积极作用，经集团董事会批准，根据对各子（分）公司2010至2012年供应水平、利润率、三项期间费用率、劳动生产率综合计分排名，决定对二、三、四类公司中连续三年排名靠前的公司上调一档分类（二、四类公司为前五名，三类公司为前十名）；对二、三类公司中连续三年排名靠后的公司下调一档分类（二类公司为后五名，三类公司为后十名）。

　　3月13日　集团下发《关于山西新华现代传媒股份有限公司与山西新华现代出版物连锁有限公司正式分离的通知》，为积极推进集团转型跨越科学发展，进一步适应现代企业制度的要求，不断完善法人治理结构。

　　3月14日　集团召开文教图书百日优惠促销活动及春节销售情况汇报工作会。

　　3月18日　出版传媒集团副总经理崔元和、琚林勇、财务总监邝建英、资产财务部主任杨兆刚、副主任高红萍一行五人到集团总部就资金、资产运作情况进行专题调研。

　　3月26日　山西图书大厦、山西科学技术出版社联合举办的《健康掌握在自己手中》大型公益讲座在太原市工人文化宫举行。

　　3月27—28日　集团召开2012年度表彰大会暨2013年工作会议，会议表彰了集团2012年度十大人物、十佳书店、先进单位、优秀团队、先进个人，对2012年度目标责任考核兑现情况进行了通报并颁奖，对十八大暨党史类图书发行及"两教"发行优胜单位予以表彰并颁奖。武秋英、何金波代表集团与子公司签订2013年秋季"两教"征订目标责任书。

3月28—29日　集团召开"子公司总经理推荐经营项目大型订货会"。本次订货会云集 29 家子公司总经理所荐全部经营项目，涉及学校，学生用品，家庭电器，工艺品，瓷器漆器，饮料酒水，健身器械等十大类产品。

4月1日　集团副总经理、传媒公司总经理张治端带领传媒公司业务骨干赴五一路书店、古籍书店、教育书店、太原书城及图书大厦等 5 家门店进行调研。

4月3日　外文书店与山西省太原市第三监狱联合举办"书香飘狱园"赠书活动，共向监狱方赠送图书 500 册，价值 1 万余元。

4月8—10日　集团 2013 年高校教材巡展会分别在运城师范、运城学院、山西水利职业技术学校举行。

4月9日　集团召开第一期幼儿、数字、网络教育产品市场营销培训会。来自全省 113 个基层新华书店的业务主管参加了培训。

4月11日　新华现代传媒股份有限公司第二次股东大会召开，会议由田文生董事长主持。张治端副总经理通报了传媒公司 2012 年的经营情况、2013 年的工作规划、公司运营方案及证照办理情况。会议通过了《关于山西新华现代传媒股份有限公司改选董事会董事提案》《关于山西新华现代传媒股份有限公司改选监事会监事提案》。

同日　集团连锁公司大中专教材发行中心偕同冶金工业、煤炭工业、旅游教育等 26 家出版社，在临汾职业技术学院图书楼联合举办了"山西新华书店集团 2013 年高校教材巡展"活动。

4月12—13日　集团举办"总经理推荐经营项目信息系统实操及市场营销培训班"，邀请凤凰书城陈景和授课。集团各子公司总经理推荐项目及各县级分公司具体承办人、各级连锁门店营销人员、连锁公司图书业务采购人员近 150 人参加了培训。

4月21日　山西著名画家肖刚钢笔画新作《名街老巷》首发仪式在外文书店举行。

4月23日　山西省委宣传部、省财政厅、省教育厅、省新闻出版局、团省委、省妇联、山西出版传媒集团联合举办的山西省第三届全民阅读月活动启动仪式在太原市滨河体育中心举行。集团承办了此次全民阅读月活动。活动的主题为"读书·明理·进步"。从 4 月 23 日—5 月 1 日，集团在滨河体育中心举办了为期九天的大型书展。

4 月 28 日　山西省五一表彰大会召开，集团董事长田文生、河津市店子公司总经理卢永红荣获山西省五一劳动奖章。

4 月 29 日　集团成立党的十八大精神宣讲团，由领导班子带队，分赴全省各店宣讲党的十八大精神。

5 月 3 日　集团总部团支部组织青年团员赴山西出版传媒集团定点扶贫点五寨县梁家坪乡进行了图书捐赠活动。为做好此次捐赠活动，集团总部团支部共挑选了280 种 365 册图书，主要包括科学技术、文学艺术、工具类图书等，为当地农民提供了一份爱心。

同日　山西图书大厦在山西省新康监狱监区举办"文化就是改造力　书香进监区"的"爱心帮教"教育活动。

5 月 5 日　集团召开全省"两教"信息化系统实操培训，要求全面启用"两教"信息系统，把"两教"信息全面纳入集团的管理。

5 月 7—10 日　集团举行 2013 年名社好书进山西暨秋季文教产品订货会。来自全国各地的 130 多家出版商、30 多家多元化产品供应商参加了此次订货会。连锁公司实现订货 9000 多万元，总经理推荐经营项目实现订货 13500 万元，新华现代传媒公司实现订货 3449 万元。

5 月 8 日　山西图书大厦走进太原师范学院，携手青年作家张悦然开展"与书私奔"专题讲座。

同日　外文书店联合太原理工大学、上海文艺出版社在太原理工大学举办了格非作品读者互动交流暨签售会。

同日　吕梁召开全市系统"两教"信息系统相关人员培训，各店财务、业务及库管人员共 30 余人参加了培训。

5 月 10—11 日　集团召开总经理工作会议。主要总结 1—4 月份工作，安排下阶段主要任务。会议提出了今年的三大重点任务："一号资产""一个符号"

"一项提升"，即"两教"信息化管理工作；深化全省薪酬制度改革；抓好总经理推荐项目工作。

5月15日　出版传媒集团召开2013年度工作会议。出版传媒集团董事长王宇鸿对集团提出了"加快股改步伐，争当体制机制改革的排头兵；加强店社合作，争当带动产业发展的火车头；加速多元经营，争当做大产业规模的主力军；加紧网点建设，争当山西图书市场的掌控者；加大电商业务，争当推进数字转型的大引擎"的新要求。

5月28日　出版传媒集团副总经理琚林勇到集团总部，针对全省发行营销工作进行专题调研。此次会议围绕集团2013年工作，重点从体制改革、社店合作、"两教"发行、中盘建设、电子商务等方面内容展开。

6月1日　山西省"十本好书"评选结果揭晓。"十本好书"分别为：《论中国》《爱的教育》《正能量》《邓小平时代》《重温最美诗词》《舌尖上的中国》《百年孤独》《看见》《狼图腾》《谁的青春不迷茫》。

6月6—7日　内蒙古新华发行集团冀学博总经理一行到集团进行考察调研。

6月13日　太原市店召开全体中层干部大会，集团党委常务副书记薛文森宣布了集团党委人事任命决定：任命宋少华为太原市店常务副书记，曹笑吟、马新良为太原市店副总经理。

6月15日　集团与晋氏实业有限公司正式签署战略合作框架协议。晋氏实业有限公司专门为新华书店定制"华文堂"泽州铁货。这一协议的签署，是集团实现转型升级、多元发展的一大创举。

6月17日　集团召开2013年秋季"两教"征订工作视频会议，要求全省书店迅速掀起新一轮的征订高潮。

6月18日　高平市店在当地政府公开采购农家书屋配建用书中，竞得158万元的农家书屋图书发行权。

6月19日　忻州市店召开会议，集团党委常务副书记薛文森莅临会议，宣布夏雪冰同志担任忻州新华书店有限公司党总支常务副书记的任职决定。

6月20—21日　出版传媒集团董事长王宇鸿、总经理梁宝印一行在集团董事长田文生、总经理李飞陪同下，深入临汾、乡宁、吉县书店考察调研指导工作。对于集团未来发展，提出继续抓好"六个不放松"。即：抓好主业不放松、抓好转型不放松、抓好改革不放松、抓好管理不放松、抓好队伍不放松、抓好民生不放松。

6月22日　拥有600多万微博粉丝，史上"最萌法师"、网络红人延参法师携新书《绳命》《浮云》在太原书城举行新书签售会。

6月27—28日　集团代表队参加省直工委第九套广播操比赛摘得银奖。

6月29日　首届山西文化产业博览交易会在太原煤炭交易中心开幕。集团与教育科学出版社、山西省电化教育馆共同组建的山西华电教育传媒有限公司作为山西出版传媒集团文化产业的引资合作项目、省属10个重点项目之一，在会上举行了签约仪式。

7月3日　长治新华书店潞城分公司职工孙立军撰写的论文《发挥报媒优势助力全民阅读——基于报纸媒体读书报道的实证思考与启示》在中国图书馆学会、韬奋基金会、中国图书公司等主办的"出版界图书馆界全民阅读年会"上获得主题论文征文活动二等奖。

7月5—6日　新华现代连锁公司邀请来自方圆标志认证集团上海有限公司的盛太教授，为公司审计员及主管以上干部57人进行了为期两天的质量管理体系认证培训。

7月8—9日　集团召开党建工作总结暨2013年上半年工作会议。会议全面总结三年党建工作，进行"七一"表彰；总结1—6月份经营情况，安排部署下半年各项工作。田文生董事长作了题为《中国梦引领新华梦　新华梦践行中国梦》的工作报告。截止六月底，集团实现销售收入码洋43.23亿元，比上年同期增加15.74亿元；实现营业总收入32.26亿元，比上年同期增加11.58亿元；实现利润总额8803.85万元，比上年同期增加439.42万元。

7月11日　出版传媒集团副总经理安小慧、人力资源部主任路建宏、副主任邢海民一行到集团就人力资源管理工作进行专题调研。

同日　大同市店联合希望出版社、九春教育集团举办首届学前教育研讨会。

7月15日 省新闻出版局副局长安洋一行到集团总部调研。以党的群众路线教育实践活动为主题，分别从新闻出版局领导干部工作作风、发展改革中存在的问题、如何开展好党的群众路线教育实践活动、如何推进改革创新工作四方面内容专程征求意见。

7月17日 山西省第二十届青少年读书教育活动表彰大会在太原举行。本届读书活动的主题为"做一个有道德的人"。本次活动吸引了全省超过240万名中小学生参与。经过层层选拔，获全国特等奖、一等奖的有170名，二等奖的有204名，三等奖的有470名，优秀奖的有40697名。

同日 集团召开党的群众路线教育实践活动首次会议，传达出版传媒集团群众路线教育实践活动"学习教育、听取意见"环节主要工作联席会议精神。

7月18日 为认真贯彻落实中央、省委和出版传媒集团党委有关开展党的群众路线教育实践活动的精神和要求，强化组织领导，确保活动扎实有效开展，经集团党委研究决定，成立集团党的群众路线教育实践活动领导组及相关工作机构，并具体安排了领导组、办公室和督导组的分工。

7月19日 集团总部团委改选，并向山西出版传媒集团团委递交请示报告。

7月24日 集团召开党的群众路线教育活动领导组会议，围绕全面展开教育实践活动，对全系统进行部署安排。会议确定了集团党的群众路线教育实践活动领导组及相关工作机构设置。

同日 阳泉市店文教书店参加阳泉市政府采购中心就阳泉市图书馆2013年图书采购招标工作，成功中标823529元的图书采购权，阳泉市店已连续五年成功中标。

7月26日 集团首届音像电子出版物暨大文化产品观摩订货会在长治召开。集团领导班子成员，各级公司总经理及相关业务人员参加。此次订货会呈现：规模大、产品多、形式新、收获丰五个特点。

同月 祁县新华书店荣获中国书刊发行业2011—2012年度出版物发行行业"文明店堂"称号。

8月2日 集团领导班子进行了党的群众路线教育实践活动集中学习。全体班子成员、总经理助理和教育实践活动办公室工作人员参加了学习。

8月8日　集团党的群众路线教育实践活动动员大会举行。安排部署全系统党的群众路线教育实践活动。

同日　集团召开总经理业务工作会议，安排部署下阶段经营管理各项工作。

8月9日　出版传媒集团董事长王宇鸿，总经理梁宝印，副总经理琚林勇、荆作栋及相关职能部门、成员单位负责人一行9人到集团，围绕党的群众路线教育实践活动广泛征求意见并调研座谈，指导工作。

同日　山西省规范教材教辅市场秩序联系会议召开。

8月22日　出版传媒集团总经理梁宝印、副总经理荆作栋、教材中心主任张隆光一行带着慰问品亲临集团连锁公司物流中心"两教"收、发货现场进行慰问。截止22日，新华物流中心到货总量达3819万册，近44770万码洋。

8月24日　"大道之源——国学大讲堂"进百家企业学校活动在太原书城首站开讲。

8月26—28日　集团连锁公司召开党的群众路线教育实践活动暨连锁公司成立三周年子公司业务经理座谈会及职工代表座谈会。

8月30日　集团连锁公司举行职工趣味运动会、书法绘画摄影展及"我与连锁共成长"征文比赛，以热闹、俭朴而庄重的形式庆祝连锁公司成立三周年。

同月　全系统全面掀起了党的群众路线教育实践活动。

9月2日　山西省总工会、省文化厅、省新闻出版局、山西出版传媒集团联合举办的"阅读强素质·共筑中国梦"山西省首届职工读书节启动。

9月12日　按照出版传媒集团精神，集团要求各公司对本单位违规车辆全面核查清退，并做了八条清退规定。同时，各公司要组织相关人员于9月20日前向集团纪委做出《个人报告承诺书》。

9月15日　太原市店新阅咖啡馆开业。

9月17—18日　晋城市店开展为期2天的新员工岗位规范化培训。

9月22日　集团工会综合管理部下发《关于做好2013年度"滴水"助学基金募捐工作和受理申请工作的通知》，号召全系统高度重视，严格按照出版集团

《滴水助学基金会章程》，广泛开展帮助困难职工家庭"滴水助学基金"爱心募捐活动，同时全面落实滴水助学基金受理申请工作。

9月24日　集团召开组织工作会议，集中传达学习全国组织工作会议精神，贯彻落实出版传媒集团组织工作会议精神，部署全系统组织人事工作。集团领导、市县子公司总经理、市级子公司分管"两教"副总经理及集团总部门负责人参加了此次会议。

同日　集团召开2014年春季"两教"工作会议。田文生董事长与29个子公司总经理签订了"两教"目标责任书。山西出版传媒集团党委副书记邓国帅、副总经理琚林勇一行到会，对集团党的群众路线教育实践活动进行工作部署和安排指导。

9月26日　出版传媒集团督导组在集团总经理李飞、纪检书记车有才陪同下到吕梁市店就党的群众路线教育实践活动开展情况进行严密检查和细致的指导。

9月30日　晋城新华现代连锁文化生活超市开业，标志着晋城市店转型发展迈出了一大步。

9月30日—10月28日　集团工会综合管理部与集团老龄委共同举办《美丽书店　幸福生活》摄影展。

10月10日　省委党的群众路线教育实践活动第六督导组在出版传媒集团领导的陪同下到集团调研指导工作，详细了解集团教育实践活动"学习教育、听取意见"环节活动开展情况，并具体指导下一阶段工作。调研会后，督导组还到山西图书大厦进行实地调研指导。

10月15日　集团召开三季度经营工作会议。截止9月底，集团实现营业总收入45.02亿元，完成全年任务的81.86%，比上年同期增加12.77亿元，完成利润9289万元。田文生董事长在会上作《改革是集团发展的强大力量》讲话。

10月16—17日　集团举办第三届"新华杯"业务知识技能大赛。全省21支代表队，180名选手参加了业务知识竞赛、计算机办公应用操作、销售连续作业、店堂推销、图书陈列造型、手绘图书海报、演讲等七个项目的比赛。其中，

54 位选手，6 个单位受到表彰。大赛呈现出科学组织、扎实推进，贴近实际、主题鲜明，节俭办会、务实高效，以赛加压、激励为主等诸多亮点。

10 月 18 日　集团主办的山西省第二届馆配图书订货会暨 2014 春名优文教产品订货会在出版传媒产业园区新华现代连锁公司展厅举行。本次订货会为期三天，实现订货总额 5000 万元。

10 月 20 日　湖北教育出版社有限公司总经理方平代表湖北教育出版社与集团总经理李飞签署店社双方战略合作协议，就同步教材的发行、重点品种的推广、差异化产品的引进和发行渠道的整合利用等方面达成了合作意向。

10 月 22 日　在中宣部理论局、中组部党员教育中心、新闻出版广电总局出版管理司、人民出版社等联合举办的"十八届三中全会重要文件发行工作会议暨十八大重要文献优秀发行单位表彰会"上，集团以《十八大报告辅导读本》全国发行量第一名，《中国共产党第十八次全国代表大会文件汇编》全国发行量第二名的优异成绩获"十八大文件发行工作一等奖"。

10 月 23—26 日　集团党的群众路线教育实践活动督导组赴 11 个市级子公司针对"学习教育、听取意见"环节开展情况和"两促进"情况进行督导。

10 月 24 日　出版传媒集团主办的"山西出版传媒集团 2013 年职工跳绳、踢毽子比赛"中，集团总部代表队派出了 10 名男选手、8 名女选手参加了比赛并获得了好成绩。

10 月 25 日　出版传媒集团总经理梁宝印、副总经理安小慧、集团董事长田文生一行到五寨县店调研。

同月　集团荣获"山西省第四届信用示范企业"称号。

同月　在出版集团琚林勇副总经理、集团董事长田文生、总经理李飞带领下，集团组织全省 11 家市级子公司并洪洞县店总经理共赴湖北武汉参加了为期 3 天的"首届中国期刊交易博览会"。

同月　全省各店举行了丰富多彩的国庆促销活动。

11 月 1 日　为巩固音像电子出版物发行阵地，全力推进以"大文化产品"为主导的经营战略，开创大文化产品经营新格局，促进传媒公司产品 POS 机销售任务的圆满完成和大文化产品经营的良性发展，集团决定于11—12月开展全省音像电子出版物发行工作暨大文化产品经营推进工作检查。

11月6—7日 外文书店接受上海方圆认证中心为期两天的质量管理审核，本次审核执行IOS9001：2008质量体系标准。

11月15日 集团党委扩大会议集中传达学习党的十八届三中全会精神，研究部署集团的贯彻落实工作，把深入学习宣传贯彻党的十八届三中全会精神作为集团当前和今后一个时期的重要政治任务。

11月25—29日 集团领导班子成员分7组分赴11个地市，对党的群众路线教育实践活动进行具体指导。

同月 全系统掀起了学习贯彻党的十八届三中全会精神的热潮。

12月1—3日 山西出版传媒集团董事长王宇鸿，总经理梁宝印，副总经理安小慧、琚林勇，纪检书记李文芳等一行在集团董事长田文生陪同下赴长治、晋城新华书店调研指导工作。出版传媒集团资产财务部主任杨兆刚、综合办公室主任赵建伟、出版经营部主任孟绍勇、企划研发部主任康宏等随同调研。

12月12日 省文明办检查组对阳泉市店申报2012—2013年度省级文明单位工作进行检查验收。

12月17日 集团召开子公司总经理工作会议，通报2013年"两教"发行情况，督促2014春"两教"征订工作，强调当前及明年集团重点工作，对2013年秋季教材教辅重点品种目标完成率、配套率、发行增长率优秀公司进行表彰奖励。

12月18日 集团与人民日报出版社在新华现代连锁公司共同举办《人民日报社论全集》新书首发式，来自河北、山东、内蒙古、青岛等省市新华书店代表及集团市县级子公司总经理参加了首发式。

12月30日 山西省首届职工读书节表彰会召开，集团被授予"优秀组织单位"荣誉称号。本届读书节以"阅读强素质·共筑中国梦"为主题，从9月开始至12月中旬，历时3个月，共举办了"共读好书""助读助学""诵读经典"3大系列8项活动。

同月　祁县县店顺利通过省级文明单位复查验收。

同月　集团被《企业管理》杂志社评为 2013 年度中国管理榜优秀成长性企业。

是年　集团营业总收入突破 60 亿元，达到 62.05 亿元，同比增长 28.8%。

2014 年

1 月 3 日　集团转发关于"三公"经费开支过大问题专项整治具体工作安排的通知》，并要求各子（分）公司按照《通知》精神自查自纠，建章建制，认真填报表格，按期将"三公"经费自查自纠情况承诺书报回集团财务管理部。

1 月 14 日　为切实把思想和行动统一到中央决策部署上来，认真贯彻出版传媒集团党委对集团做"体制机制改革排头兵"的总体要求，集团成立了全面深化改革领导小组。

1 月 15 日　山西新华现代传媒股份有限公司代表集团与上海百新文化用品有限公司正式签订了文化用品联营合作协议，至此，集团文化用品项目在创新联营合作模式的前提下，正式重新启动。

同日　为落实山西出版传媒集团《关于"小金库"治理"回头看"专项整治工作安排的通知》精神，切实保证"小金库"治理"回头看"工作成效，集团下发通知，并对全系统"小金库"专项整治工作进行了安排。

1 月 15—16 日　集团召开 2013 年度领导干部综合考核暨 2014 年聘任干部目标责任书签订协议会议。集团重点考核评价子公司总经理和总部职能部门负责人在班子建设、经营业绩、管理创新、廉政建设和个人履职学习等各方面情况，43 位同志首先进行了年度学习情况检验闭卷考试，接着重点围绕集团六项重点工作进行述职述廉述学汇报。参会者认真听取汇报，进行民主测评打分。

1 月 20 日　集团传媒公司组团，首批重启文化用品联营项目的山西外文书店、汾阳市店及山西图书大厦几个子公司共选派了 8 名业务人员，先期前往上海参加百新公司举办的为期一周的联营业务流程及操作系统、商品分类及销售技巧、陈列及价签管理等为主要内容的培训班进行集训。

1月21日 为进一步巩固党的群众路线教育实践活动成果，建立公车管理常态化制度，集团印发《山西新华书店集团公车管理规定》，要求全系统严格执行。

1月22日 山西出版传媒集团"跃马同追出版梦"2013年度十大人物·十种好书颁奖典礼暨2014年春节团拜会召开。集团祁县新华书店总经理吕景龙、侯马市店总经理武秀玲荣获十大人物称号。

1月31日 马年新春第一天，集团党委书记、董事长田文生，总经理李飞，常务副总经理刘兴太等领导一行到太原书城亲切慰问节日期间坚守岗位的一线职工，送去新春美好祝福。

同月 集团荣获2013年度中国企业管理榜优秀成长性企业。

同月 在新春佳节来临之际，为弘扬中华民族"尊老、爱老、敬老"的传统美德，集团领导班子在工会综合管理部同志的陪同下，分组对集团离休老同志老领导进行了走访慰问。

2月9日 省长李小鹏在省委常委、宣传部长胡苏平，副省长张复明的陪同下，来到山西出版传媒产业园视察指导工作。

2月13日 太原书城上演"喜庆元宵灯谜会"，包含中国传统诗词、天文地理，古今中外等500条灯谜将大厅点缀得多姿多彩，近千名读者踊跃参与。同时举办了2014元宵节财商活动，活动旨在让孩子对金钱有初步的正确了解；向孩子传授个人现金管理技巧；激发孩子对金钱问题进一步探索的兴趣；让孩子在学习这些知识时感到趣味盎然；帮助父母或老师发现每个孩子的最佳学习方法；通过学习和游戏增进父母和孩子的感情。

2月17日 当天公布的《2013年出版物发行产业发展报告》显示，2012年全国出版物销售额前10均为新华书店，山西新华书店集团销售额继续领先，位居全国第六，资产总额位列全国出版物发行业前十。

2月19日 在2014年春季"两教"发货工作即将结束之际，集团组织召开了"两教"征订发行工作会议，通报了各公司教材重点品种和教辅材料的报订情况，分析、交流了存在的问题，并安排了《考前》系列丛书的征订工作。

2 月 26 日　山西省国资委、山西出版传媒集团、山西新华书店集团联合举办的"国企青年读书年"活动在外文书店正式拉开帷幕。

2 月 28 日　长治市委宣传部、长治市文联、市教育局、长治新华书店有限公司、市美术家协会、太行书画院、长治书画院、长治学院、长治新华现代文化传播有限公司共同举行"2014 晋韵华彩"书苑雅集启动仪式。此次活动以长治市店晋韵华彩大文化展厅为平台，共征集到 89 幅书画作品。

同月　集团述职述廉述学考核组赴各店考核。

3 月 1 日　朔州市新华书店与韩国 caffebene 投资有限公司正式签订合资合同。

3 月 10 日　山西新华现代传媒股份有限公司第四次股东大会在新华现代连锁公司召开，会议研讨了新华现代传媒公司未来发展定位、五年发展规划和股东项目及产品的推广方案。

3 月 12 日　出版传媒集团 2014 年度工作会议通报了 2013 年度绩效考核结果，隆重表彰 9 个考核成绩显著的先进集体，山西新华书店集团被评为特别优秀单位。

同日　为深入贯彻党的十八届三中全会精神，大力弘扬社会主义核心价值观和积极推动中小学生阅读，以创新驱动发展，以创新促进集团发展方式的转型升级，以创新加速文化与教育的有机融合，充分体现集团服务教育、服务学校、服务师生的全新经营理念和科学思路，助力书香校园建设，促进素质教育大发展，经集团研究，决定开展"百县千校阅读工程"大型活动。

3 月 18—19 日　集团 2014 年工作会议暨党风廉政建设工作会、2013 年度表彰大会召开。会议主要内容是传达出版传媒集团 2014 年工作会议精神，总结集团 2013 年工作，安排布置 2014 年经营管理、改革创新工作。大会颁发了集团 2013 年度十大人物、转型示范公司、优秀营销团队、优秀服务团队和优秀员工等五大奖项，全系统共有 60 个先进团队、101 名先进个人受到隆重表彰。

3 月 24 日　山西新华书店集团携手上海百新文化用品有限公司签订了战略合作协议。此次协议的签订，通过建立长效互动机制、实体产品与销售渠道对接机制、全域产品销售合作机制等，加强资源优势互补、整合及跨区域、跨领域合作，携手开辟山西文化用品主流销售市场，最终实现互利互惠、合作共赢的目标。

3月27日 山西新华现代传媒股份有限公司与重庆保利万和电影院线有限责任公司北京分公司在北京签订加盟合作协议，至此拉开了山西新华书店系统即将上线的汾阳、襄汾和朔州三家影城项目建设进程。

3月28日 集团被山西省直属机关老龄工作委员会授予"敬老文明号"荣誉称号。

同月 经山西省质量技术监督局评定，长治市店达到山西省质量信誉A级标准，荣获"山西省质量信誉等级证书"。

同月 大同市店和浑源县店分别被山西新闻出版广电局授予"2013年度优秀发行单位"的荣誉称号。这一荣誉的取得，是山西省新闻出版广电局对大同市店"农家书屋"图书配送工作的充分肯定和高度认可。

同月 临汾市新华书店荣获山西省新闻出版广电局2013年度"优秀发行单位"和临汾市文化广电新闻出版局2013年度"十佳诚信书店"称号。

4月8日 为进一步规范和加强全系统工资指导线的管理，实现工资总额与实现利税同步增长、员工平均工资与劳动生产率同步提高，促进集团转型升级，提质增效，集团下发《山西新华书店集团工资指导线管理办法》。

4月11日 集团总部召开专项整治工作会议，学习传达出版传媒集团9日专项整治工作会议精神，部署开展工作纪律、图书质量、安全生产等专项整治工作。

4月14—18日 大中专教材发行中心在全省10所高校举办了"第三届山西高校教材巡展活动"。

4月18日 集团被山西省直机关精神文明建设委员会授予省直文明单位标兵。至此，集团已连续九年蝉联此殊荣。

4月19日 在第四届北京国际电影节电影市场重点项目签约仪式上，集团董事长田文生代表山西新华书店集团与保利影业投资有限公司再度签订战略合作协议书，标志着双方向更广更深更高的领域合作又迈出了坚实的一步，从而确定了山西新华书店集团今后五年内全省系统所有影院建设项目与保利影业的合作关系，正式开启了新华书店跨行业经营院线业务的首创之旅。

4月20日 集团制定并下发《关于加快"校园书店"发展的扶持意见》。

4月22日 集团下发《关于严禁违规贷款和抵押担保的通知》。

4月23日 山西图书大厦经山西新华现代连锁公司批准与山西工商学院协调一致，共同投资建设山西图书大厦"工商学院"店，并在"世界图书日"之际正式开业。

同日 "书香三晋 文化山西——世界读书日系列文化活动"启动仪式在太原书城举办，为期一个月的精品图书联展、新华人荐好书、好书进校园、读一本好书等丰富多彩的全民阅读活动正式拉开帷幕。

4月23日—6月23日 集团团委决定在全系统广大青年职工中开展以"传承书香 传递梦想"为主题的阅读及活动，活动共包括六项内容：一是发起一份倡议，二是阅读一本好书，三是传递一本好书，四是聆听一场讲座，五是开展一次售书，六是举办一场成果展示。

4月26日 山西新华书店集团主办的2014"名社好书进山西"暨秋季文教产品订货会在山西出版传媒产业园新华现代连锁公司举办。

同月 国家新闻出版广电总局有关部门及中国书刊发行行业协会主办，山西金榜苑文化传媒集团、《中国新闻出版报》《中国出版传媒商报》协办的出版物发行行业文明店堂评选活动中，集团洪洞县新华书店图书超市、临汾市新华书店解放路图书音像超市、长治新华书店有限公司长治图书大厦、祁县新华书店有限公司图书音像超市、宁武县新华书店图书音像超市、汾阳新华现代连锁门店6家单位荣获2011—2012年度出版物发行行业"文明店堂"称号。

5月3—8日 作家杨红樱受山西新华现代出版物连锁公司邀请，在山西省内新华书店举行了为期一周的巡回读者见面签售活动。

5月4日 集团"传承书香传递梦想"青年阅读季活动启动仪式在太原书城隆重举行。集团青工委员、总部及直属公司团员青年代表、太原书城工作人员共计40余人参加了启动仪式。

5月21日　为切实加强对"两教"市场产品选用的管理，确保"两教"市场产品质量，保证"两教"市场健康有序发展，努力实现提质增效，经集团全面深化改革领导小组研究，决定成立集团"两教"市场产品选用审定专项领导小组，并逐一明确了专项领导小组组成、职责、选用审定原则、选用审定机制、选定产品经营、检查及处罚等内容。

5月28日　集团全系统2014年新聘员工岗前入职培训举行，120余名新招聘员工参加了为期二天的培训。

同月　山西省直劳动竞赛委员会、省直工委对2013年以来在全省转型综改实验区建设，促进山西转型跨越发展中做出突出贡献的先进集体和先进个人予以表彰。集团被授予省直文明单位标兵、"五一劳动奖状"荣誉称号。

6月1日　教育专家、清华大学硕士姜萌先生与全国知名教育集团学大教育合作推出的《中国家长怎么办》签售会在太原书城举办，并为百余位家长举行了一场"中国性格色彩教育讲座"。

6月5日　大同市店大中专教材发行中心再次成功中标大同大学教材采购项目。本次成功中标大同大学教材采购项目，是大同市店大中专教材发行中心连续6年对大同大学教材采购项目的又一次成功中标。

6月9日　新华现代连锁公司管理体系符合GB/T19001—2008/ISO9001:2008标准要求，顺利通过方圆标志认证公司的认证，获得质量管理体系认证证书，同时现代物流有限公司也获得了子证书。

6月10日　集团2014年秋季"两教"征订发行工作会议召开。集团领导班子成员、各子公司总经理及市级子公司分管"两教"的副总经理参加了此次会议。会议重点解读了《"两教"产品购进销售管理规定》《关于成立"两教"市场产品选用审定专项领导小组的决定》两份文件。

6月17日　出版传媒集团检查组琚林勇等领导一行五人，对集团进行了督导检查。检查内容重点分五个方面：看经营状况、问规章落实、查工作纪律、听项目进展、找问题根源。

6月18日　山西出版传媒集团副总经理琚林勇带队，集团常务副总经理、新华现代连锁公司总经理刘兴太陪同，本省各出版社分管副社长、发行部主任及有关业务同志共二十余人，深入长治市店调研指导工作并召开了晋版图书发行长治地区研讨会。

6月18—20日　山西出版传媒集团董事长王宇鸿、总经理梁宝印、副总经理荆作栋等一行赴大同、朔州、忻州新华书店进行调研。本次调研着重考察了各地新华书店在旧城改造和城市化建设进程中的一些规划项目和在建工程。

同月　在山西省精神文明建设指导委员会发布的"2012—2013年度山西省精神文明创建先进集体和个人表彰名单"中，潞城市店再次被授予省级文明和谐单位标兵称号，这是该店连续十年获得此项殊荣。

同月　集团下文就《习近平总书记系列重要讲话读本》的征订发行工作进行安排布置，要求全省书店高度重视此项工作，积极行动，深入当地党政机关，企事业单位，做好《读本》的宣传征订工作，及时把《读本》送到广大干部群众手中，满足他们的学习需要。

7月7日　集团制订《山西新华书店集团关于大中专教材及馆配图书竞标授权管理办法》

同日　根据工作需要，经集团党委、董事会研究决定，山西新华现代出版物连锁有限责任公司增设新业务发展中心和电商运营中心。

7月12日　外文书店举办的"第四届消夏外语节"拉开帷幕。本届外语节的主题是"品质生活，快乐一夏"。

7月17日　集团与希望出版社举行"店社合作座谈"，旨在贯彻落实出版传媒集团整合营销资源，加强社店联合的经营战略，共商产业转型升级之路，致力于打造山西文化产业店社合作"升级版"。

同日　集团召开"两教"工作会议，对2014年秋季报订情况及货款回收、承付等情况进行汇报和通报。集团领导、各子公司总经理，吕梁分公司经理及相关人员参加了会议。

7月18日　集团召开2014年上半年工作会议。出版传媒集团党委书记、董事长王宇鸿、总经理梁宝印莅临会议并讲话。集团领导、各子公司总经理、总部相关职能部门负责人计 50 余人参加了会议，李飞主持。大会宣布了 2013—2014 年集团"四好"领导班子、先进基层党组织、优秀党务工作者、优秀共产党员的表彰决定，听取了各子公司上半年工作汇报，通报了集团上半年经营情况，安排了下半年各项工作。

7 月 19 日　汾阳新华文化广场·保利万和国际影城暨吕梁市 2014"新华梦"杯青少年书画摄影大赛启动仪式隆重举行。

同日　外文书店邀请曾任北京国务院幼儿园一线教师的"豆豆姐姐"为 3 到 5 岁孩子带来了"聪明豆图画书系列"家庭式亲子互动讲座。

7 月 19—22 日　集团第二届音像电子出版物暨大文化产品观摩订货会在汾阳召开。集团领导，集团各子（分）公司负责人，相关业务人员，以及国内优质供应商代表，共计 350 余人参加了会议。本次会议涵盖了教育装备专题培训、专家专题培训及重点产品营销培训、连锁门店先进经验交流、观摩汾阳文化广场、签署战略合作协议、现场订货等一系列丰富内容，突出"听、看、观、订"四个字，达到了实现一个目标，突出两个重点，彰显三个亮点，做好五项重点工作，彰显了集团加快文化业态与产品、商业模式与经营、资源配置与市场的深度融合。完成订货 3192 万元。

7 月 24 日　山西省委宣传部、山西省教育厅、山西省新闻出版广电局、共青团山西省委、山西省妇联、山西出版传媒集团主办，山西新华书店集团承办的山西省第二十二届青少年爱国主义读书教育活动启动仪式在太原举行。本次活动以"奋发向上、崇德向善"为主题。

7 月 29 日　出版传媒集团董事长王宇鸿，总经理梁宝印，副总经理荆作栋、吕建新及教材中心主任张隆光等在集团董事长田文生、常务副总经理刘兴太的陪同下，深入物流中心库房，将慰问品送到每个奋战在高温作业一线人员手中，送去了集团领导亲切的慰问和深切的关怀。

同月　山西省精神文明建设指导委员会发布《关于 2012—2013 年度精神文明创建先进集体和个人的表彰决定》，集团再次被授予省级文明单位称号，这是集团连续四年获得此项殊荣。同时获得此项殊荣的还有阳泉有限公司、祁县有限公司、高平有限公司和沁县分公司。

8月6日　集团党委下发了《关于深入学习贯彻习近平总书记系列重要讲话精神的通知》。

8月8日　山西省首家24小时书店——"夜读时光"开业。"让生活慢下来，让阅读走进生活"是集团太原有限公司创办"夜读时光"24小时书店的初衷。用心做书店，用心做文化，让所有进店的读者有种强烈的阅读欲望和休闲体验，是其经营的终极目标。

8月20日　出版传媒集团总经理梁宝印、副总经理荆作栋等一行莅临运城市图书大厦调研、指导工作。

同日　为了更好地"弘扬时代主旋律，传播核心价值观"履行文化企业的光荣职责，发扬新华传统美德，弘扬新华奉献精神，树立时代楷模，引领企业风尚，集团党委、董事会决定，在全系统开展"寻找最美新华人"活动。

8月21日　集团党委制定了"督导落实出版传媒集团和集团工作部署情况安排表"，由班子成员带队，分赴11个市级子公司传达贯彻出版传媒集团经营工作会议精神。

同日　集团下发《关于出版物发行员职业资格培训鉴定安排的通知》，决定举办三期培训鉴定。

8月25日　为规范工作秩序，强化组织、纪律意识，保证集团工作顺利高效运转，根据《山西出版传媒集团请（销）假制度》，结合集团实际情况，制定《山西新华书店集团请（销）假制度》。

8月30日　新华现代连锁公司迎来四周岁生日，连锁公司举行"品味书香 提升素养 奉献企业"的阅读心得征文比赛后，又举办了别开生面的职工文体运动会，以此来增强员工之间凝聚力、战斗力，展示新华现代连锁公司全体员工蓬勃向上的健康活力和锐意奋进的进取精神。

同月　为加快集团网络规范化建设步伐，全面推进集团经营管理整体信息化建设，努力为集团转型升级、提质增效和科学发展、持续发展提供强有力的支撑，集团成立了网络建设与信息化专项领导小组。

同月　为进一步落实出版传媒集团关于全面深化改革的有关部署，推动集团改革工作顺利进行，为企业安全经营、转型升级、提质增效提供坚强组织和政治保障，集团成立了纪律检查、审计监督专项领导小组。组长由集团纪委书记陈增平担任，各地市纪检委为组员。

9月17日　省政协党组副书记、副主席李雁红一行莅临太原书城进行指导调研。出版集团董事长王宇鸿，总经理梁宝印，副总经理琚林勇、荆作栋陪同调研。

9月25日　集团纪律检查委员会工作会议召开。

同月　中国文联党组成员、副主席、书记处书记李前光一行，在长治市委宣传部常务副部长郝黎华、长治市店常务副总经理刘维斌陪同下，到长治市店图书大厦社科区、科技区、文教区和四楼"晋韵华彩"展区进行参观。

9月中旬—10月底　集团在省国资委所属企业团员青年中开展了"百种好书专题巡展"活动。

10月1日　集团太原有限公司"读书时光"文化创意空间在太原书城正式启幕，旨在将"读书时光"打造成为尚文人士进行文化创意、作品鉴赏、沙龙聚会、学术研讨的休闲场所，也成为广大市民感受艺术品位、享受文化熏陶，修身养心、健康时尚、雅俗共赏的最佳去处。

10月10日　集团召开财务大检查动员大会。集团领导班子全体成员及所有检查人员参加了大会。董事长田文生在大会上作动员报告。此次财务大检查任务艰巨，意义重大，通过此举，将及时发现问题，进一步严肃集团财经纪律，防范经营和财务风险，对集团筑牢反腐堤坝，加强廉政建设起到重要作用。

同日　外文书店顺利通过ISO9001：2008质量体系换证审核。

10月11—13日　"山西省第三届馆配图书暨2015春文教产品订货会"在新华现代连锁公司成功举办。来自全国各地150多家馆配、文教产品供应商和集团所有连锁公司总经理、业务骨干在内的400多名代表参加了本次订货会，共实现订货4750多万元。

10 月 14 日　集团召开党委（扩大）会议，传达学习习近平总书记在党的群众路线教育实践活动总结大会上的讲话、省委常委（扩大）会议和山西出版传媒集团党委（扩大）会议精神。

10 月 15—16 日　集团三季度经营工作会议召开。此次经营工作会，既是集团各级公司经营情况、破解问题难点的汇报交流，更是集团对未来发展路径的探讨和谋划，对新时期、新产业形式，特别是"十三五"规划的研判和展望。

10 月 16 日　集团与北岳文艺出版社战略合作签约暨产品推介会在新华现代连锁公司举行。

10 月 21 日　在人民出版社举办的"十八届三中全会重要文件发行工作表彰会"上，集团以全国发行总量排名第二的优异成绩喜获"十八届三中全会重要文件发行工作一等奖"。这是继荣获"十八大文件发行工作一等奖"之后，集团在重点政治类学习读物发行中取得的又一殊荣。集团常务副总经理、现代连锁公司总经理刘兴太代表集团出席颁奖仪式并做典型发言。

10 月 22—24 日　集团领导率员赴安徽合肥，参加了由中国新闻出版研究院主办的"2014 新华书店发展论坛"。集团副总经理武秋英代表集团以"教辅发行的实践与绩效"为题作了典型发言。

10 月 29—30 日　集团举行山西省首届"号角杯"青年职业技能大赛计算机操作员和图书发行员技能比赛。来自全省 11 个地市的 39 名参赛选手脱颖而出，两天时间先后进行了综合理论考试、专业技能现场操作等环节。最终，来自晋中地区的王芳和来自太原地区的乔月霞分获计算机操作和图书发行两项赛事第一名。

10 月 31 日　朔州新华文化创意中心揭牌仪式暨"书香朔州，文化朔州"全民读书活动在朔州新华文化创意中心同步举行。仪式当天，朔州市委常委、宣传部长刘英魁出席启动仪式并讲话。出版传媒集团董事长王宇鸿、总经理梁宝印，集团董事长田文生、总经理李飞莅临指导，市新华书店总经理院恒利与各位嘉宾共同为朔州市新华书店创意中心揭牌。

同日　为了响应国务院印发的关于加快发展体育产业、促进体育消费的若干意见，全民健身上升为国家战略。集团工会与老年体协通力协作，举行了老年运动会，经过紧张激烈又不失轻松愉悦的比赛，共 10 人获得一等奖，25 人获得二等奖，35 人获得三等奖，41 人获得四等奖。

同月　2014 年《西游记》学术研讨会暨第十一届"西游记"论坛在太原书城举行，来自全国 10 多个省、市、自治区的《西游记》研究方面的专家、学者共 60 余人出席。

11 月 1 日　为统一和规范改制后市级子公司人力资源管理，根据集团有关文件精神结合子公司实际，集团下发《关于进一步加强人力资源管理的通知》，对干部管理、工资制度执行情况管理、劳动合同的管理和档案管理等四项内容进行了规定。

11 月 4—5 日　为进一步贯彻落实集团三季度经营工作会议精神，切实做好音像电子出版物暨大文化产品经营工作，安排部署传媒公司重点业务工作，及时掌握各子公司传媒产品经营、项目推进以及重点产品发行等相关业务进展情况，督促各项工作高效推进、有力落实，确保完成全年 POS 机销售任务，由新华现代连锁传媒股份有限公司组织的全省子公司传媒业务工作会在连锁公司召开。

11 月 15 日　集团"党的十八届四中全会重要文件发行部署工作会议"召开，会议对十八届三中全会重要文件发行工作先进单位进行表彰，安排部署了十八届四中全会重要文件发行工作。

同日　出版传媒集团发行联合委员会出版成员单位与新华现代出版物连锁有限责任公司举行了店社物流合作意向书签字仪式。

11 月 26 日　省级"青年文明号"验收组莅临吕梁公司，对山西新华现代连锁吕梁店争创省级"青年文明号"活动进行检查验收。

11 月 28 日　集团修订印发《山西新华书店集团有限公司固定资产管理暂行规定》。

12 月 1—5 日　集团"科学转型　提质升级"发展战略研讨会掀开大幕，集团领导、总部相关职能部门正副职、子公司总经理及分管领导以及各公司推荐的经营业务骨干近 160 名代表围绕"科学转型　提质升级"这一主题，就书店集团

"十二五"如何收官，"十三五"如何开好局，如何保持科学、健康、持续发展等议题作了发言。

12月2日　集团召开总经理工作会议，传达学习贯彻全省学习讨论落实活动动员大会精神。

12月11日　为确保以"深入学习贯彻习近平总书记系列重要讲话精神，净化政治生态，实现弊革风清，重塑山西形象，促进富民强省"为主题的学习讨论落实活动扎实有效开展，根据山西出版传媒集团有关通知精神，结合集团实际，集团成立了党委领导下的学习讨论落实活动办公室，明确了组成人员、下设机构及主要工作职责。

12月15日　集团学习讨论落实活动办公室召开首次全体工作人员会议，安排部署学习讨论落实活动及2014年度民主生活会工作内容。

12月16日　外文书店淘宝店铺正式开业，网店注册名称为山西新华书店集团外文文化传播有限公司，经营图书及多元文化产品，开设了图书、铁壶馆、生活美学馆、家居生活馆四个板块。

12月19日　集团"科学转型　提质升级"发展战略研讨会第三阶段暨高层论坛举行。

12月23日　省"敬老文明号"检查验收组在出版传媒集团人力资源部副主任邢海民陪同下，对集团申报省级"敬老文明号"一年来创建活动开展情况，进行实地综合考评验收。

12月31日　为认真贯彻落实中共中央《深化党的建设制度改革实施方案》精神，集团党的建设制度改革专项领导小组成立。

同日　集团印发《山西新华书店集团有限公司财务开支审批制度》。

是年　集团全面完成子公司改制工作。

是年　集团营业总收入突破64亿元，利润突破1.6亿元。

2015 年

1月5日 为进一步适应新常态下集团持续快速发展的要求，逐步建立规范化的员工培训体系，全方位提高员工职业技能和干部管理能力，真正培养造就一支高素质的干部员工队伍，打造具有核心竞争力的企业，结合集团发展实际，集团制定《山西新华书店集团员工教育培训实施规划》，要求各公司认真领会精神，并认真制定本公司、部门员工教育培训规划和实施方案，切实做好员工教育培训工作，为集团提质增效、转型升级提供强有力的人力资源保障。

1月6日 2015 年中国出版集团公司全国重点经销商战略合作联席会暨第三届经销商大会在北京举行。集团董事长田文生出席并代表集团与中国出版集团签署了战略合作协议。

同日 为深入贯彻落实中央八项规定，按照省委办公厅和出版传媒集团党委的要求，集团纪委决定在全系统开展违规收送礼金、红包问题专项整治工作。

1月15—16日 集团召开 2014 年度干部综合考核工作会议。出版传媒集团副总经理琚林勇出席。42 位被考评者重点围绕 2014 年度党建工作、整治"四风"、建设"美丽书店"推进体制改革、全年目标完成情况等方面进行了述职述学述廉综合汇报。董事长田文生作了题为《引领新常态 唱响新华红》的讲话，从继续全面深化改革、积极引领新常态、推进从严治党、加强制度建设、坚定不移走市场化道路、持续建设美丽书店、加大人才培养力度、关注民生幸福等八大方面对 2015 年工作进行了总结部署。

1月22日 集团下发通知，2015 年将继续扩大校园书店建设成果，继续加大校园书店建设的广度和力度，在 2014 年完成建设 100 家校园书店的基础上，新建校园书店 100 家，并制定了 2015 年校园书店建设任务表。

1月27日　集团下发《关于加强影院等项目经营管理与服务的通知》，进一步规范了影院项目、淘气堡项目的操作规程，明确了相关职责。

1月26日　连锁公司召开"科学转型　提制升级"发展专题研讨会。公司领导、公司副主管以上干部、业务骨干和职工代表六十余人参加了研讨会。

同月　集团凭借先进的经营理念和优秀的品牌形象，在2012—2013年度山西连锁经营行业评选表彰活动中脱颖而出，获得"2012—2013年度山西省连锁经营十强企业"，其中，集团常务副总经理、山西新华现代连锁出版物有限责任公司总经理刘兴太荣获"2012—2013年度山西省连锁经营功勋企业家"。

同月　全系统财务工作大检查在2014年底完成后，进入检查汇报和整改阶段。集团主要领导与29个子公司进行整改谈话。首先通报该公司的财务检查情况，对2012年1月至2014年9月期间，在会计基础等十个检查项目中发现的问题，逐一深入督促，检查整改进展。同时，集团主要领导约谈了个别经营思路不清、工作进展缓慢的子公司负责人，明确整改时间，严格整改要求。

2月1日　"新华百新文具馆"在太原公司旗下的太原书城、五一路店、新建路店三店同时开业。

2月3日　山西省文联、省书协、太原市文联、市书协、长治市书协、武乡县宣传部主办，武乡县新华书店、武乡县书协承办的"我们的中国梦——百名书法家送万福送欢乐"第六站文化惠民活动，走进革命老区武乡县，在武乡县新华书店连锁门店举行。

2月4日　集团纪委下发《山西新华书店集团纪委班子成员落实党风廉政建设责任清单》，明确了纪委书记和纪委其他成员的责任清单。

2月6日　集团纪委下发《关于对"一把手"进行管理监督的规定（试行）》。

同日　为严肃集团财务等重大信息公开工作纪律，提高工作效率，改进工作作风，根据《山西省省属国有企业财务等重大信息公开办法（试行）》和《山西出版传媒集团财务等重大信息公开责任追究办法》等有关规定，集团制定《山西新华书店集团财务等重大信息公开责任追究办法》。

2月9日　山西出版传媒集团总经理梁宝印、副总经理琚林勇在集团总经理李飞、副总经理韩治中的陪同下，就太原书城、外文书店的消防安全及"三个文化"图书专柜展示情况、新华现代出版物流中心的生产安全情况进行检查。

同日　根据集团考核组对2014年度子公司班子成员的考核结果，按照考核有关规定，集团主要领导对介休、阳城公司班子成员和孝义有关班子成员进行了约谈。

2月10日　山西出版传媒集团"阳春风劲书香浓"2014年度十大人物·十种好书颁奖典礼暨2015年春节团拜会举行。集团吕海燕、高清平当选为山西出版传媒集团2014年度十大人物。

2月19日　集团领导到太原书城和外文书店看望慰问节日期间坚守岗位的一线职工，代表集团党委向大家拜年，并致以节日的问候和新春的祝福。

同月　《中国出版传媒商报》主办的"2014年度'最'融合大书城"推展活动中，太原书城以"内店外勤造文化爆点"为由成为山西省唯一一家获此殊荣的大书城。

3月2日　集团下发关于做好"第四批全国干部学习培训教材"征订发行工作的通知，该教材是为了帮助广大干部深入学习贯彻中央的战略部署和工作要求，不断提高知识化、专业化水平和履职尽责的能力而编写，总定价：440元/套，要求全省发行一万套。

3月5日　集团下发关于做好《习近平用典》征订发行工作的通知，由人民日报社组织编写的《习近平用典》一书，从习近平总书记数百篇讲话和文章中遴选出使用频率高、影响深远、能体现治国理政理念的典故135则，分敬民、为政、修身、任贤、天下、法治等13个篇章。针对每则典故，分别阐述习近平总书记用典的现实意义，诠释习近平总书记所引典故的背景义理。要求全省发行5万套。

3月9日　集团下发关于2014年度目标责任考核兑现的通知，根据《山西新华书店集团2014年度目标责任考核办法》的有关规定，集团年度目标责任执行情况考核组对各子公司2014年各项考核指标执行情况进行了综合考核计分，并依据《山西新华书店集团 2014 年度目标责任考核办法》有关规定，对子公司和部分分公司提出了奖惩兑现建议。

同日　集团下发关于下达 2015 年秋季"两教"发行考核目标的通知，为全面贯彻落实山西出版传媒集团、山西新华书店集团的总体工作部署，更好地服务师生、服务教育，为集团 2015 年目标任务的全面完成奠定基础，经山西新华书店集团党委、董事会研究，决定对各子公司下达 2015 年秋季教材重点品种（含数字产品）和教辅材料发行考核目标，确保下达考核目标的圆满完成。

同日　集团出台教材重点品种发行考核办法，稳步推进"两教"市场产品的发行工作，确保教材重点品种目标任务完成。

3 月 12 日　集团召开了"两教"市场产品选用审定专项小组会议，对 2015 年秋季"两教"市场产品拟选品种逐一进行讨论审定。董事长田文生对集团"两教"的征订发行工作，提出几点要求：1."两教"市场产品审定，要坚守三个原则，突出"新""大""优"；2.随集团"两教"规模扩大，顶层设计更要科学、严谨、超前；3.集团内部业务秩序要进一步规范；4.不断提升"两教"公司的服务水平。

3 月 13 日　在山西出版传媒集团召开的工作会议上，集团被授予"2014 年度集团综合考核特别优秀单位"。

同日　大同公司职工张学春荣获共青团山西省委 2014 年度"山西省青年岗位能手"荣誉称号，同时被山西省劳动竞赛委员会荣记个人二等功一次。

3 月 18 日　集团召开 2015 年工作会议暨党风廉政建设工作会。集团班子全体成员，总经理助理、调研员、老干部代表，总部、连锁公司中层正职以上干部，传媒公司班子成员；各子（分）公司主要负责人、专职书记；市子公司分管纪检工作领导；受表彰代表计 180 余人参加了会议。出版传媒集团总经理梁宝印，副总经理琚林勇、荆作栋，纪委书记李文芳，教材中心主任张隆光，华育公司董事会主席张宝银等领导应邀出席了会议。会议传达了出版传媒集团 2015 年工作会议精神，安排部署了集团 2015 年工作及党风廉政建设工作。对 2014 年目标责任考核进行了兑现，对 2014 年十大人物、转型示范公司、优秀服务团队、优秀营销团队和优秀员工及其 2014 年度"两教"发行、《水墨丹青》发行优胜单位进行了表彰。

3 月 24 日　省直工委书记杨增武一行到太原书城调研,省直工委组织部副部长徐斌,省直纪工委干部王艳文,山西出版传媒集团党委书记、董事长王宇鸿,总经理梁宝印,副总经理荆作栋,集团总经理李飞陪同调研。

3 月 25 日　晋、皖两省新华书店积分联盟合作洽谈会在现代连锁公司举行。集团田文生、李飞、刘兴太、张治端等领导与到访的安徽新华传媒股份有限公司总经理翟凌云、副董事长王焕然等举行洽谈。

3 月 26 日　外文书店到太原市东华门小学捐款捐物献爱心。

3 月 30—31 日　集团分别与六个子公司总经理及其所属部分分公司经理进行了执纪约谈,集团党委书记、董事长田文生,总经理李飞,党委常务副书记薛文森,纪委书记陈增平,财务总监吕海燕,以及部分学习讨论落实活动领导小组有关人员参加了会议,陈增平书记主持。

同月　为坚决制止领导干部大办婚丧事宜和借机敛财行为,深入纠正"四风",落实好"学习讨论落实"活动,按照省委、省政府的部署,对领导干部顶风大操大办婚丧喜庆等借机敛财问题开展专项整治活动。集团出台《关于严禁党员领导干部大办婚丧喜庆事宜和借机敛财行为的规定(试行)》。

同月　霍州市新华书店被山西省妇女联合会评为"二〇一四年度三八红旗集体"光荣称号。

4 月 15 日　《法制热点面对面——理论热点面对面(2015)》山西发行工作会议召开。

4 月 16 日　集团总经理工作会议召开,分析一季度经营情况,对财务大检查工作进行小结通报,对即将开展的全省业务大检查进行动员。

4 月 17 日　集团财务大检查工作小结暨全系统业务大检查动员会召开。集团领导班子全体成员、各子公司总经理及从全系统抽调的检查组成员参加了动员大会。

4 月 18 日　外文书店为契合"世界地球日"的活动主题"珍惜地球资源

转变发展方式——提高资源利用效益"，特地携手太原市环保局共同举办第二季"我是环保小天使"环保宣传活动。

4月20—24日　连锁公司大中专教材发行中心举办"山西省第四届高校教材巡展活动"。

4月23日　在"世界读书日"到来之际，集团各子分公司举行了不同主题的读书售书活动。活动内容包括：优秀读物展示展销活动、读书交流活动、售书下基层活动、新华书店优惠售书活动。

同日　"书香三晋"读书节启动仪式暨体验活动在太原书城启幕。本次"书香三晋"读书节由省新闻出版广电局和山西出版传媒集团联合发起，由太原市教育局、北岳文艺出版社和山西新华书店集团太原有限公司具体承办。

4月25日　国家新闻出版广电总局印刷发行司副巡视员吕晓清带领第25届全国图书交易博览会组委会调研组深入长治公司，考察调研书博会前期的布展筹备情况。全国各省市区新闻出版广电局领导、新闻出版企业负责人参加了调研。省新闻出版广电（版权）局副局长安洋参加调研。长治公司总经理王建国陪同调研。

5月6日　集团2015名社好书进山西暨秋季文教产品订货会举办。来自全国各地的126家供应商，携带2015年最新的图书产品5万余种与会展示，参展商为历届订货会参会供应商之最。在一天半的订货时间内，通过各公司业务代表的努力工作，订货任务取得预期效果，实际上报订货码洋近5000余万元。

5月8日　祁县公司荣获山西省思想政治工作研究会2013年—2014年度山西省思想政治工作优秀单位荣誉称号。

5月11日　连锁公司召开盘点启动暨培训会。会议对此次盘点的目的，意义，盘点的范围、时间、方式，盘点的要求和注意事项，盘点的技术保证和奖惩办法进行安排部署。

5月29日　山西出版传媒集团2015年职工拔河比赛在山西省全民健身中心体育场举行，集团代表队勇夺比赛第一名。

同日　由太原市文化局主办，太原书城、太原市图书馆承办的"书香太原——你选 我购 图书速借"活动正式启动。

5月31日 外文书店社区书店书适生活馆试营业,当天销售码洋达5800元。

6月3日 新任吕梁市委常委、宣传部长张敬平率队来到吕梁公司,就图书文化市场状况进行了调研。

6月5日 集团召开"三严三实"专题党课教辅暨动员大会,正式启动部署集团"三严三实"专题教育。

同日 集团召开总经理工作会议,分析1—5月份经营情况,汇报业务大检查自查情况,部署安排2015年秋季"两教"征订等集团重点工作。

6月9—10日 集团举办金蝶EAS财务软件操作培训会,市级子公司资产财务部主任、主管会计、县级子公司会计主任、出纳及集团总部所有会计人员共计170余人参加了培训。

6月12日 山西省直机关精神文明建设委员会发布《关于命名表彰2014年度省直文明单位标兵、文明单位、省直机关第二届道德模范、第七批"十佳文明窗口""十佳文明公民"和省直机关文明创建先进工作者、文明传播优秀信息员的决定》,集团被授予省直文明单位标兵。至此,集团已连续十年蝉联此殊荣。

6月16—18日 作家曹文轩分别赴晋城市泽州县川底中心小学、榆次区泰山庙小学、平遥实验小学、运城盐湖区实验小学开展了现场讲座作品签售会。

6月19日 集团召开全面深化改革领导小组会议,与集团"网络建设与信息化专项领导小组"成员共同探讨如何推进集团网络建设化和经营管理信息化工作,用"互联网+"打造集团转型升级引擎。与会领导联系集团未来业务发展和管理体制改革的需要,结合网络建设现状,逐项论证了《山西新华书店集团信息网络规范化建设方案》,提出了意见与建议。

同日 集团召开党委扩大会议,组织"三严三实"专题教育学习,谋划集团2016年—2020年发展规划。

6月24—26日 由集团主办、山西新华现代传媒股份有限公司与上海百新文化用品有限公司共同承办的山西新华书店集团文化用品联营项目市场培育专题会在上海百新文化用品有限公司召开。

6月27日 新华书店太原公司"来读书吧"网上书城正式上线。

6月29日 集团召开"三严三实"专题教育推进会，进一步传达学习中央、省委、出版传媒集团"三严三实"专题教育会议精神。

同日 山西新华书店集团与时代光华网络教育平台联合创立的山西新华书店集团网络商学院召开网络商学院培训工作会，正式启动网络商学院项目，对培训工作进行总体安排。

6月30日 全省离退休干部暨老干部工作先进集体和先进个人表彰大会召开。集团工会综合管理部，被省委组织部、省委老干部局、省人力资源和社会保障厅授予"全省老干部工作先进集体"荣誉称号。

同月 在中国人民大学出版社成立60周年暨2015年度店社战略合作恳谈大会上，连锁公司荣获人大社"卓越合作伙伴"称号，是全国为数不多的省级新华书店之一。集团总经理助理、连锁公司副总经理刘海魁代表集团及公司出席本次会议，参加了颁奖仪式并作典型发言。

同月 为贯彻落实国家关于"倡导全民阅读、建设书香社会"的总体要求及省委省政府关于弘扬"三个文化"的指示精神，引导全社会树立"多读书、读好书、好读书"的良好风尚，进一步促进"美丽书店"全面建设，以迎接第二十五届全国图书交易博览会在我省的成功举办，全省各级公司中心门店2015年度主题陈列大赛拉开帷幕，大赛时间为2015年7月1日至12月31日，以月为周期，以参赛门店当月提供的参赛作品为依据，组织专家评审团进行评议，每月30日公布当月获奖名单，并颁发奖金和获奖证书。

同月 集团自主品牌"华文堂"图文商标获准国家工商行政管理总局商标局签发的第28类（2014.12.21核准）：包括体育用品、棋类用品、健身器材、智能玩具等；第25类（2015.1.28核准）：包括服装、鞋、帽、袜等；第35类（2015.3.28核准）：包括进出口代理、替他人推销、替他人采购、计算机数据库信息系统化等；第16类（2015.4.7核准）：包括办公用品、教学材料等；第30类（2015.4.7核准）；包括咖啡、可可饮料、茶、茶饮料等商标注册。"华文堂"

商标的成功注册标志着公司在知名品牌建设、知识产权保护和产品体系构架的经营战略上迈出了重要一步。

同月　山西省青年文明号活动组委会印发《关于命名和认定 2014 年度山西青年文明号的决定》，新华现代连锁吕梁门店被授予"省级青年文明号"荣誉称号。这也是山西新华书店集团系统内的第 13 家青年文明号。

7 月 1 日　山西出版传媒集团召开"纪念建党 94 周年暨七一表彰大会"，集团第五次荣获"四好"领导班子荣誉称号。

7 月 5 日　山西图书大厦重装后正式开业，升级改造后的山西图书大厦总面积近7000 平方米。

7 月 15—16 日　集团上半年经营工作会议召开。集团领导班子、各子公司总经理、总部相关职能部门负责人参加会议。此次会议主要议题是践行"三严三实"专题教育，进行"七一"表彰，分析上半年经营工作，研讨"十三五"规划，全面部署下半年各项工作。

7 月 17 日　集团举办"三严三实"专题教育党课，特邀中央党校马克思主义理论教研部副教授王巍作专题授课。

7 月 17—19 日　集团主办、传媒公司承办的"第三届大文化产品暨教育装备展订培训会"召开。

7 月 21 日　出版集团党委书记、董事长王宇鸿，总经理梁宝印，副总经理琚林勇、荆作栋、吕建新，教材中心主任张隆光等深入新华现代连锁公司"两教"收发现场慰问一线员工。

7 月 23 日　临猗公司流动果农书店正式营业。

7 月 24 日　山西省第 23 届青少年爱国主义读书教育活动在太原启动。会议对在第 22 届爱国主义读书教育活动中荣获讲故事、演讲比赛一、二、三等奖的同学及荣获发行奖、优秀组织奖的新华书店、组委会进行了表彰。

7 月 28 日　集团召开子公司业务经理工作会议，会上各公司对 2015 农家书屋补充专项资金投招标使用、校园书店建设、"迎书博　享阅读"图书联展和13 种重点政治类学习读物发行等 4 项重点工作做了专题汇报；通报了全省 1—7

月 POS 机销售和大中专教材招标情况；对 2015 农家书屋补充专项资金使用和实施全民阅读活动"全国中小学韬奋书屋计划"等 8 项重要工作进行了安排部署。

同月　祁县公司被山西省思想政治工作研究会授予 2013—2014 年度"山西省思想政治工作优秀单位"荣誉称号。

8 月 7 日　出版传媒集团党委副书记、总经理梁宝印，党委委员、副总经理琚林勇，出版经营部主任孟绍勇等一行，对集团"三严三实"专题教育进行调研检查。

8 月 8—9 日　中国新闻出版广电报社 2015 年度全国宣传通联工作会议在河南召开，集团作为优秀通联工作单位出席会议并且领取了奖证。

8 月 14 日　出版传媒集团召开 1—6 月经营工作会议，总结生产经营情况，听取书博会和文博会的准备情况，安排部署下一步主要工作。会议通报了 2015 年 1—6 月，出版传媒集团实现营业总收入 63.69 亿元，其中集团实现 38.25 亿元，贡献率 60.06%。出版传媒集团实现利润 2.07 亿元，其中集团完成 1.3 亿元，贡献率 62.98%，总体运行正常。

8 月 18 日　山西出版传媒集团董事长王宇鸿、总经理梁宝印、副总经理琚林勇等赴霍州、永和分公司考察调研并检查安全生产工作。

8 月 19 日　集团总经理李飞及教材公司相关人员到长子分公司进行调研。

8 月 20 日　截止 8 月 20 日，全省（自发、代发）共计完成"两教"收、发货任务 3312 种、7246.1 万册，发货册数占应到货册数的 78.24%，占已到货册数的 93.3%。

同日　山西出版传媒集团董事长王宇鸿、总经理梁宝印、副总经理琚林勇等到石楼分公司调研。

8 月 24 日　集团党委书记、董事长田文生、财务总监吕海燕到临汾公司进行专题调研。

8 月 30 日　新华现代连锁公司迎来了运营五周年庆典。连锁公司以集团提出的"科学转型、提质增效"的工作思路为指导，本着"务实、简朴、欢庆、创新"的原则，邀请专业机构的培训人员举办了一次别开生面的职工拓展训练活动，以增强员工对公司的归属感和凝聚力，培养员工相互合作、积极向上的团队精神，促进部门之间的沟通和交流，展示员工风采，弘扬"责任、品质、超越"的公司精神。

9月1日　集团召开"三严三实"专题学习研讨会。会议以"三严三实"专题教育第一专题"严以修身"为主题，密切联系思想和工作实际，紧紧围绕改革实践中如何运用"严以修身"更好地履行职责展开探讨。集团党委常务副书记薛文森做了题为《践行"严以修身"筑牢立身根基》的专题党课汇报。

同日　集团召开专门会议，清收应收账款。

9月6日　集团党委、董事会会议研究，决定从2016年1月1日起，山西新华书店集团图书大厦有限责任公司和山西新华书店集团外文文化传播有限公司与集团公司实施彻底分离，全面、完整实行独立运营。

同日　集团党委、董事会研究决定，针对各级公司在为当地学校（学生）供应政府免费（采购）产品过程中存在的资金不能及时回笼，大额垫付资金，大量占用企业营运资金，严重影响集团正常经营的问题，做出规定：各级公司供应政府免费（采购）产品一律实行报批制度。各级公司向学校（学生）供应政府免费（采购）产品必须报经集团董事会批准方可实施。

9月10日　集团召开传达贯彻落实省委、省政府推进经济发展工作会议。全体班子成员、调研员、总部中层正职、直属子公司班子成员，子公司总经理及相关工作人员参加了会议。李飞传达了省委、省政府推进经济发展工作会议及9月7日出版传媒集团会议精神。薛文森通报了8月份中旬全省"三严三实"专题教育检查调研情况并传达了《关于在市级子公司设置专职书记、纪委委员的通知》精神。陈增平就设置专职书记和纪检委员的必要性及重要意义、"两节"期间纠正"四风"问题、"两教"产品购进、销售专项检查及清收应收账款的有关规定等近期纪检监察相关工作做了安排部署。

同日　集团召开专门会议，大力督导清收应收账款。各子公司总经理对各自应收账款金额及其清收情况、具体措施进行了详细汇报，确定了清收时间。

9月14日　连锁公司正式通过ISO14001环境管理体系认证，获得了北京中安质环认证公司颁发的 ISO14000 认证证书。这标志着连锁公司环境管理水平迈上了新的台阶。

9月19—20日 第三届全国出版物馆配馆建交易会在太原举行，第五届全国馆配商联盟秋季图书订货会也同期举行。

9月21日 根据山西出版传媒集团有关工作要求，结合书店实际，集团制定《山西新华书店集团关于扎实推进"六权治本"工作实施方案》，确保"六权治本"工作取得实效。

9月21—23日 晋中公司牵手人民文学出版社、天天出版社和作家殷健灵，在榆次区泰山庙小学、经纬厂小学、寿安里小学等六所小学进行了为期三天的"携手名家、亲近文学、阅读名作、感动童年"讲座和签名活动。

9月22日 著名作家曹文轩专题讲座"推开写作之门"及作品签售会在大同公司举行。

同日 著名作家曹文轩携新作《火印》抵达朔州进行现场签名售书活动。此次活动主题为"携手名家 亲近文学 阅读名作 感动童年"。

9月23日 湖北新华书店、河北新华书店同仁考察祁县公司。

9月23—24日 全球社会、经济、政治趋势观察家，新书《唤醒迷茫的青春》作者多丽丝·奈斯比特携先生约翰·奈斯比特专程从奥地利赶到太原，与太原的大中学生面对面交流对话。活动是由山西教育出版社和山西新华书店集团太原公司联合主办，也是新华书店"文化进校园"系列活动之一。

9月24日 山西图书大厦城市文化约会地，"书香上海龙城行——沪版精品图书展"活动启动仪式隆重举行。此次展销活动的图书包括上海44家出版单位8000余种图书，覆盖了各个类别的图书，重点展示了来自上海的精品出版物。

9月25日 中宣部副部长庹震一行在参加完书博会开幕仪式后，专程来到山西图书大厦参观视察，对大厦的卖场布局环境和随处可见的阅读空间给予肯定。

同日 中共山西新华书店集团纪律检查委员会工作会议在集团总部召开。田文生、李飞、薛文森、韩治中、陈增平等领导，集团纪委委员、市级子公司纪检委员、集团纪检监察审计部人员 20 余人参加了会议。这次会议是集团纪律检查委员会进一步健全组织机构，明确纪律检查委员会工作职责和相关任务的会议，标志着集团党风廉政建设和反腐败工作步入了新的历史阶段。

9 月 25—27 日　第二十五届全国图书交易博览会在中国（太原）煤炭交易中心隆重举行，本届书博会由国家新闻出版广电总局、山西省人民政府共同主办，以"文华三晋·书香九州"为主题，倡导全民阅读，促进书香社会建设。全国政协副主席陈晓光，省人大常委会主任、省委书记王儒林，省委副书记、省长李小鹏，中宣部副部长庹震，中国作家协会主席铁凝，著名作家王蒙，国家新闻出版广电总局副局长阎晓宏、吴尚之，民盟中央副主席、中国作家协会副主席张平，中央文献研究室副主任张宏志，人民日报原副总编辑梁衡，中国作家协会党组成员、副主席、书记处书记李敬泽，中国出版协会常务副理事长邬书林，韬奋基金会理事长聂震宁出席开幕。出席开幕式的省领导还有薛延忠、吴政隆、孙绍骋、王伟中、李政文、张复明。开幕式由李小鹏主持，王儒林、阎晓宏、王蒙先后致辞，陈晓光宣布开幕。

本届图书交易博览会为期 3 天，主会场中国（太原）煤炭交易中心共设 12 个展区、2300 个展位，展区面积达 6.2 万平方米，包括港澳台在内的全国 1000 余家出版发行单位参展，展出各类图书 25.63 万种，其中，新书 15.6 万种。长治市、大同市、运城市为本届全国书博会设 3 个分会场。会展期间，学术研讨、产业论坛、新书发布、名家讲座、诵读大赛等 276 项活动依次有序开展。王蒙、铁凝、张平、梁衡、王树增、周大新、曹文轩、刘慈欣等著名作家，与读者面对面交流阅读体会，分享阅读快乐。

9 月 26 日　张复明副省长亲临山西图书大厦参加"中版好书百点千柜工程"揭牌仪式，随后对展示专区和图书大厦营业卖场进行了视察，对大厦的建设予以肯定，并对未来发展充满期望。

同日　第 25 届全国图书交易博览会（大同分会场）在大同市和阳美术馆隆重开幕。本次书博会是由中共大同市委主办，大同市文化局承办，大同市旅游局、文物局、山西新华书店集团大同公司承办。

同日　第 25 届全国图书交易博览会长治分会场正式拉开帷幕。在开幕式上，进行了威风锣鼓、八音会演奏以及诗词朗诵，还举行了图书捐赠仪式，并向"宜学长治·书香上党"全民阅读活动获奖人员颁奖，向"全民阅读·书香校园"阅读演讲比赛活动获奖同学颁奖。

同日　以"书香运城·文采华章"为主题的第 25 届全国图书交易博览会运城分会场在市南风广场盛大开幕。中国出版协会常务副理事长邬书林、常务副理事长兼秘书长刘建国，国家新闻出版广电总局规划发展司司长朱伟峰、印刷发行司副司长高世屹，省新闻出版广电局纪检组长邢瑞峰，运城市委书记王宇燕及市四大班子领导出席开幕式。运城市委副书记、市长王清宪主持并宣布开展。此次博览会为期 3 天，共设 60 个展位，展区面积达 3000 多平方米，来自省内 7 家出版社、省外 15 家出版社、运城全市 13 家新华书店及 4 家民营书店参展，共展示各类图书 10 万余册。开幕式上，山西新华书店集团运城有限公司党总支书记、总经理王亚伟代表运城书店向盐湖区实验中学、盐湖区实验小学分别捐赠价值 5 万元的图书，向运城学院、运城师范等 30 个院校单位捐赠了中华文化图书。

同日　由朔州市文明办主办、朔州市新华书店承办、朔州市国学研究会、朔州市博物馆联合举办的"中秋团圆夜·书香阅读情——2015 年中秋赏月吟诗会"活动举行。活动邀请朔州市文明办主任王植，国学会、博物馆相关领导、国学会的会员及汉文学爱好者们约 150 余人，以特殊方式欢度中秋。

9 月 27 日　第 25 届书博会落下帷幕。据统计，展会期间，太原主会场参观总人流达到 29.1 万人次；主会场出版物交易额达到 12064 万册、30.16 亿码洋，现场总销售 60.01 万册、1500.04 万码洋。

同月　人民出版社出版的《献给旅行者 365 日——中华文化与佛教宝典》一书免费赠阅工作在大同进行，山西新华书店集团大同有限公司负责实施这项工作。此次免费赠阅根据作者星云大师的要求，首印的 100 万册绝大部分以免费赠阅的方式面向全国发行，通过新华书店等渠道赠送到相关单位进行发放。

同月　祁县公司被山西省思想政治工作研究会授予 2013—2014 年度"山西省思想政治工作优秀单位"荣誉称号。

10月10日　为进一步加强"两教"产品经营管理，规范秩序，明确界限，厘清责任，强化考核，防范风险，提升效益，维护集团整体利益，根据国家法律法规和集团发展需要，集团出台《山西新华书店集团"两教"产品经营管理规定》。

10月15日　集团召开党建工作会议。全体班子成员、总经理助理，各市级子公司党总支书记、副书记、纪检委员，各县级子公司党支部书记、纪检委员，集团总部及直属子公司中层副职以上干部、党支部书记及相关工作人员，共计120余人参加了会议。董事长田文生主持会议。会上，薛文森首先从加强思想政治建设、加强组织制度建设、加强人才队伍建设、加强作风制度建设及加强企业文化建设等五个方面对集团三年来党建工作开展情况做了简要回顾和总结，并做了题为《铭记党的光辉历史　认真抓好党建工作》的专题党课汇报。集团党委委员、市级子公司总支书记、县级子公司支部书记代表围绕坚持党要管党、从严治党、落实"两个责任"、认真践行"三严三实"、唤醒党章意识，就新形势下如何加强党的建设，结合本支部党建工作开展情况，进行了表态发言。

同日　集团纪委工作会议召开。集团领导、总经理助理、集团总部纪检委员、各级子公司书记及其总经理、市级子公司副书记纪检委员和县级子公司纪检委员参加会议，由集团党委书记、董事长田文生主持。陈增平同志代表集团纪委做了题为"围绕中心任务，落实三转要求，强化执纪监督"的工作部署，重申了集团纪委成员的责任清单，对到会人员进行了相关法律知识培训。

10月15—17日　集团2015年三季度工作会议召开。李飞通报了集团1—9月份经营成果，陈增平通报了应收账款清收跟踪检查情况，各子公司总经理汇报了三季度经营业绩。董事长田文生作了题为《巩固基础　保持定力　守住底线　开创"十三五"改革发展新局面》的讲话。

10月19—20日　为了满足2016春季文教市场的供应，集团连锁公司召开"2016春文教产品订货会"，会议邀请到全国各地的优秀文教供应商45家，携带4000余种新品样书参展，同时还有1.5万种系统书目供各级连锁门店参考报订。此次订货会共订货3400余万元。

11 月 2 日 集团紧急部署认真学习宣传贯彻《中国共产党廉洁自律准则》《中国共产党纪律处分条例》《中国共产党第十八届中央委员会第五次全体会议公报》。集团党委要求各级党组织充分认识《准则》和《条例》出台的重大意义。

11 月 11 日 集团召开专门会议，集中学习《中国共产党巡视工作条例》（简称《条例》）。

11 月 18 日 山西出版传媒集团副总经理琚林勇，企划研发部主任康宏，出版经营部主任孟绍勇等一行，在集团总经理李飞，副总经理韩治中的陪同下，对外文书店、太原书城、晋中新华书店、山西新华现代出版物连锁公司进行了冬季安全生产大检查。

11 月 27 日 集团召开"三严三实"专题教育学习研讨会。田文生传达了 11 月 19 日出版传媒集团"三严三实"专题教育学习研讨会精神。组织与会人员共同学习了山西出版传媒集团王宇鸿董事长及梁宝印总经理在专题教育学习研讨会上的讲话。李飞做了题为《正确认识、对待和使用权力，做严以用权的表率，做勤政为民的楷模》的专题党课汇报。集团党委委员、市级子公司总经理、县级子公司、直属子公司总经理代表、集团职能部门负责人共计 36 人，围绕"严以用权，真抓实干，实实在在谋事、创业、做人，树立忠诚、干净、担当的新形象"这一主题，结合工作和思想实际，从不同侧面、不同角度检身正己、反思自省，就正确行使权力、防范用权风险、谨守权力边界等进行了研讨发言。

11 月 28 日 集团召开总经理工作会议，集团领导、各子公司总经理、总部职能部门负责人参加了此次会议。李飞主持会议。田文生在会上做了《加强供给侧结构性改革 增强集团持续增长动力 促进"两教"征订发行工作上新台阶》的重要讲话，讲话紧密结合发展形势，从"十三五"发展大局出发，就新常态增强集团持续增长动力，特别是提高"两教"征订发行水平做了重要指示。

同月 人民出版社主办、党建读物出版社和外文出版社协办的《第四批全国干部学习培训教材》《习近平谈治国理政》发行表彰会暨党的十八届五中全会重要文件发行工作会议在京举行。会议对来自全国的优秀发行单位分别进行了表彰和颁奖，并对即将召开的十八届五中全会文件及相关读物的出版发行和宣传工作进行了部署。集团以十八届四中全会重要文件发行 270 余万元，《第四批全国干部学习培训教材》发行 3 万余套，《习近平谈治国理政》发行 10 万册的成绩，喜获十八届四中全会重要文件发行工作特等奖、《第四批全国干部学习培训教材》和《习近平谈治国理政》发行工作二等奖。

同月　太原市新华书店与山西省实验中学联合创办的校园书吧·咪咕咖啡营业，书吧占地面积 1000 平米，能同时容纳 200 个学生阅读。

同月　中国书刊发行业协会组织推评的 2013—2014 年度出版物发行行业"文明店堂"入选名单揭晓，在 208 家入选门店中，集团占有 6 席，分别是闻喜分公司连锁门店、柳林子公司连锁门店、代县分公司连锁门店、朔州新华现代连锁门店、忻州新华现代连锁图书大厦、吕梁新华现代连锁门店。迄今为止，全省共 19 家门店获此殊荣。

同月　《中国出版传媒商报》2015 年度十大"明星店员"评选结果揭晓，连锁公司员工周博获此殊荣。

同月　盂县分公司中标教育"改薄"工程电教设备采购项目，中标价为820.3425 万元。

同月　集团业务大检查在全省各地展开，为进一步提高整体业务管理水平起到积极作用。

12 月 10 日　集团召开会议传达学习省委十届七次全会精神。会议传达学习了《中共山西省委十届七次全体会议决议》，认真学习了经全会审议通过的《中共山西省委关于制定国民经济和社会发展第十三个五年规划的建议》及王儒林书记关于《建议》的说明。会议对专题民主生活会有关事项做了具体安排。陈增平代表集团纪委与 29 个子公司、6 个直属子公司总经理及总部职能部门负责人签订了《"小金库"专项清理自查自纠零报告承诺书》。

同日　国家新闻出版广电总局调研督查组来集团调研，主要对集团网络安全与信息化及软件正版化进行调研督查。集团是全省唯一接受网络安全与信息化调研及软件正版化督查两项工作的单位。经实地检查，集团基本符合有关要求。

12 月 11 日　集团召开党委扩大会议，研究、讨论、确定集团 2016 年经营工作总体思路。会议确定了集团 2016 年的经营发展目标，部署在全省认真开展"三严三实"专题民主生活会，安排推荐县级公司优秀总经理（经理）工作，研究了《山西新华书店集团有限公司 2016—2020 年文明单位创建规划》，确定了年度表彰评选、美丽书店评选、校园书店建设、集团 2015 年十件大事等其他工作。

12 月 19 日　集团党委召开"三严三实"专题民主生活会，紧紧围绕"严以修身、严以用权、严以律己、做人要实、谋事要实、创业要实"方面，遵守党的政治纪律、政治规矩和组织纪律及落实"两个责任"方面作对照检查，开展批评与自我批评，深入查摆问题，认真剖析原因，进一步明确努力方向和改进措施。山西出版传媒集团党委委员、副总经理琚林勇，企划研发部主任康宏出席会议。集团党委书记田文生主持会议。

12 月 21—25 日　集团领导集中听取了各子公司围绕政治书、重点书的发行，"两教"、连锁、大中专教材、传媒、物流、资产经营、总经理推荐项目、校园书店及"美丽书店"建设、信息化建设、安全生产、读者意见调查表等所涉及的检查项目、对照单，逐项落实和解决情况的汇报。对各公司整改工作及今后改革发展任务作了重点指导。

12 月 30 日　集团下发《开展"冬季行动"实施方案》的通知，决定从 2015 年 12 月 12 日至 2016 年 2 月 15 日在全系统范围内开展"冬季行动"，全面激发广大党员干部干事创业的积极性和主动性，彻底改变过去"冬闲、冬休、冬懒"的传统习惯，围绕集团当前的重点工作，进一步振奋精神，埋头苦干，全力完成各项任务目标。

是年　"三严三实"专题教育贯穿集团全年工作始终。集团举办了多场专题讲座和专题党课，教育引导各级领导干部把"三严三实"作为修身做人用权律己的基本遵循、干事创业的行为准则。对照"三严三实"各级党组织召开专题民主生活会、支部组织生活会，经过触及灵魂的精神再洗礼，抓铁有痕的作风再锤炼，党员干部提高认识，转变作风，改进工作，争做"三严三实"的好干部。

是年　集团实现营业总收入 61.25 亿元；实现利润总额 2.19 亿元，利润目标继续保持了较快增长。

2016 年

1月4—5日　集团各级公司纷纷召开党总支会议，认真学习习近平总书记在中央政治局专题民主生活会上的重要讲话精神。

1月5日　在中国出版集团召开的"中国出版集团第四届经销商大会"上，太谷分公司获得"2015年度优秀销售门店"。

1月13日　集团荣获《中国出版传媒商报》推展的"2015中国书业十大风云分销商"。

1月15日　集团召开2015年度干部综合考核工作会议。42位被考评者进行了述职述廉述学综合汇报。会议通过了《山西新华书店集团年度目标责任考核办法》。

1月16日　集团召开2016年首次经理工作会议，部署2016年工作。

1月17日　太原公司山西省实验中学校园书店正式启动。

1月29日　集团吴向勤、张良峰荣登山西出版传媒集团"2015年度十大人物"之列。

同月　集团考核组分赴各地进行年度干部考核。

2月4日　集团召开党委扩大会议，学习习近平总书记在1月26日中央财经领导小组第十二次会议上的重要讲话精神。

2月6日　集团工会综合管理部来到太原书城开展爱心助学活动。

2月15日　集团召开党委扩大会议，集体学习习近平总书记系列重要讲话，准确认识"供给侧结构性改革"内涵。重点研讨如何更好地发挥主观能动性、更快找准集团供给侧结构性改革突破口、更有创造精神地推动发展，让新发展理念落地生根，让书店集团"十三五"规划蓝图一步一步变为现实。

同日　集团在全系统开展的激发干劲、振奋精神的"冬季行动"落幕。

2月16日　集团在"十二五"规划收官、"十三五"规划的开局之际，积极发挥市场在资源配置中的决定性作用，出台《关于加快新华现代连锁文化传播公司持续、健康发展的实施细则》。

2月22日　集团连锁公司顺利通过 OHSMS 18001：2007 职业健康安全管理体系认证，获得了由北京中安质环认证中心颁发的证书。至此，连锁公司取得了质量、环境、职业健康安全三大管理体系的证书，企业的商务实力和综合管理水平再度提升。

2月23—26日　集团对总部纪委委员和市子公司专职副书记、纪检委员，县子公司纪检委员近40名干部集中进行了教育培训。

2月26日　集团外文文化传播有限公司在微信公众号宣传平台发布"我的地盘你做主"联盟邀请。

2月29日　集团连锁公司召开供给侧结构性改革专题研讨会。

同月　集团工会、综合管理部带着山西出版传媒集团对系统内困难职工子女就学的关爱和支持，深入集团16个单位21位困难职工子女家中进行了家访，开展爱心助学活动。

同月　集团各级公司连锁门店坚持春节期间开门营业，初一至初七全省连锁门店 POS 机图书销售码洋达 207.38 万元。

3月1日　集团工会、综合管理部赴运城为运城公司困难职工发放"滴水助学金"。

3月18日　集团在山西出版传媒集团召开的 2016 年度工作会议暨党风廉政建设工作会议上，被授予"2015 年度集团综合考核优秀单位"荣誉称号。

3月19日　山西图书大厦北京出版集团专营店开业。

3月24日　太原公司五一路书店为配合市政建设整体拆除。该店始建于1954年，是太原历史上第一家新华书店，29日搬迁到文瀛公园北门正对面原太原古旧书店营业。

3月25日　集团 2016 年工作会议暨党风廉政建设工作会议召开。

3月26—27日　集团为有效提升绩效考核的质量，更好地完成年度经营任务，组织召开2016年度绩效考核专题分析座谈会。

4月6日　集团召开全省整改工作推进会议。

4月13日　太原公司被授予"培育和践行社会主义核心价值观学生社会实践基地"。

4月18日　集团召开整改工作推进会议。会议传达了省委常委、宣传部长胡苏平在出版传媒集团整改工作座谈会上的指示精神。

4月19日　集团召开一季度经营工作会议。

4月20日　山西图书大厦举行工商学院"一抹"校园文化集合地开业仪式。

4月25日　首届山西省高校教材供需研讨会暨优秀教材展示订货会在新华现代连锁公司召开。

4月26—27日　连锁公司举办"2016名社好书进山西暨秋季文教产品订货会"。来自全国各地的150多家供应商与集团各级连锁公司总经理和业务骨干在内的400多名代表参加。

同月　集团各级公司不同程度地举办了全民阅读活动。

5月4日　集团评选出"十大优秀青年"：晋城公司王小敏、临汾公司尚国勇、晋中公司张鹏飞、运城公司陈恺、汾阳公司张湘翔、怀仁公司张泷、柳林公司李宇、集团杜丽芳、宋扬、外文书店邓莉娟。

5月10日　集团连锁公司大中专教材发行中心偕同黄河水利、科学、教育科学等22家出版社在临汾职业技术学院图书楼联合举办了"山西新华书店集团临汾有限公司高校教材巡展"活动。

5月11日　集团"晋韵华彩"之山西手艺项目于第十二届中国（深圳）国际文化产业博览交易会之前，在深圳中心书城和深圳罗湖书城正式落地。成为集团走多元化经营道路，并借力全国新华渠道，突破固有经营思维走出省外走进市场的重要标志。

同日　为了充分发挥集团网站作用，建立规范的信息采集、审核、发布、更新机制，保证发布信息的准确、及时、安全和有效，依据国务院《互联网信息服务管理办法》等有关规定，结合集团实际，《山西新华书店网管理办法（暂行)》出台。

5月13日 在"六一"国际儿童节即将来临之际，集团在山西图书大厦举办了"迎六一 享阅读 助成长"——山西新华书店集团爱心助学活动。活动为孩子们精心准备了世界经典名著等图书390多册以及书包、文具等共计价值1万余元的礼物，装包发往定点帮扶村梁家坪乡联校，为孩子们送去节日的祝福和美好的祝愿。

同日 集团为规范各级公司微信公众号管理，特制定《山西新华书店集团关于加强微信公众号管理的规定》。

5月20日 集团为扎实推进"两学一做"学习教育的开展并取得实效，党委研究决定成立集团"两学一做"学习教育领导组及相关工作机构。

5月23日 在中国出版传媒商报社、苏州新华书店有限责任公司、苏州凤凰投资管理有限公司共同主办的"2016全国书业教装文创多元经营展订研讨会"上，集团自主产品"华文堂"被《中国出版传媒商报》评为全国实体书店教装文创多元经营热销十大品牌，汾阳公司新华文化广场喜获全国"2015年教装文创多元经营示范基层店"荣誉称号。

5月27日 集团召开"两学一做"学习教育动员大会。集团党委委员、子公司党总支（支部）书记、总部各支部书记及学习教育领导组办公室成员参加。

5月28日 集团为贯彻落实"四个全面"战略布局，更好地践行"五大发展"新理念，加快推进集团供给侧结构性改革，落实"三去一降一补"五大任务，确保"十三五"良好开局，召开加快推进供给侧结构性改革会议。会议要求各子公司要进一步修改和完善供给侧结构性改革总体方案，准确查找本单位的突出问题，把措施清单具体化，分门别类制定出行动计划。

5月29日 集团召开"两教"工作总结会。集团领导班子成员、总经理助理、各子公司总经理、分管"两教"的副总经理及集团教材发行公司、华育公司全体员工参加了会议。山西出版传媒集团党委委员、副总经理琚林勇、荆作栋出席。会议对2015年度"两教"发行优胜单位进行了表彰。

5月30日 山西出版传媒集团党委委员、副总经理安小慧带队，集团常务副书记薛文森、党委办公室主任高爱玲和22名团员青年赴五寨县梁家坪乡联合小学、新寨乡中心小学进行了图书捐赠活动，为学生们送去131套图书、书包、练习册及文具。

5月31日 国家新闻出版广电总局、商务部对2011年版《出版物市场管理规定》进行了重新修订，并于6月1日起实施。集团要求各级公司要组织全体员工认真学习，领会规定精神。

同月 集团各级公司坚持社会效益第一、社会价值优先的经营理念，发扬集团政治类读物发行优势，主动作为抢先机，发挥优势显价值，《习近平总书记系列重要讲话读本（2016年版）》在全省的发行突破百万册，取得骄人业绩。截止5月25日，共计完成发货102.7万册（其中大字本22万余册，小字本80万余册）。

6月13—18日 作家杨红樱受集团连锁公司邀请，举行了为期一周的山西巡回读者见面签售活动。

6月27日 山西出版传媒集团陆续派遣了本省出版社业务骨干到太原书城、图书大厦、外文书店进行基层挂职岗位锻炼。

6月28日 山西出版传媒集团党委任命荆作栋为山西新华书店集团有限公司党委书记、董事长。

6月30日 集团召开深入推进全面从严治党暨七一表彰大会。

同月 集团配合北京蔚蓝公益基金会向全省200家学校、图书馆、社区捐赠价值达1000万元的公益图书。

7月5日 集团召开党委（扩大）会议。"两学一做"学习教育领导组和相关人员参加了会议，传达了7月4日出版传媒集团工作会议及6月30日山西省领导干部会议精神，传达学习了山西出版传媒集团梁宝印董事长讲话及下半年工作安排和任务要求。

7月13日 山西出版传媒集团党委书记、董事长梁宝印，副总经理、集团董事长荆作栋，教材中心主任张隆光等一行，在集团常务副总经理、新华现代连锁公司总经理刘兴太，新华现代连锁公司副总经理李海燕的陪同下，深入紧张繁忙的公司"两教"工作现场，向奋战在"两教"收、配、发一线的干部员工送来了防暑物品。

7月18—20日　山西新华书店集团主办、山西新华现代传媒股份有限公司承办的"山西新华书店集团第四届大文化产品暨文创多元经营展订培训会"召开。集团各级子公司总经理、分管传媒业务的负责人及所有分公司经理一百余人参加了展订和培训。

7月20日　集团召开2016年上半年经营分析会，总结分析上半年经营工作，针对差距和不足，制定相应措施，明确下半年工作重点，以确保年度经营指标顺利完成。李飞主持会议并通报了上半年整体经营情况。

7月24日　山西省第24届青少年爱国主义读书教育活动启动暨23届总结表彰大会在太原举行。

7月25日　集团董事长荆作栋一行前往忻州、原平、怀仁、大同、柳林、离石、汾阳、孝义发货站等地调研指导工作。

7月27日　以"传承中华文化 共筑精神家园"为主题的第二十三届全国青少年爱国主义读书教育活动讲故事演讲比赛在北京电视台落下帷幕。山西代表队成绩斐然：中学组一等奖一个，三等奖一个；小学组三等奖两个。

7月27—29日　集团学习教育领导组办公室根据"两学一做"学习教育进度安排，组织集团总部直属支部党员观看了大型纪录片《复兴之路》。

同月　集团连锁门店经理（主任）培训结束。为适应供给侧结构性改革的新要求，连锁公司受集团委托，从5月开始，先后分三期举办了"连锁门店经理（主任）培训班"，来自全省120个连锁门店的经理（主任）共计136人参加了培训，覆盖率达到了100%。

同月　集团为纪念建党95周年，启动"党员先锋行"主题实践活动，推动"两学一做"学习教育不断引向深入，"七一"前后，各党总支（支部）按照集团党委的要求部署，广泛开展了"学党史、感党恩、跟党走"学习教育，开展缅怀革命先烈、走访慰问、学习优秀共产党员等群众性纪念活动和主题教育活动，使其成为广大干部群众感悟党的丰功伟绩、学习党的崇高精神的生动党课。

8月5日 集团特邀太原市迎泽区公安消防大队进行消防安全知识讲座和灭火救援实战演练。集团总部直属子公司及总部各部门参加了消防安全知识培训，集团荆作栋、李飞、韩治中等领导等参加了演练。

8月10日 中宣部副部长孙志军在省委宣传部长胡苏平陪同下，实地考察了集团物流中心库区，详细询问了解"两教"征订和发行情况，并对十八届四中全会读物和习近平总书记系列重要讲话读本的发行给予高度关注和肯定。

8月14日 山西省千山万水公益基金会、山西教育出版社和山西图书大厦联合举办的"2016向最美乡村教师致敬"赠书活动在山西图书大厦举行。

8月16日 集团召开党委（扩大）会议。荆作栋主持会议。李飞传达了8月12日出版传媒集团2016年半年经营工作会议精神，通报了集团上半年经营情况及社会效益完成情况；传达学习了省委书记骆惠宁在7月30日省委常委会议上的讲话精神、山西出版传媒集团董事长梁宝印在半年经营工作会议上的讲话要点。

同日 集团举行"党章党规知识竞赛"。来自集团各子（分）公司、总部职能部门、直属子公司等共计53人参加竞赛。

8月30日 新华现代连锁公司迎来了运营六周年庆典。新华现代连锁公司举行了丰富多彩的庆典活动。

9月6日 根据《山西新华书店集团在岗员工培训实施方案》精神，为积极推进人才管理体制改革，改进和创新人才培养评价机制，认真做好外派员工培训考核管理，确保培训取得实效，集团制定《山西新华书店集团外派员工培训考核管理办法》。

9月10日 集团召开"三挂"培训启动会暨首批外派干部培训动员会，集团班子成员、总经理助理、各子公司总经理、总部职能部门负责人、外派人员参加了会议。李飞主持会议。首批21名来自集团各市级子公司和部分县级子公司的总经理、副总经理及连锁公司的业务骨干外派到浙江新华书店集团与8个市县区店、总部连锁业务部门挂职学习。

同日　集团组织开展"两学一做"专题学习。集团党委委员、财务总监、总经理助理，总部各支部书记，子公司总经理、书记，集团"两学一做"办公室相关人员参加了学习。薛文森作了题为"讲道德、有品行，做合格共产党员"的党课辅导。

9月22日　集团和山西人民出版社店社合作会议在连锁公司召开。会议提出，店社双方以2016年11月5日庆祝山西人民出版社建设65周年为契机，从10月1日至11月7日在全省书店系统开展为期40天的"店社联手迎社庆 转型服务惠读者"的营销活动。会议还对推进店社合作模式、本版图书营销发行机制、店社共同开发项目的创新步伐进行了探索交流。

9月24日　新华书店总店原总经理邓耘一行到武乡新华书店视察调研。

9月28日　晋、浙新华书店学习交流座谈暨山西新华外派培训汇报会在杭州举行。晋、浙新华书店同仁就连锁经营、转型升级、多元开拓、采供一体化、人才培养等进行深入沟通与交流。

10月9日　阳泉公司被山西省精神文明建设指导委员会授予2014—2015年度省级文明单位荣誉称号。

同日　集团连锁公司为推进集团和各出版单位的深度合作，进一步挖掘市场潜力，下发《晋版图书百日销售竞赛活动方案》。

同日　集团下发《山西新华书店集团"十三五"发展规划》。

同日　集团下发《山西新华书店集团供给侧结构性改革总体方案（2016—2020年)》。

10月11—13日　山西新华书店集团主办、山西新华现代出版物连锁有限公司承办的"2017春季文教产品订货会"在山西新华现代连锁公司举办，来自全国各地和本省50多家供应商参会。

10月12—14日　集团举办第四届"新华杯"业务知识技能大赛。来自全省各赛区的23个代表队共199名选手齐聚太原，共同参与这一顶级赛事。技能大赛共设置了业务知识竞赛、计算机办公应用操作、销售连续作业、店堂推销、图书陈列造型、手绘图书海报、演讲等7个项目。

10 月 18 日　人民日报出版社对 2015 年《习近平用典》一书的先进销售单位进行表彰，山西新华现代连锁公司荣获"销售创新奖"。

10 月 31 日　祁县公司被山西省精神文明建设指导委员会授予"2014—2015 年度山西省文明单位"。

10 月 31 日　中国共产党山西省第十一次代表大会隆重开幕。按照省委、出版传媒集团党委安排，集团各党总支（支部）组织在岗职工收听收看了党代会开幕式现场直播。

同月　集团微信公众号开通。

同月　集团各公司先后召开第一次党代会，完成了基层党组织换届工作。

11 月 3 日　《中国出版传媒商报》主办、北京发行集团、新华联合发行有限公司协办的"全国社店营销实务对接会 2016 年会·2016 年社店营销暨年度人物发布会"在北京举行。太原书城微信公众号荣获全国书业 2016 年度"最受欢迎公众号""好书伴成长"荣获全国书业 2015 十大书店"最具影响力营销案例"奖；山西图书大厦策划实施的百城百校畅聊会 3.0 活动荣获全国书业 2015 十大书店"最具成长价值营销案例"奖；太谷新华书店荣获全国书业 2016 年度十大"优秀基层店"称号。

11 月 4 日　集团连锁公司为安排部署和落实近期重点工作，了解各子公司有关业务工作进展情况，以确保各项工作高效推进、有力落实，召开子公司业务经理工作会议。

11 月 7 日　集团召开第二批外派干部培训动员会和"下挂"干部安排工作会议。21 名干部分赴湖南挂职学习，14 名干部将到集团 14 个子公司挂职锻炼。

11 月 8 日　山西省首届新闻出版行业平面设计大赛举行。山西新华广告有限公司选送的 12 件作品中，5 件作品获得优异的名次。分别为：视觉系统设计作品《感温——远离冷暴力》（作者：王莉）获得一等奖；海报设计作品《关爱留守儿童》（作者：王莉）获得二等奖；视觉系统设计作品《易乐购超市》（作者：张宏伟）、《汇爱宠物康体中心》（作者：辛迪加）、《茶大爷》（作者：邢豆豆）三件作品同时荣获三等奖。

11 月 14 日　集团召开总经理工作会议，就近期重点工作进行安排部署。集团班子成员、总经理助理、各子公司总经理及分管"两教"工作的副总经理等相关人员参加会议。李飞主持会议。

同日　省直工委党建工作督查调研组一行到集团督查调研基层党建重点任务落实情况，出版传媒集团副总经理胡彦威、机关党委书记崔建聪陪同调研。

11 月 19—21 日　集团在广西南宁召开"山西省教育系统教育装备座谈会"，来自全省 8 个地区 23 个市县教育系统及书店共计 69 人参加了会议。

11 月 24 日　中国共产党山西新华书店集团有限公司第一次代表大会在太原召开。集团党员代表参加了会议，集团总经理助理、调研员、老干部代表、职能部门负责人等列席会议。

大会的主题是：高举中国特色社会主义伟大旗帜，以马克思列宁主义、毛泽东思想、邓小平理论、"三个代表"重要思想和科学发展观为指导，认真学习贯彻党的十八大、十八届三中、四中、五中、六中全会精神，深入贯彻习近平总书记系列重要讲话精神和治国理政新理念、新思想、新战略，以"四个全面"战略布局为统领，以"五大发展"理念为引领，进一步解放思想，凝聚力量，坚定改革发展信心，推进全面从严治党，以求真务实的作风、忠诚担当的魄力、只争朝夕的姿态，全力推进发展、不断深化改革、全面提升管理，打造"美丽书店"，为如期实现"十三五"宏伟目标而努力奋斗。

大会审议通过了中国共产党山西新华书店集团有限公司第一次代表大会党委工作报告和纪委工作报告，选举产生了新的党委委员（荆作栋、李飞、薛文森、刘兴太、韩治中、张治端、武秋英、杨娜、陈增平），纪委委员（陈增平、任卫文、高爱玲、王春苗、张军原、白润玲、郭亚红）。

11 月 28 日　山西出版传媒集团"两学一做"学习教育第四督导组对集团"两学一做"学习教育进展情况进行督查指导。集团总经理李飞、党委常务副书记薛文森及学习教育领导组人员参加汇报。

11 月 29 日　山西省委常委、宣传部长王清宪到山西出版传媒集团调研。王部长一行先后来到山西图书大厦、山西新华物流中心考察并听取各单位汇报。

11 月 29 日—12 月 11 日　首届全省中小学教师技能大赛在太原举行。大赛由山西省教育科学研究院主办，集团华育图书有限公司等五家单位协办。大赛共有 264 位教师参赛，4000 多名教师代表观摩，是全省一次涵盖全学科的大规模的立体教研活动。

同月　集团副总经理、传媒公司总经理张治端一行 5 人赴河北省新华书店参观交流。双方就数字化转型、多元化经营、数教产品销售以及企业经营理念、管理机制等方面问题进行了广泛交流和探讨。

同月　沁县分公司被省文明委授予 2014—2015 年度"省级文明单位"荣誉称号。

12 月 1 日　为满足广大读者的借阅需求，提高馆藏图书文献的利用率，真正让读者成为图书馆的建设者和受益人，太原市文化局主办，太原市图书馆承办，山西图书大厦和太原书城协办的"书香太原——你读书、我买单，读者免费借书"活动于在山西图书大厦、太原书城启动。

同日　集团工会与老年体协为了活跃集团本部老同志们的文体生活，举办了第七届老年健身运动会。

12 月 3 日　在上海举行的"2016 年中国技能大赛——全国新闻出版广播影视行业出版物发行员职业技能竞赛"上，集团职工为主要成员的山西代表队，斩获佳绩，取得团体赛（综合知识竞赛）决赛现场答题第二名的好成绩。

12 月 13 日　集团召开"两教"征订工作推进会议。集团相关领导、"两教"公司业务骨干、市县级子公司总经理及分管"两教"的副总经理参加。

12 月 14 日　集团总部机关举行"送温暖、献爱心"捐款活动仪式，号召全体职工积极参与爱心捐款活动。集团公司领导班子成员均亲临现场带头捐款。

同月　大同公司被山西省精神文明建设指导委员会授予"2014—2015 年度山西省文明单位"。

同月　集团年终考核组分赴各级公司进行年度干部考核。

同月　根据山西出版传媒集团《关于做好 2016 年度"滴水"助学基金募捐工作的通知》要求，集团开展了"滴水"助学募捐活动，共筹得善款 123760 元，捐款职工 3036 人。

是年　集团实现营业总收入 44.8 亿元，完成利润 2.58 亿元。

2017 年

1 月 20 日　集团召开 2016 年度领导干部综合考核暨总经理工作会议。集团班子成员、财务总监、总经理助理、调研员、老干部代表、各子公司负责人和集团总部职能部门正副职，共计 80 余人参加了会议。集团党委常务副书记薛文森主持会议。

会上，立足本公司、本部门工作实际，结合自身学习和履职情况，43 位同志讲做法说亮点，找不足刨根源，谈打算明方向，做了较为客观全面的述职述廉述学汇报，并进行了民主测评。

1 月 23 日　山西出版传媒集团 2016 年度"十大年度人物?十种年度好书"颁奖大会召开。集团王志斌、张建华荣登十大人物之列。

3 月 9 日　集团召开 2017 年度工作会议暨党风廉政建设工作会议。集团领导荆作栋、李飞、薛文森、刘兴太、韩治中、张治端、武秋英、杨娜、陈增平出席会议。集团总经理助理、调研员、直属公司及市级子公司班子成员；县级子分公司主要负责同志，县级子公司纪检委员；总部中层正副职、老干部代表、职工代表及受表彰人员代表共计 230 余人参加会议。

会议传达学习了出版传媒集团 2017 年度工作会暨党风廉政建设工作会议精神。集团党委书记、董事长荆作栋同志作了题为《坚持稳中有进 提升质量效益 全力推进集团改革发展再创新佳绩》的工作报告。

3 月 9 日　在 2017 年度工作会议暨党风廉政建设工作会议上，集团就全系统深入开展"提高标准、提升能力、争创一流"大讨论活动进行了动员部署。

3 月 10 日　为迎接新华书店 80 周年华诞，集团成立了以党委书记、董事长荆作栋为组长，其他班子成员为成员的活动领导小组，并制定了庆典活动方案。

方案分为"点燃红色记忆 传承新华传统""汇聚社会力量 释放新华情怀""展示新华风采""构建书香社会 光大新华品牌""拉近读者距离 彰显新华魅力"五个部分,在"4·24"新华书店店庆日及"全民阅读月"期间,集团将举办丰富多彩的系列主题纪念活动,通过广泛开展图书联展、优秀图书推荐、纪念讲座会、主题征文、书画摄影展等活动,回顾新华书店八十年来的光辉历程和发展成就,展示新华人自强不息、无私奉献的时代风采,倡导爱岗敬业、服务读者的良好风尚,弘扬社会主义核心价值观,引领企业风尚,激发群众参与热情,肩负起更多的社会责任和使命。

后记

《中国新华书店发展大系·山西卷》经过编修人员的艰辛努力，终于编纂完成。

在全书编写过程中，山西新华书店集团领导非常重视此次编纂工作，多次过问编写情况。全省各市、县新华书店及集团相关部门给予了大力支持，积极配合，提供资料。编写人员不辞劳苦，多次反复查阅资料，参考了《山西新华书店志》。在此基础上，还分别走访了老领导、老同志及有关人员，他们提出了许多很好的意见和建议，提供了许多有用的资料。

全面系统地反映山西新华书店各个阶段重大事件，系统梳理发展脉络，是本卷的宗旨。为进一步提高本卷的质量，做到资料全面准确、翔实可靠，符合出版要求，编纂人员在听取各方面意见的基础上，曾几易其稿。在全书统稿期间又进一步充实资料，调整结构，做了重大的修改，使其达到成卷要求。

在本卷出版之际，谨向所有指导、关心、支持本卷出版的领导、前辈和全省各级书店的有关人员，表示衷心的感谢。

由于我们缺乏编纂的经验，加以资料不全，缺漏难免，本书尚不能尽如人意，敬请专家和同仁赐教指正。